Stefanie von Brück

# Auf ins Kita-Abenteuer

Stefanie von Brück

# AUF INS KITA ABENTEUER

Wie du dein Kind sicher und entspannt durch die Eingewöhnung begleitest, damit es gerne in Krippe, Kindergarten oder Kindertagespflege geht

KÖSEL

MIX
Papier | Fördert gute Waldnutzung
FSC® C083411

Penguin Random House Verlagsgruppe FSC® N001967


Umschlaggestaltung: FAVORITBUERO, München
Umschlagmotiv: © Rob and Julia Campbell / Stocksy United
Innenteilabbildungen: Illustrationen unter Verwendung von Adobe Stock/Rudzhan, außer: Adobe Stock/3dwithlove (S. 38, Baumscheibe)
Redaktion: Katharina Spangler
Satz: Uhl + Massopust, Aalen
Druck und Bindung: CPI books GmbH, Leck
Printed in the E. U.
ISBN 978-3-466-31222-1

www.koesel.de

# INHALT

# EINGEWÖHNUNG IST WIE EINE BERGWANDERUNG

**Vielleicht ist er noch in weiter Ferne, vielleicht geht's auch schon bald los: der große Schritt deines Kindes (und dir) in die außerfamiliäre Betreuung. Welch ein Abenteuer wartet auf euch! Denn Eingewöhnung ist wie eine Bergwanderung. Der Weg vom Start (der Betreuung in der Familie) zum Ziel (der Betreuung in Krippe, Kindergarten, Kindertagespflege oder Kita) kann leicht und einfach sein, aber auch holprig und steinig. Vielleicht scheint die Sonne am blauen Himmel und du bist zuversichtlich, dass die Eingewöhnung funktionieren wird. Vielleicht wanderst du auch mit dunklen Wolken über dir, fühlst dich unsicher oder zweifelst, ob dein Kind (und du) bereit und in der Kita gut aufgehoben ist.**

**So eine Eingewöhnung ist ziemlich abenteuerlich, jede Eingewöhnung und jeder Eingewöhnungstag kann anders verlaufen als geplant: An einem hüpft dein Kind vor lauter Freude in die Kita, am anderen Tag ist die Kraft plötzlich alle und dein Kind will einfach nur nach Hause. Bei so einer Bergwanderung kann das Wetter eben schnell umschlagen. Oft regnet es auch – die Tränen fließen beim Verabschieden oder Abholen deines Kindes – und wenn du keine Regenjacke dabeihast, überrascht dich das Weinen deines Kindes. Deine Gedanken kreisen und deine Zuversicht rollt den Berg hinunter: Wie viel Weinen ist denn eigentlich normal? Was ist, wenn ein Unwetter droht und sich mein Kind gar nicht beruhigen lässt? Was, wenn ich den Rettungshubschrauber rufen muss, weil die Eingewöhnung ganz schiefläuft?**

**Dabei wünschst du dir nichts weniger, als dass dein Kind gerne und freiwillig in die Krippe oder den Kindergarten geht und dass es dort gut aufgehoben ist. Es soll in der Kita oder Tagespflege Spaß haben und eine vertraute Bezugsperson, die sich liebevoll kümmert. Du hast die letzten Monate oder Jahre alles getan, damit dein Kind voller Urvertrauen, sicher und geborgen aufwächst. Und wenn bald die Kita-Tür hinter dir zufällt, willst du sorgenfrei und ohne schlechtes Gewissen gehen. Wenn du oben auf dem Berg stehst, muss dir nicht schwindlig werden, weil du Höhenangst hast. Dir und deinem Kind, einem der wertvollsten, liebsten Menschen auf der Welt, soll es gut gehen mit und in der Betreuung.**

**Damit das gelingt, ist dieses Buch für dich da. Als Bergführerin begleitet es dich auf deinem Weg, so dass du am Ende die Aussicht genießen und stolz und glücklich auf die Eingewöhnungsreise zurückblicken kannst. Auf ins Kita-Abenteuer!**

## Was beeinflusst uns in der großen Betreuungsfrage?

Als ich vor vielen Jahren mit meinem Baby auf dem Sofa saß, randvoll mit Hormonen, sollte ich ein Formular ausfüllen, wann meine Elternzeit endet und ich wieder zurück in meinen Beruf als Lehrerin gehe. Mein Neugeborenes lag friedlich schlummernd in meinen Armen, es war gerade beim Stillen eingeschlafen und so miniklein, dass ich mir kaum vorstellen konnte, es wieder aus den Händen zu geben. Ich hatte mein Kind doch gerade erst geboren.

Mitten in den turbulenten Wehen hatte mein Mann noch die Baby-Wiege ins Schlafzimmer geschoben, und ich erinnere mich, dass ich während der Schwangerschaft schon traurig war, dass unser Kind dort nur in den ersten Monaten liegen würde und dann schon wieder zu groß wäre. Heute kann ich nur drüber schmunzeln, denn als wir am frühen Morgen aus dem Geburtshaus mit unserem

Kind nach Hause kamen, war diese Wiege plötzlich völlig nebensächlich. Sie wurde im Wochenbett zur Ablage für Windeln, Mulltücher, Bodys, Strampler, Stilleinlagen, Wasserflaschen und leere Teetassen. Unser Baby schlief keine Minute darin, sondern war von Anfang an bei uns im Familienbett, weil es das war, was sich für uns gut anfühlte.

Wenn ich innerhalb weniger Stunden meine Vorstellung davon, wo unser Kind schläft, geändert hatte, wie sollte ich wissen, wann unser Kind bereit sein würde, in die Kita zu gehen? Wie sollte ich wissen, wann ich bereit sein würde, es loszulassen und wieder zu arbeiten? Die Eingewöhnung und der Arbeitsbeginn erschienen mir so unglaublich weit weg. Und doch traf ich diese Entscheidung, ohne wirklich zu wissen, was mich erwartet.

Natürlich hatte ich mir im Vorfeld darüber Gedanken gemacht. Der Plan war, dass unser Kind mit achtzehn Monaten in die Krippe kommt und ich zum Schuljahresbeginn wieder einsteige – meine Kollegin hatte das auch so gemacht. Ich mochte meinen Job sehr, ich bildete Sozialassistent*innen, Erzieher*innen und Heilerziehungspfleger*innen aus und war mehrmals Klassenlehrerin. Ich liebte die Themen Entwicklungspsychologie, Pädagogik, Kommunikation, Angebote und Spielgestaltung für Kinder. Trotz Hunderter Schüler*innen jährlich, nächtlichen Unterrichtsvorbereitungen und wochenlangen Korrekturphasen war für mich glasklar, dass ich nach meiner Elternzeit wieder unterrichten werde.

### Erstens kommt es anders und zweitens als man denkt

Der Zeitpunkt des Kita-Starts rückte näher. Ich kannte das Berliner Eingewöhnungsmodell, auf das ich später noch eingehe (S. 74), aus meinem eigenen Unterricht. Aber: **Pädagogin hin oder her. Auf die Wucht von Muttergefühlen, die wie eine Welle durch meinen Körper rauschten, war ich nicht vorbereitet. Mein Kind war noch nicht bereit. Ich war noch nicht bereit.**

Also habe ich gekniffen, die Eingewöhnung in Absprache mit der Kita um drei Monate nach hinten verschoben und meiner Schulleiterin mitgeteilt, dass ich erst sechs Monate später als geplant zurückkommen werde. Lange hatte ich nachts auf der Entscheidung, für mein Kind und gegen die Arbeit, rumgekaut und gegrübelt. Es war richtig so, und ich bereue es keinen einzigen Tag. Und es hat mir gezeigt, dass in unserer Gesellschaft außerfamiliäre Kinderbetreuung zwar nahezu selbstverständlich dazugehört und erwartet wird, aber keinesfalls so selbstverständlich und leicht ist.

## Biografische Erfahrungen, die uns prägen

**»Das Ganze ist mehr als die Summe seiner Teile.«** Das wusste schon Aristoteles. Wir Menschen sind komplexe Wesen, wir werden von vielen verschiedenen Erfahrungen geprägt, die Einfluss auf unser Denken, Fühlen und Handeln haben.

Das gilt auch für dich, nicht nur bei der Eingewöhnung, sondern auch für deine allgemeinen Vorstellungen über Kinderbetreuung. Damit du besser verstehst, was Einfluss auf deine Einstellungen haben kann, erzähle ich dir an dieser Stelle kurz, was mich bewegt und geprägt hat, und du kannst die Reflexionsfragen für dich beantworten und bist schon mittendrin im Thema.

Als ich sechs Wochen alt war, kam ich in eine DDR-Kinderkrippe. Vorher gab es eine kurze Eingewöhnung mit meiner Mama. Sie sagte, es sei ihr sehr schwer gefallen mich abzugeben, obwohl sie mich in guten Händen wusste und ich gerne in die Krippe gegangen bin. Meine Mutter musste als Alleinverdienerin wieder arbeiten, hat mich jedoch (nach)mittags so schnell wie möglich abgeholt und war erst abends wieder am Schreibtisch, wenn ich schlief. Für mich war trotzdem klar, dass meine Kinder (obwohl Kinderbetreuung hier im Osten stark etabliert ist) nicht so früh wie ich betreut werden.

- **Wie sind deine persönlichen Erfahrungen als Kind mit oder ohne Krippe/Kindergarten?**
- **Welchen Einfluss hat das auf die Betreuung deines eigenen Kindes?**

Unser Wissen beeinflusst uns ebenfalls: Berufsbedingt habe ich nicht nur Studien gelesen, sondern auch in verschiedenen Kindertageseinrichtungen gearbeitet, hospitiert, praktische Prüfungen meiner Auszubildenden abgenommen oder Fortbildungen gegeben. Ich gehe an keiner Kita vorbei, ohne automatisch die Atmosphäre zu scannen und zu beobachten, wie Fachkräfte mit Kindern umgehen. Ja, es gibt gute Kitas! Aber die Betreuungsqualität muss vielerorts definitiv besser werden.

- **Wie informiert, fühlst du dich beim Kita-Thema?**
- **War das, was du bisher gesehen, gelesen oder gehört hast, hilfreich oder verunsichernd?**

Wir bekamen die tollste Erzieherin, die ich mir für unser Kind vorstellen konnte: einfühlsam, liebevoll, geduldig und nah am Kind. Ich erinnere mich noch sehr genau, dass sie neben mir im Sandkasten saß und wir beide mein Kind beim Erkunden und Entdecken beobachteten. Sie legte mir achtsam ihre Hand auf die Schulter und sagte, dass wir das als Eltern gut gemacht haben. Dass wir ein großartiges Kind haben, das mit seinen knapp zwei Jahren ein gutes Gespür für sich selbst hat, weil wir ein gutes Gespür für unser Kind haben und es bedürfnisorientiert begleiten. Es könnte sein, dass ich in diesem Moment kurz geweint habe. Diese erste Eingewöhnung verlief insgesamt gut, auch wenn es zwischendurch und später beim Arbeitsbeginn, als wir von einem Tag auf den anderen immer sehr pünktlich aus dem Haus mussten, schon mal Tränen gab. Keine Eingewöhnung unserer Kinder verlief mit Tränen-Drama; sie waren auch mal holprig, aber am Ende immer gut. Keine Eingewöhnung war gewaltvoll.

- **Welche Erfahrungen mit Eingewöhnung hast du bereits selbst gemacht oder von befreundeten Familien gehört?**

Auch Erlebnisse, die nicht direkt im Zusammenhang mit Eingewöhnung stehen, können diese beeinflussen. Das ist gar nicht so leicht. In meinen Beratungen habe ich schon Tränchen getrocknet bei Erfahrungsberichten über Kinderwunschbehandlungen, Sternenkinder, komplizierte Schwangerschaften oder traumatische Geburten, frühe Trennungen durch Krankenhausaufenthalte oder andere Verluste, die beim Loslassen eines Kindes in der Eingewöhnung wieder hochkommen können. Da braucht es viel Feingefühl in der Eingewöhnung.

Wenn du magst, blicke zurück:

- **Was hast du bereits erlebt, das dir die Eingewöhnung erschweren könnte?**

Suche dir bei Bedarf zusätzlich therapeutische Unterstützung.

Keine Überraschung: Auch der ganz normale Familienalltag mit Kleinkind kann zu einer Herausforderung werden. Durch einen Umzug, den daraufhin fehlenden Kita-Platz und die Geburt unseres zweiten Kindes gab es für uns als Familie eine Zeit, in der wir zwei Jahre kita-frei gelebt haben. Mein Mann arbeitete dreißig Stunden, und ich habe beide Kinder, die zu Beginn dieser Phase drei Jahre und unter einem Jahr alt waren, tagsüber selbst betreut. Das war die schwierigste Zeit in meinem Leben für mich als Mutter und Mensch. Auch mit vielen innigen Momenten und unvergesslichen Erlebnissen, die ich nicht missen will. Gleichzeitig ging es mir vor allem in der Babyzeit nicht immer gut. Ich war oft an beziehungsweise über der Erschöpfungsgrenze, habe mich aber aus dieser Phase wieder rausgekämpft.

**Falls du aktuell in der Elternzeit bist:**

- **Wie fühlst du dich?**

- **Wie viel Kraft hast du, um die Bedürfnisse deines Kindes und deine eigenen zu befriedigen?**
- **Wie gut schaffst du es jeden Tag, Gefühle zu begleiten?**
- **Kannst du die ganze Fürsorge-Arbeit noch leisten?**

Später hat mir die außerfamiliäre Kinderbetreuung zuerst Entlastung und dann die Möglichkeit, wieder regelmäßig zu arbeiten, zurückgebracht. Unser zweites Kind habe ich dann sogar früher als ursprünglich geplant (mit zwei statt mit drei Jahren) bei einer ganz lieben Tagesmutter eingewöhnt. Das war für uns als Familie perfekt so.

All diese Erfahrungen haben mich geprägt und in mir eine positiv-kritische Haltung gegenüber Kita & Co geformt. Meine Überzeugung von einem beziehungsstarken Zusammensein mit Kindern in Familie UND Kita hat sich gefestigt.

**Ich habe nichts gegen außerfamiliäre Kinderbetreuung. Ich habe nur etwas gegen schlechte Kinderbetreuung.**

Falls du beim Lesen und während deiner Reflexion gemerkt hast, dass du tendenziell positiv über Kitas denkst, wirst du dich vermutlich bestätigt fühlen und erleichtert sein. Vielleicht denkst du auch, dass wir riesiges Glück mit der Kita und den Betreuer*innen unserer Kinder hatten und wünschst dir das auch für dein Kind.

Falls du Kitas eher skeptisch gegenüberstehst und eventuell Studien über die Nachteile von früher Kinderbetreuung gelesen hast, wirst du vermutlich bei der Einrichtung, in der dein Kind betreut werden soll, besonders kritisch sein.

Möglicherweise hast du auch Gruselgeschichten von Freund*innen gehört, wie Kinder heulend und klammernd vom Arm gepflückt werden, und dass Weinen scheinbar normal ist und zur Eingewöhnung dazugehört. Oder du hast in den (sozialen) Medien Berichte über Gewalt in Kitas gelesen. Das alles kann dir Angst und Sorgen bereiten und soll keinesfalls verharmlost werden. Auch deswegen habe ich dieses Buch geschrieben.

## Wieso gibt es dieses Buch?

**Eingewöhnung ist kein Selbstläufer.** Du solltest nicht der Wunschvorstellung hinterherjagen, dass alles prima und einfach ist, weil die Fachkräfte schon wissen, was sie tun. Eine grundsätzlich positive Einstellung gegenüber Kinderbetreuungseinrichtungen ist natürlich hilfreich für die Eingewöhnung deines Kindes. Aber zahlreiche negative Erfahrungsberichte und Hilferufe von Eltern zeigten mir, dass die Vorstellung und die Realität von Eingewöhnungsprozessen weit auseinanderklaffen können. Es hat mich traurig und wütend zugleich gemacht, weil so viele Mütter (zum Beispiel in Facebookgruppen) verzweifelt um Rat fragten und neben guten Tipps auch weniger hilfreiche Antworten oder Rat»schläge« bekommen haben, welche ihre Not nur vergrößerten. Meine »mobilisierende Wut«[1] war entfacht, und ich wollte, dass sich für Kinder, Eltern und in der Kita-Welt etwas ändert. **Denn Eingewöhnung muss nicht wehtun!**

Also habe ich mich im Jahr 2018 auf das Thema Eingewöhnung spezialisiert, und seitdem vergeht kein Tag, an dem ich mich nicht mit dem Thema beschäftige.

Tausende **Eltern** habe ich individuell im *Happy Kita Start Begleitprogramm* und im *Happy Kita Fokusgespräch* bei der Eingewöhnung ihrer Kinder beraten und unterstützt.

»Stefanie ist unglaublich feinfühlig, respektvoll, euphorisch für das Thema und noch dazu bringt sie ein unglaubliches Repertoire an Wissen mit. Sie schafft es, den Eingewöhnungsprozess von Seiten des Kindes, der pädagogischen Fachkräfte und der Eltern zu betrachten. Als würde sie von oben auf das Spielfeld blicken und Wege aufzeigen. Am wichtigsten fand ich, dass sie mir Rückhalt gegeben hat, dass mein Idealbild von einer bindungsorientierten Eingewöhnung kein sentimentales Hirngespinst einer ›klammernden‹ Mutter ist.«

Hunderte **pädagogische Fachkräfte** habe ich fortgebildet, damit noch mehr Familien und Teams eine beziehungsstarke Eingewöhnung erleben.

»Wir gewöhnen in der Krippe nun mittlerweile das dritte und vierte Kind nach deiner Weiterbildung ein, und es läuft super. Die ersten Trennungen, bei denen die Eltern sich verabschiedet haben und vor die Tür gegangen sind, liefen OHNE Angst und Trennungsschmerz ab. Es ist toll zu sehen, mit wie viel Vertrauen die Kinder bei uns bleiben. Es lohnt sich, die Zeit für die Eingewöhnung gemeinsam mit den Eltern zu investieren. Und es ist erstaunlich, wie schnell es dann einmal geht, wenn die Kinder Vertrauen haben. Wir müssen Trennung gar nicht »üben«. Sie ist dann einfach möglich, wenn alles passt.«

Auf meinem **Blog** (https://stefanievonbrueck.de/blog/), bei **Instagram** (@stefanievonbrueck.de), in zahlreichen Interviews und Podcasts sensibilisiere ich für das Thema Eingewöhnung und kläre auf.

**Und jetzt hast DU dieses Buch in der Hand.** Mein Herz hüpft vor Freude. Mit diesem Buch unterstützt und beschützt du nicht nur dein eigenes Kind bei der Eingewöhnung in Krippe, Kindergarten, Kita oder Kindertagespflege. Du trägst auch die Vision von bindungssicherer, bedürfnisorientierter und beziehungsstarker Eingewöhnung in die Kita-Welt hinaus! Dafür danke ich dir sehr, weil du zeigst, dass Eingewöhnung wichtig ist und auch ohne Tränen-Drama geht. Erzähle anderen Eltern von diesem Buch, zeige es auf Social Media (und verlinke mich gern), verschenke es zur Geburt oder zum ersten Kindergeburtstag, gib Flyer an die Kita deines Kindes, so dass mehr Familien davon erfahren. Sei Teil der Bewegung für mehr Kita-Lust statt Kita-Frust beim Abenteuer Eingewöhnung.

Viel Spaß beim Lesen!
Stefanie

## So hilft dir dieses Buch am besten

Nach Tausenden Stunden Elternberatung und Kita-Fortbildungen habe ich das Wichtigste über Eingewöhnung zusammengefasst, damit es dir genau in diesem Moment hilft.

**Dieses Buch ist für dich, wenn …**

- du (bald) Mama, Papa oder eine andere familiennahe Bezugsperson bist, die sich für Eingewöhnung interessiert.
- dein erstes, zweites, drittes … Kind in die Betreuung kommen soll.
- es die erste, zweite, dritte … Eingewöhnung ist, die du mit deinem Kind meistern willst.

**Dieses Buch ist auch für dich, wenn …**

- du schon eine Eingewöhnung miterlebt hast, die positiv war und sich das wiederholen soll,
- die nächste Eingewöhnung besser werden soll, weil es zwar irgendwie okay, aber nicht so richtig gut lief,
- eine frühere Eingewöhnung gescheitert ist und du jetzt einen neuen Versuch wagst.

**Dieses Buch ist für dich, wenn du wegen der Eingewöhnung …**

- zuversichtlich-offen bist und dich freust,
- gemischte Gefühle hast und ein bisschen aufgeregt bist,
- unsicher oder eher ängstlich bist.

**Dieses Buch ist für dein Kind, unabhängig davon …**

- wo und von wem es betreut werden soll,
- wie alt es ist und wann es eingewöhnt wird.

**Dieses Buch ist auch für pädagogische Fachkräfte, die …**

- Eingewöhnungen gewaltfrei, partizipativ und empathisch gestalten möchten und

- eine tragfähige Erziehungs- und Bildungspartnerschaft zu Familien und sichere Bindungen zu Kindern aufbauen wollen.

Eingewöhnung ist ein aufeinander aufbauender Prozess, deswegen ist das Buch chronologisch aufgebaut. Vielleicht hast du Glück und das Buch schon in deinen Händen, bevor die Eingewöhnung startet, oder du liest es, wenn du mit Baby(bauch) auf dem Sofa liegst. Vielleicht geht eure Eingewöhnung aber auch schon morgen los oder hat bereits angefangen. Such dir einfach das Kapitel aus, das zu der Phase passt, in der du dich gerade befindest. Das Kapitel → »Die Vielfalt der Berglandschaft – Jedes Kind, jede Familie, jede Kita ist anders« enthält überwiegend theoretische Grundlagen über Eingewöhnung. Und am Ende jedes Kapitels findest du jeweils die **Schlecht-Wetter-Lage** mit Impulsen und Tipps für die Situationen, in denen bereits Probleme aufgetreten sind.

**Am besten kannst du das Buch für dich nutzen, wenn du aktiv liest.**

Du darfst gerne farbig markieren und unterstreichen und an den Rand kritzeln. Du kannst dir vor dem Lesen auch Stift und Papier oder ein schönes Notizbuch bereitlegen, deine Glühbirnen-Aha-Momente, wiederkehrende Gedankenfäden aus dem Kopf oder umherwirbelnde Gefühle aus dem Bauch herausschreiben. Denn wenn du schreibst, sortiert sich etwas in dir und du fühlst dich besser. Falls du lieber digital statt analog unterwegs bist, kannst du deine Notizen auch in eine App tippen. Ganz wie du willst. Alle Reflexionsfragen und -übungen sind mit Notizbuch und Stift gekennzeichnet.

**Dir begegnet in diesem Ratgeber am Anfang jedes Kapitels die Metapher »Eingewöhnung ist wie eine Bergwanderung«**. Sie ist der rote Faden, der dich durch das Buch und den Eingewöhnungsprozess begleiten soll. Und da das Wetter bei einer Bergwanderung eine entscheidende Rolle spielt, habe ich wichtige Impulse und Kriterien rund um Eingewöhnung für dich in **Wetter-Symbole** transferiert, die dir als Kompass dienen:

Sonne – Bedingungen, die eine Eingewöhnung **fördern** und diese bindungssicher, beziehungsstark und bedürfnisorientiert machen.

Wolke – Bedingungen, die eine Eingewöhnung **trüben**. Das heißt, sie können die Eingewöhnung ungünstig beeinflussen, machen sie aber nicht unmöglich.

Blitz – Bedingungen, die eine bindungssichere, beziehungsstarke und bedürfnisorientierte Eingewöhnung **verhindern**. Das sind Alarmsignale, die auf eine negative im schlechtesten Fall traumatische Erfahrung hinweisen.

Du findest im Buch immer wieder Kästen, die dir sagen, **was du ganz konkret in problematischen Situationen oder auch präventiv tun kannst**. Du erkennst sie an der Glühbirne.

Außerdem folgende Checklisten und Wettervorhersagen, die dir bei **Schlüsselmomenten im Eingewöhnungsprozess** den Weg weisen:

- Checkliste: So wählst du eine passende Betreuungseinrichtung aus, S. 68.
- »Dein Kind ist bereit fürs Loslassen«-Wettervorhersage, S. 160.
- »Dein Kind weint«-Wettervorhersage, S. 170.
- Checkliste: Anzeichen für eine abgeschlossene Eingewöhnung, S. 199.

Bitte beachte: Dieses Buch blickt **ganzheitlich auf den Eingewöhnungsprozess und die beteiligten Personen**. Du findest deswegen auch verschiedene Zitate von Kindern, Eltern und pädagogischen Fachkräften in diesem Buch. Sie sind mit den entsprechenden Symbolen versehen. Diese Erfahrungsberichte stammen alle direkt aus meiner Arbeit der letzten Jahre.

Die enthaltenen Impulse richten sich hauptsächlich an **Eltern** vor oder während der Eingewöhnung ihres Kindes. Das Buch ist für diese besondere Situation und Perspektive von Eltern geschrieben. An der ein oder anderen Stelle wirst du vielleicht merken, dass sich eher Mütter angesprochen fühlen. Das liegt daran, dass sich in den letzten Jahren zu ungefähr 80 Prozent Frauen und fast 20 Prozent beide Eltern für meine Unterstützung bei der Eingewöhnung entschieden haben. Möglicherweise ist diese Mama-Sichtweise im Text spürbarer. Die gute Nachricht: Die Tendenz, dass beide Eltern gleichermaßen in den Eingewöhnungsprozess involviert sind, steigt, und auch Papas, die die Eingewöhnung allein begleiten, haben schon meine Hilfe in Anspruch genommen. Ich hoffe, dass dieses Buch auch dazu beitragen kann, dass sich Väter aktiv an der Care-Arbeit und für die Aufteilung der mentalen Last engagieren. Auch wenn es nicht an jeder Stelle explizit erwähnt ist und falls es sich so anfühlt, als wäre nur das Kernfamilie-Modell gemeint (Mutter-Vater-Kind), so ist es mir genauso wichtig, dass sich alle Eltern oder nahestehenden Bezugspersonen in vielfältigen Familienkonstellationen angesprochen fühlen. Familie ist bunt.

Du kannst das Buch auch als **pädagogische Fachkraft** lesen, wenn du zum Beispiel bald selbst als Elternteil in der Eingewöhnung mit deinem eigenen Kind bist und merkst, dass es sich ganz anders anfühlt, plötzlich auf der »anderen« Seite zu sein. Oder du liest das Buch, wenn du als pädagogische Fachkraft die Perspektive der Eltern besser verstehen willst. **Bitte denk daran, dass du nicht (!) persönlich gemeint bist,** auch wenn ich an einigen Stellen sehr kritisch gegenüber Kinderbetreuungseinrichtungen und -personen schreibe. Ich bin sicher, dass du im Rahmen der Herausforderungen, mit denen Fachkräfte aktuell in Kita & Co zu kämpfen haben, dein Bestes gibst. Wie du die Eingewöhnung als Fachkraft bestmöglich gestaltest oder wie du mit deinem Kita-Team das Eingewöhnungskonzept reflektieren und verändern kannst, das erarbeiten wir gern gemeinsam und individuell auf die Einrichtung bezogen in meiner Fortbildung.

Falls du als **Eltern-Kind-Kursleiter*in oder Coach mit Familien** arbeitest, kannst du das Buch selbstverständlich auch lesen. Ich bilde Berater*innen und Multiplikator*innen aus, so dass du Eltern pädagogisch-fundiert und empathisch-professionell bei der Eingewöhnung unterstützen kannst. Der Bedarf ist groß, komm in mein Team.

**Dieses Buch unterstützt also vor allem dich als Mama oder Papa dabei, die Eingewöhnung so zu gestalten, dass du und dein Kind sicher am Ziel ankommen.**

Was das Buch nicht kann: Probleme lösen, die auf der Meta-Ebene liegen. Es ist ein Praxis-Ratgeber mit dem Ziel, unter den gegebenen (nicht immer optimalen) Voraussetzungen, die bestmöglichen Wege aufzuzeigen, wie Eingewöhnung trotzdem gut gelingen kann und muss. Die schlechten Rahmenbedingungen dürfen keine Ausrede sein, mir geht es um eine klare Haltung! Eltern und pädagogische Fachkräfte können nicht warten, bis sich im Außen etwas ändert, wir nehmen das, was wir beeinflussen können selbst in die Hand. Und gemeinsam verändern und verbessern wir die Kita-Welt. Schritt für Schritt – genauso wie in der Eingewöhnung auch.

Ich wünsche dir einen happyKiTa® START

# DIE VIELFALT DER BERGLANDSCHAFT – JEDES KIND, JEDE FAMILIE, JEDE KITA IST ANDERS!

Vom Auerberg und Brocken bis zur Zugspitze, es gibt so viele verschiedene Berge – jeder hat seine eigene besondere Form und Farbe, Höhe und Gestein, Pflanzen- und Tierwelt. Kein Berg gleicht dem anderen, und nur weil man einen Berg kennt und sicher im Wandern ist, heißt das nicht, dass es für den anderen Berg genauso funktioniert. Mit Kindern, Familien und Betreuungseinrichtungen ist das ganz genauso. Jedes Kind, jede Familie und jede Kita ist anders.

Wenn du überlegst, dein Kind außer von dir selbst beziehungsweise euch als Eltern betreuen zu lassen, dann gibt es viele Möglichkeiten, und du suchst aus: Welcher Berg passt zu meinem Kind und uns als Familie – was können und wollen wir uns als Ziel vornehmen? Muss ich überhaupt wandern oder kann ich einfach mit der Seilbahn hochfahren (= keine Eingewöhnung machen)? So eine Eingewöhnung ist kein Spaziergang, sondern eine richtige Bergwanderung mit einem Ziel, an dem du früher oder später ankommen willst, sonst brauchst du nicht losgehen. Vielleicht hast du schon etwas über Eingewöhnungen gehört, gelesen oder bereits selbst eine solche Bergwanderung mitgemacht.

In diesem Kapitel erfährst du, wie du einen geeigneten Gipfel findest, wie eine sichere (!) Bergwanderung abläuft und was du machen kannst, wenn die Wettervorhersage nicht so rosig aussieht.

## Welche Betreuungsmöglichkeiten gibt es?

**Betreuung ist bunt.** So bunt wie das Familienleben auch. Deswegen soll Betreuung auch zum Familienleben passen. So einfach ist das. Und doch so schwer. Deine beste*n Freund*innen machen es so, deine Arbeitskolleg*innen machen es anders und deine (Schwieger) Mutter erzählt, wie es damals war, zieht die Augenbrauen hoch und wirft dir ein *»Na, musst du ja selber wissen!«* hin. Wildfremde Menschen auf der Straße fragen dein Kind: *»Na, gehst du nicht auch bald in den Kindergarten?«*, und das Internet kritisiert Mütter wahlweise mit: *»Jetzt muss das Kind aber mal in die Kita, es braucht doch soziale Kontakte und muss auf die Schule vorbereitet werden«*, oder *»Wenn Mütter so schnell wieder arbeiten wollen, wieso haben sie überhaupt Kinder bekommen?«* »Fremdbetreuung« unter drei Jahren ist sowieso schlecht, haben die denn nicht die Studien zu den Cortisolwerten von Krippenkindern gelesen? Gleichzeitig wandert dein Blick, je länger die Elternzeit dauert, entweder zum Kontostand und/oder zu deinen Energiereserven, die langsam aufgebraucht sind.

**Care-Arbeit ist eine blöde Kuh!** Nicht wegen der Kinder, sondern weil Fürsorge Arbeit ist. Richtige Arbeit. Und wenn man(n), oder eher frau, die hauptsächlich allein erledigen muss, ist sie ein breiter, warmer Kuhfladen mitten auf der »Kinder haben ist doch so schön«-Blümchenwiese. Wenn ein Mensch die Bedürfnisse von mindestens zwei Personen erfüllen soll (seine eigenen und die des Kindes, vielleicht noch eines Babys) plus die ganze mentale Last zwischen Haushalt, Partnerschaft, und allen anderen Baustellen trägt, verwechselt er vielleicht nicht nur die Namen der Kinder, sondern vergisst auch, wer er – also sie – selbst ist. Pausen? Selbstfürsorge? Me-time? Ist zwischen Wäschebergen, angebranntem Essen und Bauklötzen verloren gegangen.

*»Man braucht ein ganzes Dorf, um Kinder großzuziehen«* ist zwar eine schon etwas ausgeleierte Weisheit, aber die Botschaft stimmt. Zumindest für die meisten Eltern, die nicht alles so easy gewuppt krie-

gen, wie es auf Instagram manchmal scheint. Wir sind soziale Wesen, wir sind für das Leben in Gruppen gemacht, und das bedeutet, dass wir uns gegenseitig unterstützen. Alle, die Kinder haben, merken früher oder später, wie wichtig ein funktionierendes Netzwerk ist – entweder weil es da ist oder weil es fehlt.

Unsere heutigen Familienleben sind individuell und komplex zugleich, für ein unterstützendes Netzwerk gibt es viele Varianten. Manche Familien haben eine regelmäßige Haushaltshilfe und entlasten sich an dieser Stelle, um ihre Kinder längere Zeit zu Hause zu betreuen, ohne selbst auszubrennen. Andere können sich das gar nicht leisten. Einige Eltern arbeiten in bezahlter Arbeit (Beruf) und unbezahlter Arbeit (Familie) abwechselnd in Schichten und geben sich die Klinke in die Hand. Wieder andere leben (un)gewollt das klassische Rollenmodell: Er arbeitet im Beruf und schafft das Geld ran, sie ist bei den Kindern und kümmert sich um den Haushalt.

Wer, wann und wie lange die eigenen Kinder betreut oder aber außerfamiliäre Betreuung in Anspruch nimmt, ist also sehr individuell. Die Abbildung auf der nächsten Seite legt den Fokus auf verschiedene Betreuungsmöglichkeiten für Kinder und zeigt im Uhrzeigersinn die Varianten von der familieninternen über die privat organisierten (nicht behördlich erlaubnispflichtigen) bis hin zu den professionellen, institutionellen Formen von Unterstützung. So hast du auch gleichzeitig einen guten Überblick für die Entscheidung, welche Betreuung zu deinem Kind, zu dir als Elternteil und zu euch als Familie passt.

## Betreuungsmöglichkeiten

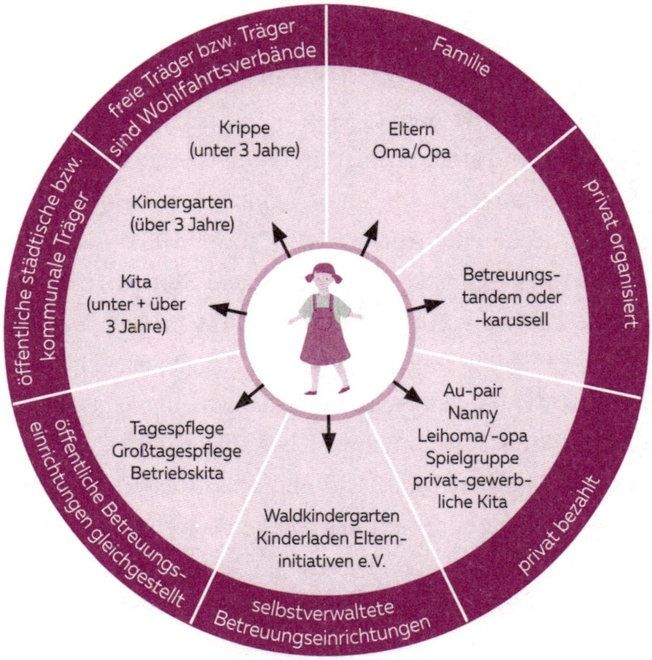


Denke immer daran: Jedes Kind, jede Familie und jede Kita (bzw. Betreuungsform für Kinder) ist anders. Du kannst dir dein unterstützendes System so zusammenbauen, wie es für euch passt, und es darf sich auch über die Jahre ändern.

### Die Kita als Dorf

Wenn du bald durch eine Betreuungseinrichtung läufst, stell dir doch einmal vor, du würdest durch ein Dorf schlendern, hier und da mal stehen bleiben und dem bunten Treiben zuschauen: Junge Menschen schieben (Puppen)Kinderwagen, trinken am Wasserbrunnen, buddeln und baggern in einer Baustelle, bauen Türme. Sie fahren mit bunten Autos oder Rollern, sitzen im Schatten unter Bäumen und genießen die Sonne oder einen Snack. Sie spielen Theater oder blättern in

Büchern, während sie auf Sitzkissen lümmelnd lesen, sie lachen, tanzen oder singen. Sie begrüßen Menschen, begegnen und beziehen sich aufeinander, finden Freund*innen mit denen man Pferde stehlen kann.

Was für eine herzerwärmende Vorstellung, oder? Es gibt ein pädagogisches Konzept, *Die Kita als weltoffenes Dorf*, das darauf beruht, sich in die Kinder hineinzuversetzen, kontinuierliche Beziehungen zu ihnen aufzubauen und Kinder demokratisch am Zusammensein teilhaben zu lassen[2]. Die Kita wird ähnlich wie ein Dorf betrachtet, mit einem Marktplatz (z. B. Ort für Morgenkreis), kleinen Gassen (Kita-Flure), Theater (Rollenspielzimmer), Bauhof (Werkstatt, Bauzimmer), Atelier usw. Es gibt auch Quartiere für jedes Kind, also feste Bezugsgruppen und Bezugserzieher*innen, die den Kindern einen sicheren Ort und verlässliche Betreuungspersonen bieten. Viele Einrichtungen, die offen arbeiten, sind mit ihren verschiedenen Funktionsräumen auch so aufgebaut, wie im Entwicklungskonzept *Kita als weltoffenes Dorf* dargestellt, auch wenn sie einen anderen Namen dafür haben. Aber auch in Einrichtungen mit geschlossenen Kindergruppen kann so eine Dorfgemeinschaft entstehen.

Wenn die Kita ein Dorf für dein Kind sein kann, kann die Kita auch ein Dorf für dich und für euch als Eltern sein? Viele Eltern haben wenig bis keine familiäre Unterstützung, das so wichtige Bindungsnetz ist nicht unmöglich, aber nicht immer leicht zu knüpfen, wenn Oma und Opa Hunderte Kilometer weit weg oder befreundete Familien am anderen Ende der Stadt wohnen. Und die Nachbar*innen sind zwar nah, aber vielleicht nicht die Menschen, bei denen sich Eltern trauen nach Unterstützung zu fragen (was eh schon vielen schwerfällt).

**Die Kita (oder eine andere Betreuungsmöglichkeit) kann ein Teil des Dorfes sein, das hilft, dein Kind mit dir gemeinsam großzuziehen.**

Doch so schön das auch klingt: Skepsis, Sorgen und zum Teil auch Angst schwirren durch viele Elternköpfe. Zu Recht? Die Kita-Welt ist nicht wie im idyllisch dargestellten Bullerbü; ich war dort (also im schwedischen Bullerbyn), und ich habe berufsbedingt in den letzten zwanzig Jahren echt viele (gute und nicht so gute) Einrichtungen gesehen – und die Entwicklung der Kinderbetreuung insgesamt verfolgt.

**»Kitas am Limit«** ist der ins Herz treffende Slogan einer bundesweiten Protestbewegung von pädagogischen Fachkräften, Trägern und Landesfachverbänden, die weit über das Problem des Personalmangels hinaus die Betreuungsbedingungen verändern und verbessern wollen. Und das Problem des »mangelhaften Personals« (statt nur des Personalmangels), wie es Anke E. Ballmann messerscharf zusammenfasst, darf weder von Fachkräften noch von Eltern unterschätzt werden.

## »Fremdbetreuung«

Dieser Begriff sollte zum Unwort des Jahres ernannt und aus dem Wortschatz gestrichen werden. Wusstest du, dass die Bezeichnung »Fremdbetreuung« der bis heute allgemein gebrauchte, aber gar nicht der korrekte Fachbegriff ist? Sagst du selbst (un)bewusst Fremdbetreuung oder sagst du Krippe, Kita, Kindergarten, Kindertagespflege?

Der Begriff »FREMDbetreuung« ist in den Fünfziger- bis Achtzigerjahren in der BRD als bewusst abwertende Bezeichnung für Kinderbetreuungseinrichtungen der ehemaligen DDR entstanden.[3] In Ostdeutschland, wo ich geboren und aufgewachsen bin, hieß es einfach »Krippe« und »Kindergarten«. Aber inzwischen höre ich von Eltern und selbst von pädagogischen Fachkräften deutschlandweit dieses unsägliche Wort, das im Subtext Rabenmutter-Vorwürfe, ein schlechtes Gewissen und arme, leidende Kinder im Gepäck hat. Nora Imlau schreibt dazu: *»Die sprachliche Zusammenfassung aller familienexternen Menschen als ›Fremde‹ [wertet] die Kernfamilie als Gegenentwurf [zur außerfamiliären Betreuung] moralisch auf. Auf diese Weise schaffe es der Kampfbegriff, gleichzeitig die familienpolitische Maßnahme [des DDR] Systems als kalt und grausam dastehen zu lassen und die [BRD] eigene Förderung der Hausfrauenehe und des bürgerlichen Kleinfamilienidylls als die einzig kindgerechte, warmherzige Alternative zu präsentieren.«*[4]

**Wenn du an Fremdbetreuung denkst, wie fühlt sich das an?**
(Diese Frage nach den Assoziationen zum Begriff stelle ich allen Eltern im Happy Kita Start Begleitprogramm, und die Aha-Momente sind aufschlussreich. Also schreib das wirklich mal für dich auf, bevor du weiterliest.)

**Kindertagesstätten sind keine Fremdbetreuung! Sie sind familienergänzende Institutionen**, die Eltern bei ihrer elterlichen Verantwortung unterstützen und zeitweilig ergänzen. Kinder werden nicht am ersten Tag an wildfremde Menschen überreicht und nach ein paar Stunden problemlos wieder abgeholt. Eine Eingewöhnung ist dafür da, aus den noch unbekannten Menschen vertraute Bindungspersonen zu machen, so dass Kinder in liebevolle Hände gegeben werden und Eltern, ohne sich mies zu fühlen, gehen können.

Kita & Co sind auch **nicht zu verwechseln mit familien-ersetzenden Institutionen** (wie z. B. Kinder- und Jugendheimen), die stellvertretend für die Eltern deren Verantwortung für die Kinder übernehmen.

## Die drei Hauptaufgaben von Kindertageseinrichtungen

Kitas ersetzen nicht, sie entlasten Eltern und bieten Kindern zahlreiche Lern- und Lebenswelterfahrungen. Dabei übernehmen sie folgende Aufgaben:

- **Bildung** (die Persönlichkeit des Kindes wird ganzheitlich gefördert und soziale Benachteiligung ausgeglichen)
- **Erziehung** (in der Kindergruppe wird soziales Lernen möglich, und Fachkräfte begleiten Kinder, die sich zu eigenständigen, urteilsfähigen Persönlichkeiten entwickeln)
- **Betreuung** (Kinder werden durch die Fachkräfte versorgt, gepflegt und beaufsichtigt).

»Kinderbewahranstalten«, »Spielschulen« und »Warteschulen« waren im frühen 19. Jahrhundert der geschichtliche Ursprung von Betreuungseinrichtungen. 1840 wurde von Friedrich Fröbel der erste Kindergarten gegründet – seitdem ging es nicht nur um Betreuung im Sinne von Aufsicht. **Kinder sind auch heute (!) keine Pakete, die man morgens abliefert und nachmittags wieder abholt.** Kinder brauchen Bindung und Beziehung, sie haben Bedürfnisse und Gefühle, sie sind vollwertige Menschen und wertvolle Mitglieder dieser Gesellschaft. Die Aspekte Erziehung und Bildung wurden im Laufe der Geschichte der Pädagogik als zentrale Aufgaben von Kindertagesstätten immer wichtiger. **Kita ist ein Bildungsort!**

## Welche Bedeutung hat das pädagogische Konzept?

Es gibt viele verschiedene pädagogische Ansätze, die in den jeweiligen Konzeptionen festgeschrieben sind. Sie bilden das Leitbild für die Zusammenarbeit mit Kindern, Eltern und im Team. Auch Tagesmütter und -väter, die allein arbeiten, sollten ein pädagogisches Konzept haben. Einen ersten Eindruck bekommen Eltern auf den Webseiten von Kindertageseinrichtungen, sie sind oft der erste Kontakt bei der Suche nach einem geeigneten Betreuungsplatz. Wer mehr wissen will, muss und darf genauer nachlesen. »Wie viel Montessori ist in der Kita drin? Wie werden die pädagogischen Prinzipien in der Praxis umgesetzt?« Findest du nicht genügend frei zugängliche Infos, kannst du gezielt zum Beispiel bei der Kita-Leitung oder den Tageseltern nachfragen. Meist gibt es eine Kurzfassung des Konzepts für Eltern.

Die folgende Redewendung, die auf den römischen Schriftsteller und Politiker Cicero zurückgeht, trifft den Nagel auf den Kopf: **Vieles, was geschrieben steht, wird nicht umgesetzt.** Papier nimmt jedes Wort an, bewertet und kontrolliert aber nicht. Es kommt also bei all den überzeugend klingenden Worten auf die Umsetzung an. **Entscheidend ist das Handeln jeder einzelnen pädagogischen Fachkraft.** Selbst in »guten« Kitas kann die eine Gruppe bedürfnisorientiert wie im Bilderbuch laufen, während in der anderen Gruppe eine Fachkraft die Kinder anschreit, weil sie beim Morgenkreis nicht sitzen bleiben wollen.

Eine pädagogische Konzeption gibt den Fachkräften eine Leitplanke für ihre Arbeit, auf ihr basieren viele Entscheidungen, beispielsweise wie der Kita-Alltag mit den Kindern und innerhalb des Teams, aber auch wie die Zusammenarbeit mit Eltern ablaufen soll. Wie die Räume eingerichtet und wie viele Kinder in welcher Gruppe aufgenommen werden, ob eine feste Bezugsperson die Gruppe bis zum Schuleintritt begleitet oder ob alle Fachkräfte für alle Kinder verantwortlich sind.

**Mensch vs. Konzept**

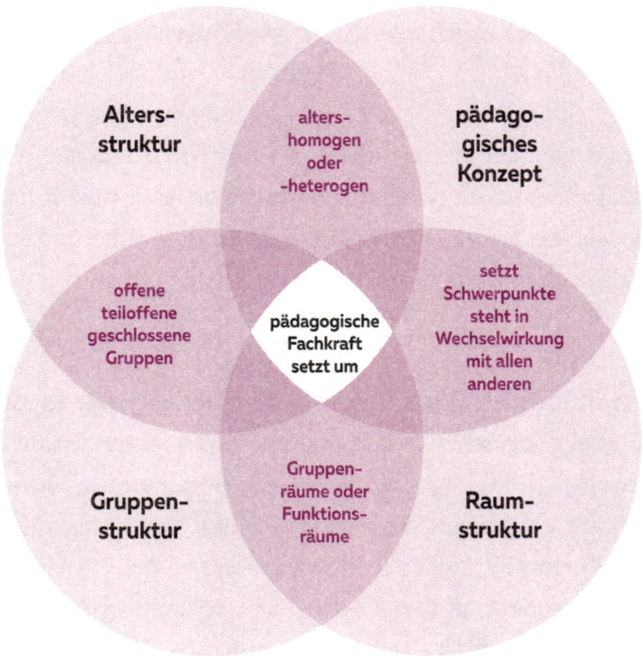

**Das kannst du tun, um dich mit dem Konzept eurer Einrichtung vertraut zu machen:**

- Informiere dich im Internet über die verschiedenen pädagogischen Handlungskonzepte, für die du dich interessierst. Damit bekommst du einen allgemeinen Überblick, du musst kein Pädagogik-Studium nachholen. Nutze gern auch Suchbegriffe wie z. B. »Waldorfpädagogik Kritik« oder »Montessori Kita Vor- und Nachteile«, um dir ein differenzierteres Bild zu verschaffen.
- Lies das Konzept der jeweiligen Einrichtung, die in der engeren Wahl ist oder bei der du einen Betreuungsplatz bekommen hast. Dadurch erfährst du, wie die Fachkräfte ihre Arbeit gestalten wollen und wozu sie sich selbst verpflichtet haben.
- Das Wichtigste aber ist: Lerne die Menschen kennen, die dein Kind betreuen werden. Sie sind der Schlüssel.

## Was solltest du über Eingewöhnung unbedingt wissen?

Auf den folgenden Seiten möchte ich dir die Grundlagen vermitteln, die rund um Eingewöhnung wichtig sind, ganz unabhängig davon, welche Betreuungsentscheidung du für dein Kind und euch als Familie getroffen hast.

### Eingewöhnung als Basis für die (Kita-)Zukunft deines Kindes

3,9 Millionen Kinder zwischen null und sechs Jahren wurden 2023 in deutschen Kindertagesstätten betreut. Betreuung außerhalb der Familie spielt demnach für sehr viele Kinder eine tragende Rolle in ihrer Biografie und bedarf deswegen gesamtgesellschaftlich gesteigerter Aufmerksamkeit. Hierbei geht es mir nicht nur um die Qualität und Quantität der Betreuung an sich, sondern vor allem um den Start in ebendiese. **Eine bindungssichere, bedürfnisorientierte und beziehungsstarke Eingewöhnung ist eine Investition in die Zukunft.** Sie wirkt sich nachhaltig auf alle Beteiligten aus (Kind, Eltern, Kindergruppe und pädagogische Fachkräfte) sowie auf das Klima in der Familie und in der Kita. Fachkräfte berichten in meinen Fortbildungen, dass sie die Unterschiede zwischen gut und nicht gut eingewöhnten Kindern spüren. Letztere zeigen stärkeres Bindungsverhalten, Stress-Signale oder weinen morgens auch noch lange nach der Eingewöhnung. Diese Grafik verdeutlicht diese Eindrücke:

**Gut vs. schlecht eingewöhnte Kinder**

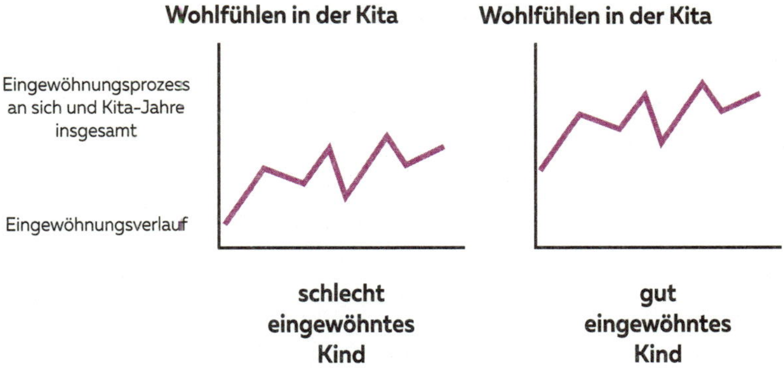


Und was sagt die Wissenschaft? In der StimtS Studie der Universität Leipzig und ASH Berlin[5] wurde (neben Messungen der kindlichen Cortisolwerte, die kein alleiniges Kriterium sein können) das kindliche Wohlbefinden in Kinderbetreuungseinrichtungen mit Videoanalysen untersucht. Es gibt sieben Dimensionen, an denen erkennbar ist, wie gut es einem Kind in der Kita geht: 1. emotionaler Ausdruck, 2. emotionale Sicherheit, 3. soziale Teilhabe und Beteiligung, 4. Aktivierung von Bildungspotenzialen, 5. körperliche Zufriedenheit, 6. Handlungskontrolle/Selbstwirksamkeit sowie 7. Selbstkonzept/Selbstwertgefühl.

Dimensionen 1 bis 4 wurden wissenschaftlich untersucht und ergaben unter anderem folgende Ergebnisse:

73 Prozent der Kinder waren während 90–100 Prozent der Beobachtungszeit entspannt und emotional ausgeglichen. 17 Prozent der Kinder hatten ein- bis sechsminütige Phasen der Niedergeschlagenheit/Traurigkeit. Starke negative Emotionen, aber auch Ausgelassenheit/Fröhlichkeit waren selten. Neben einem schüchternen Temperament des Kindes, familiären Belastungen und hohen Betreuungsstunden pro Woche können ungünstige institutionelle Bedingungen (Gruppengröße, Betreuungsqualität, unsichere Fachkraft-Kind-Bindung) und eine problematische Eingewöhnung **Risikofaktoren für das langfristige Wohlbefinden eines Kindes im Kita-Alltag** sein.[6]

Eine (2023) noch nicht veröffentlichte Studie der Universität Leipzig (ich sprach mit der leitenden Prof. Dr. Susanne Viernickel) hat sich vier Wochen lang das kindliche Wohlfühlen in der Kita im Eingewöhnungsprozess genauer angeschaut. Erste Tendenzen sind:

- **Das Wohlbefinden der Kinder steigt im Verlauf der gesamten Eingewöhnungszeit.** (Auch wenn die Eingewöhnung nach den untersuchten vier Wochen laut Fachkräften ja, aber laut Forscherinnen nicht abgeschlossen ist.)
- Die Trennungssituation führt zu einem »Knick« im Wohlbefinden. Deutlich wurde auch, dass erschreckend viele Kinder schon sehr früh (zweite Woche) lange Zeit (bis zu sechs Stunden) ohne Eltern bleiben.
- Kinder, die bereits mit einem hohen Wohlbefinden in die Eingewöhnung starten, behalten oder erhöhen ihr Wohlbefinden in Bezug auf ihre soziale Teilhabe in der Kindergruppe.
- Kinder, die bereits mit einem geringeren Wohlbefinden in die Eingewöhnung starten, erreichen zwar nicht den gleichen Stand in sozialer Teilhabe, ABER: Sie holen auf, wenn es um die emotionale Sicherheit (Bindung, Trost) zur Fachkraft geht!

Es ist unsere Aufgabe als Eltern und pädagogische Fachkräfte, Kindern eine gute Eingewöhnung zu bieten – trotz aller (politisch-strukturell verursachten) Belastungen in Kita & Co. Wir müssen gemeinsam dafür sorgen, dass sich Kinder langfristig in der Familie UND in der Betreuung wohlfühlen.

## Die Kita als zweites Zuhause

»Eingewöhnung« als fachlicher Begriff ist zwar korrekt, wird aber in der bindungs-, beziehungs- und bedürfnisorientierten Pädagogik inzwischen auch kritisch gesehen. An den Wörtern Eingewöhnung (»Gewöhnung an neue Verhältnisse«[7]) bzw. eingewöhnen (»sich, jmdn. an neue Verhältnisse gewöhnen«)[8] bemängeln Kritiker*innen, das Kind müsse sich sinngemäß nur passiv an die neue Situation gewöhnen, sich anpassen und einfügen, während es die Rolle der Eltern sowie der pädagogischen Fachkräfte ist, dafür zu sorgen, dass sich das Kind eingewöhnt, anpasst, einfügt.

Wenn ich jedoch Synonyme suche, fallen mir Begriffe wie **anfreunden, einleben, hineinfinden und hineinwachsen** ins Auge. Und das klingt doch schon wesentlich aktiver, oder was meinst du?

»Willkommensphase« oder auch »Ankommenszeit« beziehungsweise »Beziehungszeit« sind Begriffe, die ausdrücken, dass eine aktive Eingewöhnung ablaufen soll, und verdeutlichen eine Wertigkeit dieses Prozesses im Sinne der bindungs-, beziehungs- und bedürfnisorientierten Pädagogik. Für mich stellt das Wort »Eingewöhnung« an sich jedoch kein Hindernis dar, da mir erstens die bestmögliche Umsetzung in der pädagogischen Praxis (unabhängig von der Bezeichnung) sowie zweitens die Klarheit und Bekanntheit des Begriffs für das leichte Verständnis in Familien und Kinderbetreuungseinrichtungen wichtiger sind. **Ich werde also in diesem Buch weiterhin von »Eingewöhnung« sprechen und »Willkommensphase« meinen und dabei an das Wohlfühlen in der Kita wie in einem zweiten Zuhause denken,** denn in Eingewöhnung steckt ja auch ein bisschen das Wort »Wohnung« drin.

## Ohne Eingewöhnung geht es nicht

Gab es bis in die Achtzigerjahre in Deutschland keine Eingewöhnungsmodelle, ist es mittlerweile weniger verbreitet, dass Kinder von ihren Eltern ab Tag eins direkt in die Einrichtung gebracht und allein dort gelassen werden. Aber auch wenn Eltern ein oder zwei Tage dabei sind und ab Tag drei ihr Kind für zehn Minuten »nur bringen und wieder abholen«, am nächsten Tag für fünfzehn bis zwanzig Minuten usw., ist das keine richtige Eingewöhnung. In diesem Ratgeber zeige ich dir den vollständigen Eingewöhnungsprozess im Kapitel → »So läuft eine Eingewöhnung ab«. Und im Kapitel → »Die Eingewöhnung soll ohne Eltern stattfinden« findest du Hinweise, was du tun kannst, wenn die Kita deines Kindes keine Eingewöhnung plant. Denn auch wenn Eingewöhnungsmodelle mittlerweile zum pädagogischen Mindeststandard gehören, so gibt es leider immer noch Einrichtungen, die vor allem im Kindergartenbereich (für über Dreijährige) keine Eingewöhnung ermöglichen. Im Zuge der Covid 19-Pandemie und der damit einhergehenden Hygieneschutzmaßnahmen ist die fehlende Eingewöhnung wieder häufiger aufgetreten. Das ist ein eklatanter Rückschritt in der Qualität der pädagogischen Arbeit, von deren Auswirkungen einige Familien immer noch betroffen sind. Aus meinen Elternberatungen, aber auch aus meinen Fortbildungen mit Kitas weiß ich, dass das »Draußen-Bleiben-Müssen« der Eltern vor dem Kita-Gebäude von vielen pädagogischen Fachkräften als sehr angenehm empfunden wurde und das Abgeben der Kinder an der Eingangstür vielerorts beibehalten wurde. Für einige Kinder war das in Ordnung, für viele andere ein schmerzhafter Abschiedsmoment.

***Die Bedeutung von Eingewöhnung wird von pädagogischen Fachkräften und Eltern unterschätzt. Wenn Betreuungseinrichtung und/ oder Eltern keine Eingewöhnung einplanen, kann das negative bis traumatische Auswirkungen auf die seelische und körperliche Gesundheit eines Kindes haben.***

Studienergebnisse von Lieselotte Ahnert haben deutlich gemacht, dass Kleinkinder, die ohne Eingewöhnung von einem auf den anderen Tag in eine Krippe kommen, sehr starke Stresssignale zeigen, die sich negativ auf ihre gesamte Entwicklung auswirken können. Ebenso kann sich der abrupte Übergang von der Betreuung in der Familie zur Betreuung in der Kindertagesstätte negativ auf die Mutter-Kind-Bindung auswirken. Fand keine Eingewöhnung statt, so konnte diese von einem sicheren in ein unsicheres Muster fallen. Nahm sich die Mutter jedoch Zeit für die Eingewöhnung, so blieb die Bindung zu ihrem Kind bestehen oder verbesserte sich sogar.[9]

## Bindungssichere Eingewöhnung

Bindung ist wie unser Herzschlag – ohne beides können wir Menschen nicht überleben. Die Evolution hat das Bindungsbedürfnis genetisch in uns »einprogrammiert«, es ist uns angeboren. John Bowlby beschreibt Bindung als ein »gefühlsgetragenes Band«, das von einer Person zur anderen geknüpft wird und beide über eine räumliche und zeitliche Trennung miteinander ver-bindet[10]. Im Amerikanischen werden sogar zwei Begriffe verwendet, die dieses sensible Zusammenspiel bezeichnen: Das schutzbedürftige Kind bindet sich an seine ersten Bindungspersonen (Attachment), meistens sind das die Eltern. Aber entscheidend ist nicht die biologische Verwandtschaft, sondern die emotionale Erfahrung des Kindes mit der Bindungsperson. Die sicherheitsgebenden Eltern binden sich ebenfalls an das Kind (Bonding), wenn sie bereit sind, sich emotional auf seine Bindungssignale einzulassen, die kindlichen Bedürfnisse zu erkennen und zu befriedigen.

### *Mögliche Bindungssignale des Kindes während der Eingewöhnung:*

**Dein Kind wird entsprechend seines einprogrammierten Bindungssystems verschiedene Verhaltensweisen dir gegenüber zeigen, weil es dich als seine Bindungsperson braucht. Vermutlich**

**kennst du einige Signale bereits aus Krabbelkursen oder Besuchen bei den Großeltern.**

*Das Kind sucht die Rückversicherung seiner Bindungsperson, es schaut immer wieder zu ihr.*
*Es winkt oder ruft ihr fröhlich zu (»Hallo, ich bin hier oben, schau mal!«).*
*Wenn die Person außer Sichtweite ist, lässt das Kind den Blick umherschweifen, sagt den Namen der Bindungsperson oder fragt nach ihr (»Mama?« oder »Papa weg?«).*

*Das Kind sucht und braucht Körperkontakt, es möchte auf dem Schoß sitzen, eng kuscheln oder die Hand festhalten.*
*Es streckt seine Arme hoch und möchte getragen werden. Das Kind versteckt sich eventuell hinter der Bindungsperson, schaut weg, wenn es von der pädagogischen Fachkraft oder anderen Kindern angesprochen wird.*
*Das Kind läuft zur Bindungsperson hin oder hinter ihr her, um sich wieder sicher zu fühlen.*

*Das Kind klammert und krallt sich an der Bindungsperson fest.*
*Es weint oder schreit (unter Umständen bis zum Erbrechen), wenn die Bindungsperson den Raum verlässt.*
*Das Kind macht sich steif, streckt den Rücken durch, wirft sich nach hinten oder strampelt und wehrt sich mit Händen und Füßen gegen die Trennung von der Bindungsperson.*

Du merkst, das kann ziemlich heftig werden, und leider treten alle Bindungs- und auch Alarmsignale in Eingewöhnungen auf. Wie viel Weinen normal ist, thematisiere ich im gleichnamigen Kapitel, an dieser Stelle möchte ich aber vorwegnehmen, dass vor allem die »kurz und schmerzlos«-Trennungen aus bindungsorientierter Sicht dem Kind (und auch den Eltern) schaden können. Doch es geht auch, ohne dass das Sicherheitssystem des Kindes Alarm schlägt. **Eingewöhnung muss nicht wehtun!**

***Sobald sich ein Kind in der Betreuungseinrichtung sicher geborgen und gebunden fühlt und eine neue Bindungsperson (pädagogische Fachkraft) gefunden hat, kann es seine primäre Bindungsperson (Elternteil) entspannt und angstfrei loslassen. Auch Eltern werden erst mit einem guten Gefühl gehen, wenn sie wissen, dass ihr Kind bei der Betreuungsperson sicher ist. Deswegen muss die Bindung in der Eingewöhnung beschützt werden.***

### *Bindung und Erkundung gehören zusammen*

Fühlt sich ein Kind sicher, dann zieht es los und erkundet die Welt. Wenn du auf dem Spielplatz bist, zuerst mit ihm im Sandkasten buddelst und dann schaukelst, bis es genug hat, kannst du dich wahrscheinlich nach einer gewissen Zeit zurückziehen. Ihr snackt noch etwas auf der Picknickdecke und dann krabbelt oder läuft dein Kind zurück zu Eimerchen, Schaufel oder Bagger. Und nach und nach zieht es immer größere Kreise, traut sich weiter von dir weg. Manchmal hast du vielleicht auch das Gefühl, es würde weglaufen, wenn du nicht hinterher gehst. Aber dein Kind hat ein inneres Nähe-Distanz-Radargerät, und wenn du dich als Bezugs- und Ausgangspunkt fortbewegst, kann auch dein Kind weiter weg gehen, weil sich euer Abstand voneinander gar nicht ändert.

Natürlich gibt es nicht nur Kinder, die unerschrocken auf Erkundungstour gehen, sondern auch Kinder, die sehr lange, sehr nah bei ihren Eltern im »Dunstkreis« bleiben. Das ist okay! Jedes Kind möchte früher oder später die Welt entdecken. Denn dein Kind hat nicht nur ein eingebautes Bindungs-, sondern auch ein eingebautes Erkundungssystem (in der Pädagogik nennt sich das »Explorationssystem«). Je sicherer es sich fühlt, je mutiger es ist, je mehr Erfahrungen es sammelt, umso mehr entdeckt es seine Umwelt. Fühlt es sich unwohl, weil es beispielsweise vor etwas erschrickt oder ihm ein anderes Kind zu nahe kommt, wird es die Nähe seiner Bindungsperson suchen und erst wieder losziehen, wenn es sich emotional sicher fühlt. In der Pädagogik heißt dieses Wechselspiel der beiden Systeme: »Bindungs-Erkundungs-Wippe«. Du kannst dir das aber auch wie eine Schnecke vorstellen, die kommt auch nur aus ihrem Schneckenhaus raus, wenn sie sich sicher fühlt. Und zieht dann in ihrem Tempo ihren Weg, genau wie dein Kind in seinem Tempo seinen Weg gehen wird.

### Bindungs-Erkundungswippe

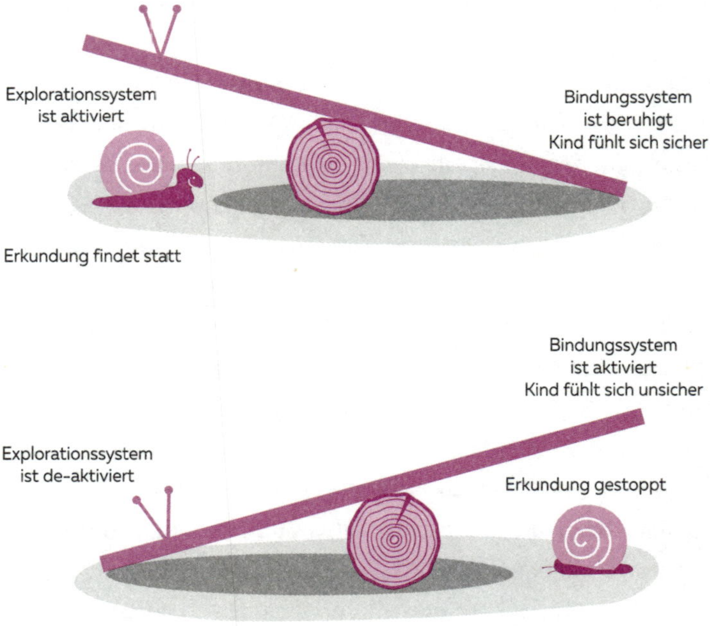


***Bindung VOR Trennung***

Wenn eine Eingewöhnung gelingt, werden aus zunächst fremden, noch unbekannten Menschen vertraute Bindungspersonen, die dem Kind Sicherheit und Schutz geben. Das braucht Zeit und pädagogisches Geschick, also Wissen und Erfahrung, wie man als Fachkraft eine sichere

Bindung aufbaut. Leider ist die Aus- und Fortbildung von pädagogischen Fachkräften, deren biografische Selbstreflexion und Haltung zum Kind nicht immer gut genug, um dies zu leisten. Wenn Betreuungspersonen (und Eltern auch) ihren eigenen »Rucksack« und ihr daraus resultierendes Verhalten nicht hinterfragen, ist es schwerer, mit Kindern gut umzugehen. Oft fehlt es auch an Ideen und Alternativen, wenn das »Schema F« nicht funktioniert. Folgende Aussage ist kein Einzelfall:

**»Sie haben eine (zu) starke Bindung. Wenn Sie dabei sind, kommen wir nicht an Ihr Kind ran. Wir müssen jetzt einen Keil zwischen Sie und Ihr Kind treiben, damit wir überhaupt eine Chance haben. Wir müssen jetzt auch mal eine Trennung durchziehen, sonst wird das nie was.«**

*Pädagogische Fachkräfte dürfen in der Eingewöhnung nicht (un)beabsichtigt GEGEN die Eltern-Kind-Bindung arbeiten, sondern sollten MIT ihr arbeiten. Die Fachkraft-Kind-BINDUNG muss VOR der TRENNUNG aufgebaut werden. Nur so kann Loslösung bindungssicher stattfinden, das Kind darf nicht »gebrochen« werden.*

Vielleicht macht dir das jetzt ein bisschen Angst, weil du nichts falsch machen und der Bindung zu deinem Kind auf keinen Fall schaden willst. Du hast dir in den letzten Monaten bis Jahren alle Mühe gegeben, das Urvertrauen deines Kindes aufzubauen und zu stärken. Und das war gut so, denn dein Kind kann sich mit dieser emotionalen Sicherheit neuen Menschen öffnen und Vertrauen zu ihnen aufbauen. Wenn das richtig gut funktioniert, ist das toll. Trotzdem sind da manchmal auch verborgene Ängste, die in meinen Beratungen flüsternd ausgesprochen werden:

**»Wir waren bis jetzt unzertrennlich. Schade ich der Bindung, wenn wir uns so lange nicht sehen? Bin ich noch eine gute Mutter, wenn mein Kind in die Betreuung geht? Was, wenn mein Kind ›Mama‹ zu seiner Erzieherin sagt? Hat es sie lieber als mich?«**

Das eigene Kind loszulassen, in »fremde« Hände zu geben ist ein großer Schritt. Werden aus den anfangs unbekannten Personen vertraute Betreuer*innen, die sich liebevoll um dein Kind kümmern und (je nachdem wie ihr das als Familie plant) relativ viel Zeit mit ihm verbringen, dann hast du vielleicht die leise Befürchtung, dass du als Elternteil ersetzt wirst. Du bist damit nicht allein, und du bist auch nicht »zu empfindlich« oder »klammerig«, falls du das manchmal glaubst oder hörst. Dein Kind wird und es darf eine Bindung zur pädagogischen Fachkraft aufbauen. Und du darfst dich darüber freuen, weil dein Kind neue Bindungspersonen gewinnt, und gleichzeitig auch wehmütig sein, weil eure intensive (Eltern)Zeit jetzt vorbei ist. Doch denke immer daran:

***Du bist und bleibst als Mutter oder Vater eine wichtige Bindungsperson für dein Kind. Wenn eine gute Eingewöhnung stattfindet, wird auch die außerfamiliäre Betreuung an eurer Bindung nichts ändern. Die pädagogische Fachkraft hat während der Betreuungszeit eine professionelle Bindung mit deinem Kind, sie wird dich als Bindungsperson aber nicht ersetzen (sondern nur ergänzen).***

## Beziehungsstarke Eingewöhnung

Während Bindung eine spezielle Form von Beziehung darstellt, sind soziale Beziehungen weiter gefasst. Rund um eine Eingewöhnung stehen vor allem die Beziehung zwischen Eltern und pädagogischer Fachkraft, zwischen Eltern und ihrem Kind und zwischen Fachkraft und Kind im Fokus. Aber auch die Beziehungen zu den anderen Fachkräften, die nicht der oder die erste feste Bezugserzieher*in sind, und die Beziehungen zu den anderen Kindern der Gruppe spielen in der außerfamiliären Betreuung eine Rolle. Am Ende der Kita-Jahre ist dein Kind reich an »Sandkasten-Freundschaften« und Erlebnissen in der Kindergemeinschaft, es kennt wahrscheinlich das gesamte Kita-Team und ist nicht mehr nur an die eine Bezugsperson gebunden.

***Starke Beziehungen bauen Brücken, die ein Leben lang tragen. Eine beziehungsstarke Eingewöhnung ermöglicht dem Kind und seinen Eltern neue große und kleine Menschen kennenzulernen, die zu Vertrauten und Freund*innen werden. Sozial in eine Gruppe eingebunden und ein wichtiger Teil dieser zu sein, das macht glücklich.***

Du als Begleitperson deines Kindes hast einen unglaublich großen Einfluss auf den Beziehungsaufbau und damit auf den Verlauf einer beziehungsstarken Eingewöhnung. Die zukünftige Betreuungsperson deines Kindes natürlich ebenso, in der Pädagogik nennt sich das »Erziehungspartnerschaft«. Eltern und Fachkräfte tragen gemeinsam die Verantwortung und arbeiten zusammen zum Wohle des Kindes.

Schau gern im pädagogischen Konzept eurer Betreuungseinrichtung nach, wie sich die Fachkräfte die Zusammenarbeit vorstellen. Suche nach den Begriffen »Bildungs- und Erziehungspartnerschaft« oder »Elternarbeit«, manchmal steht aber auch nur etwas über Elternmitarbeit, also der Möglichkeit, wie du dich als Mama oder Papa in der Kita engagieren kannst.

**»Sie müssen uns schon einen Vertrauensvorschuss geben und vor Ihrem Kind gut über die Kita sprechen.«**

Ja, das stimmt, ohne ein gewisses Grundvertrauen wird es wirklich schwer, dein Kind mit einem guten Gefühl in die Betreuung zu geben. Wenn du schlecht über »Fremdbetreuung« denkst, ängstlich bist und überall die Gefahren siehst oder suchst, dann kümmere dich darum, reflektiere deine Gedanken, reguliere deine Gefühle.

Eines solltest du jedoch nie vergessen: **Der »Vertrauensvorschuss« ist kein blindes Vertrauen.** Es geht nicht darum, alles zu machen, was von dir verlangt wird. Das wäre Gehorsam. Es geht um Vertrauen. Und das muss wachsen. Wenn dein Bauchgefühl sich meldet und dir etwas zu sagen hat, höre hin. Das bedeutet nicht automatisch, dass dein Bauch recht hat, aber ignoriere seine Signale nicht. Leider wird der Vertrauensvorschuss manchmal von pädagogischen Fachkräften eingefordert, wenn die Eingewöhnung nicht läuft wie geplant. Aber Vertrauen lässt sich nicht erzwingen.

### *Das Beziehungsdreieck*

Obwohl in der Pädagogik die Zusammenarbeit zwischen Fachkräften und Eltern als »Erziehungspartnerschaft« bezeichnet wird, benutze ich seit vielen Jahren lieber den Begriff »Beziehungsdreieck«. Dabei wird nicht nur die Partnerschaft zwischen den Erwachsenen, sondern auch die Beziehungen der Erwachsenen zum Kind gleichberechtigt einbezogen. Das ist mir sehr wichtig, denn alle drei (Eltern, Fachkräfte und Kind) sind am Eingewöhnungsprozess beteiligt. Später habe ich herausgefunden, dass Jesper Juul in einem Vortrag das »lernende Dreieck« benannte. Doch was ist mit alldem gemeint?

Dein Kind und du, ihr habt bereits eine Beziehung, wenn ihr die Eingewöhnung startet; diese Stärke bringt ihr mit in die neue Umgebung. Die letzten Monate/Jahre, in denen du gelächelt, geschaukelt, getröstet, getragen, gesungen und gekuschelt hast, jeder kleine Moment haben das Urvertrauensfass deines Kindes gefüllt. Und aus diesem vollen Fass wird es in der Eingewöhnung und während der Betreuungszeit schöpfen. Eure **Beziehung ist eine Superkraft** und sie bleibt bestehen, auch wenn sie sich in den nächsten Kita-Jahren verändern wird, weil dein Kind neue Beziehungen eingeht.

Eine starke Beziehung soll sich zwischen der pädagogischen Bezugsperson und deinem Eingewöhnungskind entwickeln, damit es sich wohl und willkommen fühlt, um dich als begleitendes Elternteil gehen und sich von der Bezugsperson betreuen zu lassen. Einige Kinder kommen direkt mit den Fachkräften in Kontakt, andere nicht, und beides ist okay. Das hängt einerseits vom Temperament und der Offenheit deines Kindes ab, andererseits vom pädagogischen Geschick der Fachkraft, also davon, wie sie es schafft, bindungs- und beziehungsstarke Momente zu gestalten. Aber es gibt noch eine entscheidende Komponente in diesem Spiel, und die bist du. Du kannst den Beziehungsaufbau zwischen deinem Kind und seiner Bezugsperson zwar nicht übernehmen, aber wie ein Katalysator begleiten und unterstützen, denn: **Die Fachkraft-Kind-Beziehung entwickelt sich auch ÜBER die Eltern. Also über dich.**

Vielleicht erinnerst du dich an eine Situation, wo du dein Baby oder Kleinkind auf dem Arm hattest, als es an der Tür klingelte. Abhängig davon wer vor euch stand (Oma oder Opa, jemand aus der Nachbarschaft), hast du reagiert. Dein Kind hat dich blitzschnell gelesen und gecheckt, in welcher Beziehung DU zu diesen Personen stehst. Und es wird sich entspannen oder eben nicht. **Kinder spüren mehr, als wir denken, weil wir mehr denken, als wir spüren.**

Für die Eingewöhnung bedeutet das: **Baue eine starke Beziehung zur pädagogischen Fachkraft auf, damit dein Kind eine starke Beziehung zu ihr aufbauen kann.** Für die Betreuungsperson gilt das natürlich genauso. Ihre pädagogische Aufgabe ist es, nicht nur zu deinem Kind, sondern auch zu dir eine gute Beziehung aufzubauen und zu pflegen. Leider wird im Kontext Eingewöhnung der Fokus meist nur auf das Kind gelegt (das ist auch oft im Familienalltag so). Im Beziehungsdreieck Eltern-Fachkraft-Kind sind die Erwachsenen die Basis, zwischen ihnen liegt der entscheidende Kontaktpunkt. Das

Kind pendelt zwischen System Familie und System Betreuung hin und her, es ist darauf angewiesen, dass beide Seiten möglichst gut miteinander klarkommen und es nicht zwischen die Fronten gerät.

### *Merkmale von Eltern-Fachkraft-Beziehungen in der Eingewöhnung*

Wenn ich Fachkräfte in meinen Fortbildungen frage, wie stark sie auf den Beziehungsaufbau zu den Eltern achten, wird deutlich: Im Fokus steht oft nur das Kind und nicht auch die Eingewöhnung der Eltern. Das ist schade, denn hier liegt eine ungenutzte Kraft. Der Beziehungsaufbau zwischen Erwachsenen ist komplex und von vielen Einflussfaktoren beiderseitig abhängig. Mit der folgenden Übersicht kannst du einschätzen, wie gut die Beziehung zwischen dir und der Betreuungsperson deines Kindes ist.

| | | |
|---|---|---|
| *Freundliche, interessierte Gespräche, sich gegenseitig verstehen wollen, wertschätzend und offen kommunizieren, nachfragen und antworten, mitfühlen und trösten, regelmäßiger unkomplizierter Austausch, Tipps annehmen können und den Expert*innen-Status gegenseitig respektieren* | *Nur anlassbezogener Austausch, fehlende Informationen und Transparenz, unterschiedliche Erziehungsansichten, Kompromissfindung, Schulterzucken, vor dem Kind reden* | *Unfreundliche, patzige Kommunikation, Passivität, Verschlossenheit, ignorieren, nicht kompromissbereit, zu hohe Forderungen, belehrend, bevormundend, Vorwürfe und Anschuldigungen, spannungsgeladene Konflikte, recht haben wollen, schlecht vor dem Kind reden* |

In kleinen Einrichtungen, wo sich alle untereinander kennen, Dorfkitas oder Elterninitiativen, aber auch bei Tagesmüttern und -vätern ist der Austausch oft enger oder familiärer als in größeren Betreuungseinrichtungen. Das hat den Vorteil, dass man als Eltern mehr mitbekommt und die Betreuung nicht wie eine »Blackbox« erscheint. Nachteilig ist es, wenn die Grenzen zwischen persönlich und privat verschwimmen. Du musst mit der Betreuungsperson deines Kindes keine enge Freundschaft knüpfen oder mit ihr in allen Punkten »auf einer Welle schwimmen«. Und du musst auch keine privaten Details über dich und euer Familienleben teilen. Die pädagogische Fachkraft ist weder Erziehungsberater*in noch Kinderärzt*in oder Therapeut*in und sollte diese Kompetenzgrenzen kennen und gegebenenfalls an entsprechende Fachpersonen weiterleiten. Sie braucht allerdings die Informationen, die für die Betreuung deines Kindes relevant sind, also rede mit ihr. Und frage nach den Informationen, die für dich relevant sind, damit du ein gutes Gefühl bei der Sache mit der Kita hast.

### Bedürfnisorientierte Eingewöhnung

In der bedürfnisorientierten Eltern-Bubble merke ich immer wieder eines: Das Kind steht im Fokus. Und ich möchte an dieser Stelle deutlich sagen, dass das eine ganz verzwickte Sache ist. Natürlich soll es dem Kind in der Betreuung gut gehen, es soll gerne und freiwillig hingehen, sich unproblematisch lösen (am besten ohne zu Weinen), die pädagogischen Fachkräfte sollen vertraut und liebevoll mit dem zu betreuenden Kind umgehen, es sehen und bestmöglich begleiten. So weit, so gut. Alles richtig.

Was dabei ganz oft vergessen wird, ist, dass die Mutter oder der Vater auch eine Eingewöhnung braucht, um diese Idealvorstellung auch gut zu unterstützen. Und was noch häufiger vergessen wird, ist, dass die Betreuungsperson genauso eine Eingewöhnung braucht, um dieser Idealvorstellung überhaupt gerecht werden zu können. Hinzu kommt, dass es verschiedene Auswirkungen hat, ob in der Hochsaison August und September viele Kinder eingewöhnt werden oder ob Kinder ganzjährig verteilt neu in die Gruppe aufgenommen und eingewöhnt werden.

In letzter Zeit geht der Blick zunehmend ganzheitlich auf die Bedürfnisse aller in der Familie, und genauso muss es auch in der Eingewöhnung laufen. Die »Wandergruppe« ist gemeinsam unterwegs, und die Bedürfnisse aller sind gleichberechtigt, auch wenn nicht immer alle Bedürfnisse gleichzeitig zu befriedigen sind.

### *Bedürfnisse in der Eingewöhnung*

*»Alles, was wir tun, ist in diesem Moment unser bester Versuch, unsere Bedürfnisse zu erfüllen. Alle Menschen haben also die gleichen Bedürfnisse – nur unterschiedlich stark ausgeprägt. Wir haben oft mehrere Bedürfnisse zur gleichen Zeit. Gefühle weisen auf erfüllte und unerfüllte Bedürfnisse hin. Es gibt stets viele Wege, um ein Bedürfnis zu befriedigen. Diese Wege nennen wir Strategien. Die Menschen, die uns am nächsten stehen, nutzen wir häufig als unsere Lieblingsstrategien, um unsere Bedürfnisse zu erfüllen.«*[11]

Die wichtigsten Bedürfnisse in der Eingewöhnung sind: Sicherheit, Vertrauen und Verlässlichkeit, Klarheit und innerer Frieden, Orientierung und Transparenz, Integrität, Geborgenheit und Ruhe, Einfühlung und Trost, Mitbestimmung und Dazugehören, Willkommen sein und Wertschätzung, Unterstützung, Ehrlichkeit und Kommunikation.

Viele Bedürfnisse sind eng miteinander verbunden, so wie Geschwister: Orientierung zum Beispiel stärkt das Bedürfnis nach Sicherheit. Kommunikation ist Bedürfnis und Strategie zugleich, in der Eingewöhnung geht es also ganz viel um gegenseitigen Austausch.

**»Wenn Sie so lange mit im Raum sitzen, dann stört das die anderen Kinder.«**

Diesen Satz hören Eltern sehr häufig (oder haben von sich aus das Gefühl, sie würden stören, auch wenn es nicht explizit gesagt wird). Es kann schon vorkommen, dass vor allem jüngere Kinder sich unwohl oder unsicher fühlen, wenn unbekannte Erwachsene im Raum sind, und darauf solltest du auch Rücksicht nehmen. Der Gruppenraum ist ein Schutzort, hier sind die Bindungs- und Beziehungspersonen für die bestehenden Kinder verantwortlich und verlässlich verfügbar. Das ist wichtig, dein Kind wird auch bald dazugehören. Aber es ist genauso wichtig, dass die Bedürfnisse deines Kindes erfüllt sind, damit es ankommen und bleiben kann. Es ist ein Spagat, der möglich ist:

*Kinder, die gut eingewöhnt sind, sind weniger gestresst und weinen selten, auch wenn die Tür aufgeht und ein fremdes Elternteil zum Abholen seines Kindes kommt. Kinder, die von den Fachkräften (und ihren Eltern) gut auf die Eingewöhnungsphase vorbereitet und währenddessen gut begleitet werden, haben selten Probleme, wenn andere Eingewöhnungseltern anwesend sind.*

Lass dich also nicht von der Aussage oder den Vermutungen, du würdest stören, stressen. Es ist dein Recht und das Recht deines Kindes, eine Eingewöhnung zu bekommen, auch wenn sie etwas länger dauert.

**Beobachte die Situation genau und prüfe, wer das Problem hat:**

- Wie reagieren die anderen Kinder auf dich?
- Sind die Kinder oder ist eher die Fachkraft gestresst, weil du im Raum bist?

*Manchmal werden »die anderen Kinder« als Grund genannt, obwohl sich eine der pädagogischen Fachkräfte beobachtet und unwohl fühlt, sich aber nicht traut, das offen zuzugeben. Auch teaminterne Konflikte darüber, wie eine Eingewöhnung zu laufen hat, können die Ursache sein, dass du dir entsprechende »Eltern stören«-Bemerkungen anhören musst. Du nimmst Rücksicht auf die anderen Kinder, aber du bist nicht dafür verantwortlich, dass es ihnen gut geht. Das ist die Aufgabe der pädagogischen Fachkräfte.*

## So triffst du eine gute Entscheidung für dein Kind und euch als Familie

Ob und wenn ja, wann ein Kind in die außerfamiliäre Betreuung gehen soll, ist eine Frage, die vielen Eltern schlaflose Nächte bereitet. Diese Entscheidung macht langfristig zufriedener, wenn sie an allen von der Entscheidung tatsächlich betroffenen Personen orientiert ist. Also nicht entweder an den Eltern oder am Kind, sondern an der gesamten Familie.

### Fokus auf dein Kind

Eltern fokussieren sich bei der Betreuungsfrage gern darauf, wann ihr Kind reif für die Kita ist, und manchmal sprechen auch pädagogische Fachkräfte noch von »Kita-Reife«. Dabei ist dieser Begriff völlig überholt, irreführend und problematisch. Wenn wir von Reifezeichen sprechen, dann impliziert das, dass es sich um einen biologischen Reifezustand handelt. Infolgedessen taucht eine unbewusste Erwartungshaltung auf, dass wir nur bis zum Tag X abwarten müssen, und dann ist das Kind reif genug und kann in die außerfamiliäre Betreuung gehen. Aber so funktioniert das nicht, biologische »Kita-Reife« existiert nicht. Sie fällt auch nicht plötzlich am dritten Geburtstag vom Himmel oder liegt in Geschenkpapier eingepackt unterm Weihnachtsbaum.

**»Mein Kind ist doch erst ein Jahr (oder zwei Jahre) alt. Und ich habe gelesen, unter drei ist Betreuung nicht gut. Eigentlich möchte ich auch lieber, dass mein Kind zu Hause ist, bis es drei Jahre alt ist. Aber aus den und den Gründen klappt das leider nicht. Ist mein Kind jetzt schon bereit oder tue ich ihm irgendwas Schlimmes damit an?«**

Die Antwort auf diese Frage ist wie Wandern nah am Abgrund – ein falscher Schritt und du stürzt hinab. Es gibt zahlreiche Studien, die sich mit dieser »Kita, ab wann?«-Frage beschäftigen und Eltern am

Ende doch hilflos oder verunsichert zurücklassen. Studien müssen in den Kontext ihrer Entstehung eingebettet werden, und wir müssen uns klar sein, dass Eltern sie auch mit ihrer biografisch geprägten Interpretation und Kulturgeschichte lesen.

2023 wurden durchschnittlich 54,2 Prozent aller Kinder unter drei Jahren in den ostdeutschen Bundesländern in Kindertagesstätten betreut, während es in den westdeutschen Bundesländern durchschnittlich 37,2 Prozent waren.[12] Einen großen Einfluss darauf hat die gesellschaftlich geprägte Vorstellung davon, wie Familie und Arbeit zu sein haben. Die Fragen »Wer arbeitet wie viel Vollzeit oder Teilzeit oder gar nicht? Wer betreut wie lange die Kinder und kümmert sich um den Haushalt?« haben daraus resultierend in Ost und West jeweils zu unterschiedlichen Bedeutungen und Bewertungen über und Bereitstellung von Kinderbetreuung geführt. Die aktuelle Kitaplatz(not)lage ist eine sichtbare Folge dieser zwei politisch-kulturellen Entwicklungen. Die meisten Kitaplätze fehlen in den alten Bundesländern, allen voran Nordrhein-Westfalen, Baden-Württemberg und Bayern.[13] Dass sich diese Ost-West-Unterschiede verändern, zeigt Hamburg mit einer Betreuungsquote von 50,3 Prozent bei den unter Dreijährigen.[14] Du wirst bestimmt auch einige Beispiele aus deinem Umfeld kennen, zum Beispiel große Stadt-Land-Unterschiede oder Familien, die sich bewusst gegen das regional vorherrschende Betreuungsmodell entscheiden. Vielleicht gehörst du selbst dazu und willst dich nicht von anderen beeinflussen lassen? Es ist gut zu hinterfragen, denn zwei Zahlen halten sich unter Eltern (aber auch Fachkräften) ziemlich hartnäckig:

***Immer wieder sind in Bezug auf den Betreuungsbeginn die Zahlen ein Jahr und drei Jahre in den Köpfen und Gesprächen präsent, als gäbe es kaum etwas dazwischen. Doch den Start in die Betreuung am Alter des Kindes festzumachen, führt in eine Sackgasse. Das wird weder der individuellen Persönlichkeit des Kindes, noch den Lebensumständen seiner Eltern/Familie, noch den institutionellen Rahmenbedingungen gerecht.***

Natürlich sind die altersentsprechenden Bedürfnisse von Kindern sehr unterschiedlich, und das muss von Eltern, jedoch vor allem in den Kinderbetreuungseinrichtungen berücksichtigt werden. Aber die Entscheidung pro/contra Kita können wir nicht allein am Alter des Kindes festmachen.

Der Mensch entwickelt sich und wächst an seinen Aufgaben. Inzwischen wird in der Pädagogik von »Fähigkeiten« und nicht mehr von »Reifekriterien« gesprochen. **Der Begriff »Kita-Fähigkeiten« meint, dass sich diese entwickeln dürfen und nicht schon vorhanden sein müssen.** Diese Fähigkeiten sind jedoch nicht einheitlich definiert, da jede Betreuungseinrichtung, jeweils passend zu ihrem Profil, verschiedene Schwerpunkte legt. Zum Beispiel gilt in einem Waldkindergarten meistens die Voraussetzung zur Aufnahme, dass das Kind windelfrei ist, weil im Wald nicht gewickelt werden kann. Und da wird es in der Umsetzung doch wieder zu einem »muss erfüllt sein«-Kriterium. Gar nicht so leicht. Vor allem, wenn man als Eltern von Fähigkeiten liest oder von pädagogischen Fachkräften hört, die einen auch an die Schuleingangsuntersuchungen vor der ersten Klasse erinnern. Schnell entsteht der Eindruck, das eigene Kind müsste Folgendes[15] können:

- möglichst selbstständig sein (sich z. B. schon allein an- und ausziehen können)
- sich von zu Hause und den Eltern bereits trennen
- Grenzen akzeptieren, Regeln verstehen und sich daran halten
- abwarten, bis es dran ist
- zehn Minuten still sitzen
- mit anderen Kindern spielen oder einer Beschäftigung eine Zeit lang folgen
- laufen oder sprechen
- sich selbst beruhigen

Diese Liste kann dir Stress machen, wenn dein Kind, das alles oder auch nur eines davon noch nicht kann, du aber vorhast, es außerfamiliär betreuen zu lassen. Wichtig ist an dieser Stelle: **Diese Fähigkeiten entwickeln sich im Laufe der Zeit, dein Kind lernt das alles noch.** Und es braucht deine Unterstützung dabei, genauso wie entwicklungsförderliche Rahmenbedingungen in der Betreuungseinrichtung. Deswegen spreche ich lieber von **»Kita-Bereitschaft«**. Der Fokus liegt dabei auf der Idee, sich dank Unterstützung bereit zu fühlen (Prozess), und nicht darauf, schon richtig bereit sein zu müssen (Ergebnis). Wenn ich mit Eltern arbeite, dann setze ich zuerst an diesem Punkt an und kläre ab, wie offen alle an der Eingewöhnung beteiligten Personen sind, sich auf den Eingewöhnungsprozess einzulassen. Die folgende Grafik verdeutlicht die Zusammenhänge zwischen ihnen. Stell dir vor, dass die einzelnen Kreise je nach Offenheit der Personen größer oder kleiner sind und mehr oder weniger Bereitschaft symbolisieren:

**Kita-Bereitschaft**

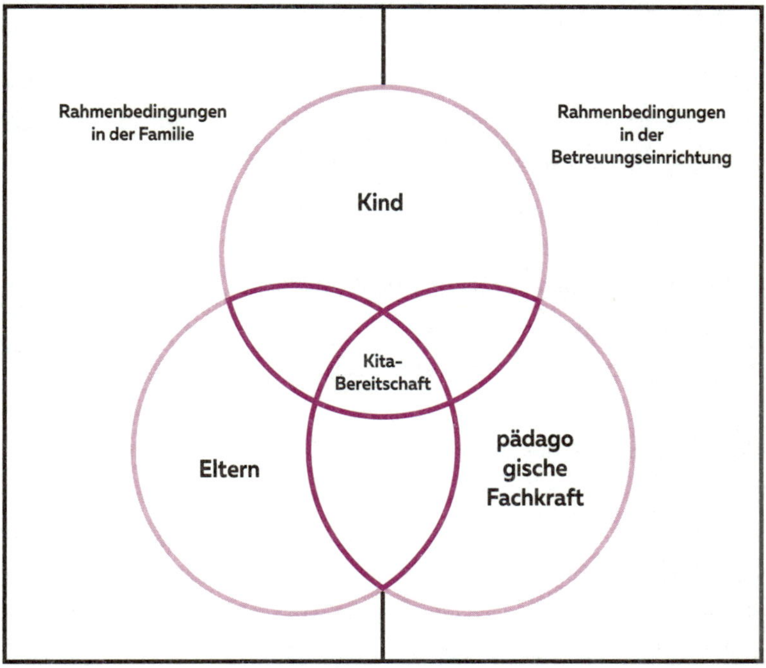

**Kita-Bereitschaft des Kindes** bedeutet, es ist bereit, sich gemeinsam mit den Eltern auf den Weg zu machen und sich für die Entdeckung einer neuen Welt zu öffnen. Dabei wird es auf verschiedene Entwicklungsaufgaben treffen, die es mit Unterstützung der Eltern und pädagogischen Fachkräfte bewältigen und meistern kann.

**Kita-Bereitschaft der Eltern** bedeutet, sie sind bereit, ihr Kind auf diesem Weg emotional stark zu begleiten. Sie öffnen sich für den Eingewöhnungsprozess und das damit verbundene Vertrauen in Fachpersonen und lassen ihr Kind los.

**Kita-Bereitschaft des Zuhauses** bedeutet, die Lebensbedingungen in der Familie sind so gestaltet, dass ein Kind nach der Betreuung mit seinen Bindungspersonen eine beziehungsstarke Zeit hat, um seine Bedürfnisse wieder in Balance zu bekommen.

**Kita-Bereitschaft der pädagogischen Fachkräfte** bedeutet, sie sind bereit, sich auf das Eingewöhnungskind und dessen Eltern einzulassen. Sie geben ihnen Zeit für das Ankommen und Loslassen in Etappen.

**Kita-Bereitschaft der Institution** bedeutet, die Rahmenbedingungen in der Einrichtung sind so gestaltet, dass ein Kind während der Betreuungszeit seine Bedürfnisse bestmöglich befriedigt bekommt. Dazu gehört entwicklungsförderliche Beziehungs- und Bildungszeit mit den Betreuungspersonen und anderen Kindern.

## Fokus auf dich als Elternteil und euch als Familie

Einer der häufigsten Sätze, die ich in den letzten Jahren in der Beratungstätigkeit mit Eltern gehört habe, ist:

**»Ich möchte, dass mein Kind gerne und freiwillig in die Kita geht.«**

Und ich verstehe das gut, mir geht es ganz genauso. Wer wünscht sich schon, dass das eigene Kind nicht gerne in die Kita geht? Oder sich gezwungen fühlt, an einem Ort zu sein, wo es nicht sein will? Stell dir mal vor, dein Kind würde sagen:

**»Mama, Papa, ich freu mich auf die Kita. Ich will da unbedingt hingehen. Los, kommt, trödelt nicht. Ich will mit den Kindern spielen. Los jetzt.«**

Spürst du, wie du innerlich entspannst und erleichtert aufatmest? Formt sich ein Bild vor deinem inneren Auge und zaubert dir ein Lächeln ins Gesicht? Hättest du ein gutes Gewissen, dein Kind in diesem Fall für vier, sechs oder acht Stunden in die Kita zu geben? Wahrscheinlich ja! Du würdest dein Kind in die Betreuung bringen, der Lieblingsfachkraft auf den Arm übergeben, es würde fröhlich winken, keine Träne vergießen, und du würdest beruhigt die Tür schließen und gehen, weil du weißt, es geht deinem Kind gut.

Dieses Buch hilft dir dabei, genau dieses Ziel zu erreichen.

Und gleichzeitig weiß ich aus vielen Elternberatungen:

***Aus der Vorstellung, ein Kind sollte sagen oder zeigen »Ich will in die Kita!«, kann großer Druck entstehen. Weil die Hoffnung, es gehe freiwillig und freudestrahlend hinein, zu einer Bedingung wird, die nicht immer erfüllbar ist. Und weil Eltern sich von der Stimmung des Kindes emotional abhängig machen und damit unter Umständen ihre Verantwortung abgeben und auf das Kind übertragen.***

**Dein Kind kann und soll die Verantwortung für die Betreuungsfrage nicht tragen.** Es ist ein Kind. Das ist dein Job als Elternteil. Du bist verantwortlich für dich, dein Kind und euer Zusammensein in deiner Familie. Dein Kind kann nicht gänzlich abschätzen, was es bedeutet, (nicht) in die Kita zu gehen. Die Tragweite der gesamten Situation ist schwer zu begreifen und noch schwerer vorherzusagen, selbst Eltern geht das so.

Das bedeutet auf keinen Fall, dass die Meinung deines Kindes nichts zählt. Du wirst die Wünsche und das Wesen deines Kindes sowie seine Kita-Bereitschaft unbedingt mit in die Entscheidung einbeziehen. Aber du bist erwachsen und musst deine Verantwortung behalten, du kannst sie nicht auf dein Kind abwälzen. In der bedürfnisorientierten Elternbubble ist der Fokus stärker auf das Kind gerichtet, und das führt manchmal dazu, dass Eltern extra viel erklären und auf Einsicht ihres Kindes hoffen, warum es jetzt in die Kita soll.

Aber: **Dein Kind gibt dir nicht die Erlaubnis, dass es außerfamiliär betreut wird. Du selbst gibst dir die Erlaubnis, es betreuen zu lassen.**

Es kann also sein, dass dein Kind nicht sofort jubelschreiend in die Kita rennt und von Anfang an total überzeugt davon ist. Das ist okay, denn dafür ist eine gute Eingewöhnung da. Sie sorgt dafür, dass sich dein Kind sicher fühlt, in seinem Tempo Vertrauen fassen kann und die Betreuung als gut empfindet. Das ist ein Prozess, und du unterstützt dein Kind auf diesem Weg. Du stellst es nicht einfach an der Gruppentür ab und sagst: *»Ich habe entschieden, du musst in die Kita, sieh zu, wie du klarkommst.«*

***Dass Eltern die Verantwortung tragen, ist keine Erlaubnis für Betreuung um jeden Preis. Eltern dürfen nicht nur auf sich selbst schauen, sondern müssen ihr Kind und das gesamte System Familie einbeziehen. Das Wohlbefinden des Kindes zählt genauso wie das seiner Eltern.***

Die Gründe für eine außerfamiliäre Betreuung sind so vielfältig wie Kinder, Eltern und Familien nur sein können. Deswegen kann es keine allgemeingültige Antwort auf die »Kita-ja-oder-nein«-Frage geben. Seit Jahren stelle ich Eltern immer wieder die drei gleichen Fragen, wenn sie sich wegen der Eingewöhnung an mich wenden. Im *Happy Kita Start Begleitprogramm* und in den *Happy Kita Fokusgesprächen* gebe ich passend zur jeweiligen Situation der Familie individuelle Impulse dazu, damit sie eine wirklich gute Entscheidung für sich und ihr Kind treffen können. Du kannst die Fragen jetzt für dich beantworten. Sie sind kurz, und wenn du sie schriftlich bearbeitest und dir etwas Zeit nimmst, dann gehen sie ganz tief.

1. **Will** ich, dass mein Kind betreut/eingewöhnt wird?
2. **Muss** es betreut/eingewöhnt werden?
3. **Denke** ich nur, es **muss** betreut/eingewöhnt werden?

*Es kann sein, dass du willst, dein Kind aber nicht zwingend betreut werden muss. Dann hast du möglicherweise viel Zeit für die Eingewöhnung, und es könnte passieren, dass du dich verlierst, weil das Ziel nicht an Tag X erreicht sein muss. Es kann auch sein, dass du musst (weil es eine Deadline gibt), du aber noch gar nicht willst, dass dein Kind betreut wird. Und du könntest bemerken, dass dich die Stimmen von außen und dieses »Das macht man so!« geleitet haben und du nur das Gefühl hattest, dein Kind müsse betreut werden. All diese Diskrepanzen sind okay. Besser, du kommst ihnen früher auf die Schliche als später, wenn du schon mitten in der Eingewöhnung bist. Denn so kannst du deinen Weg noch umleiten oder dich besser vorbereiten.*

## Deine Entscheidung treffen (oder festigen)

Die meisten Eltern denken, sie müssen sich zwischen Kita A und Kita B oder zwischen Krippe und Tagesmutter oder -vater entscheiden. Und das stimmt auch (sofern es überhaupt freie Plätze gibt). Aber was die meisten Eltern dabei vergessen, ist, dass dies genau genommen erst die dritte Entscheidung ist. Diese lenkt sie manchmal von den ersten beiden ab, weil sie auf der Suche nach einem oder dem besten Betreuungsplatz viele Konzepte lesen und/oder Erfahrungsberichte von anderen Eltern anhören.

**Die Entscheidungen, die du bei der Betreuungsfrage triffst, ist erstens OB (1) und zweitens, wenn ja, WANN (2) du dein Kind betreuen lassen willst. WO (3) du dein Kind betreuen lässt, steht an dritter Stelle.**

»Stefanie hat uns als Familie geholfen, zu einer Entscheidung zu kommen, wann und ob unsere Tochter in die Kita kommt. Davor waren wir einfach zu verwirrt von 1000 Studien und Meinungen. Wir haben uns selbst nicht mehr gehört, was unser Herz sagt, weil der Kopf zu laut und voll war.«

Diese Unterscheidung ist wichtig, weil sie dir klar macht, was du wirklich willst. Wenn alles glatt läuft, merkst du den Unterschied nicht. Aber wenn die Kita nicht hält, was sie verspricht, oder die Eingewöhnung nicht so läuft, wie erhofft, kommst du zu dieser Grundsatzentscheidung zurück. In den Notfall-Beratungen mit Eltern arbeiten wir dann wieder an diesem »Urschleim« und den Fragen »Betreuung ja oder nein?«, »Wann?« und »Wo?«. Schau für die dritte Frage gern nochmal in das Kapitel → »Welche Betreuungsmöglichkeiten gibt es?«.

**Triff deine Entscheidung oder festige sie**, falls du sie bereits getroffen hast, wenn du dieses Buch liest. Du kannst die Entscheidung allein oder mit deiner Partnerperson treffen.

**Das kannst du tun, um eine gut durchdachte Entscheidung zu treffen:**

- Schreibe über mehrere Tage eine Pro-und-Contra-Liste. Deine Partnerperson schreibt eine eigene Liste.
- Plant einen dreißigminütigen Spaziergang und legt vorher fest: An dem Baum, an der Weggabelung oder Häuserecke treffen wir eine Entscheidung.
- Lauft los und sprecht gemeinsam über die Listen.
- Wenn ihr am festgelegten Ort angekommen seid, trefft eure Entscheidung, ohne zu zögern.
- Wenn ihr wieder zu Hause seid, schreibe auf einen Zettel:
- »Ich möchte, dass mein Kind in die Betreuung geht. (Ich möchte, dass mein Kind ab ___ Monaten/Jahren betreut wird.)«

Diesen Entscheidungsverlauf kannst du bei Bedarf wiederholen und zum gleichen oder einem anderen Ergebnis kommen. Nichts ist in Stein gemeißelt, und wenn du in der Eingewöhnung merkst, dass die Einrichtung kein guter Ort für dein Kind ist, musst du nicht bleiben. Aber absolut notwendig für einen guten Start in die außerfamiliäre Kinderbetreuung ist:

***Entscheide dich! Egal ob, wann, wo dein Kind betreut werden soll. Entscheide dich. Mit einem klaren Ziel für die Bergwanderung minimierst du das Risiko loszulaufen und dich zu verirren. Und du ersparst dir und deinem Kind unnötige Tränen.***

## So minimierst du das Risiko für Gewalt in der Kita

Nicht nur seit dem Bekanntwerden der Recherche des Bayerischen Rundfunks »Tatort Kita«[16] und des Teams Wallraff – »Undercover in Kitas«[17] (beide im Jahr 2023) über Gewalt in Kitas, sondern auch durch Bücher wie »Seelenprügel – Was Kindern in Kitas wirklich passiert und was wir dagegen tun können« (2019) von Anke E. Ballmann hat das Thema außerfamiliäre Kinderbetreuung medial eine andere Dimension an Aufmerksamkeit bekommen. Neben den Dauerbrennern »Personalmangel« und »fehlende Kita-Plätze« lag der Fokus stärker auf der Qualität, mit der unsere Jüngsten der Gesellschaft institutionell versorgt werden.

Natürlich gab es auch schon früher im persönlichen und wissenschaftlich-fachlichen Bereich kritische Stimmen rund um familienergänzende Einrichtungen. Aber der »Kita-Kollaps« wird in der breiten Öffentlichkeit präsenter, und je mehr Missstände sichtbar werden, desto größer werden auch die Sorgen und Nöte von Eltern.

»Das verstärkt meine Angst, meine Tochter fremdbetreuen zu lassen. Was kann ich als Elternteil tun? Wie kann ich mein Kind sicher betreut wissen?«

Nun, ich möchte ehrlich sein: Eine hundertprozentige Sicherheit gibt es nicht.

**Aber du kannst schon ziemlich viel tun, damit dein Kind in der Betreuung möglichst sicher ist:**

- **Wähle die Betreuungseinrichtung gut aus.**
- Das geht idealerweise, aber leider nicht immer. Wie du mit nicht perfekten Kitas glücklich wirst, liest du im Kapitel → »Du hattest keine Wahl beim Betreuungsplatz«.
- Nutze die Eingewöhnung als Basis für eine langfristig gute Kinderbetreuung und pflege stetig die Beziehung zu den pädagogischen Fachkräften.
- Indem du das Buch liest, sorgst du also bereits jetzt dafür, dass dein Kind ein Stück sicherer ist, weil du deine Aufmerksamkeit schulst. Während der Eingewöhnungsphase hast du Zeit, das Handeln der pädagogischen Fachkräfte zu beobachten, ihr Bild vom Kind und die Kommunikation mit dir und anderen Eltern kennenzulernen. Das ist eine große Chance. Baue eine langfristig stabile Beziehung zu den Fachkräften auf, sodass du auch kritische Themen ansprechen kannst.
- **Vertraue deinem Kind, dass es dir zeigt, wenn etwas nicht stimmt.**
- In den letzten Monaten und Jahren hast du dir sicherlich alle Mühe gegeben, das Urvertrauen deines Kindes zu stärken, hast seine Gefühle ernst genommen, seine Bedürfnisse zeitnah und verlässlich befriedigt. Dein Kind hat die Erfahrung abgespeichert, dass es dir vertrauen und sich auf dich verlassen kann. Und dass es gehört wird, wenn es ihm nicht

gut geht. Diesen Schatz trägt dein Kind tief verankert in sich, und es wird sich mit leisen und/oder lauten Signalen hilfesuchend an dich wenden. Vielleicht nicht sofort, aber du wirst es merken, wenn du aufmerksam zuhörst, hinschaust und mitfühlst.

- **Vertraue dir selbst, dass du erkennst, wenn etwas nicht stimmt.**
- Du bist die Expertin oder der Experte für dein Kind und kennst es gut. Schau mal zurück auf das, was du alles schon geschafft hast. Denke an Situationen, in denen du gemerkt hast: *»Hmmm, irgendwas stimmt nicht.«* Wenn du nicht sofort weißt, was genau mit deinem Kind los ist, frage bei den pädagogischen Fachkräften nach, ob etwas vorgefallen ist. Je besser eure Beziehung ist, desto wahrscheinlicher ist es, dass sie dir statt *»Alles gut.«* die Wahrheit sagen und du ihnen vertrauen kannst. Deswegen ist die Eingewöhnung auch für die Erwachsenen so wichtig, nicht nur für Kinder.
- **Du bist der Betreuungseinrichtung und den Betreuungspersonen nicht ausgeliefert.**
- Es kann sich manchmal so anfühlen, als säßen alle am längeren Hebel: die Leitung und/oder die einzelne Fachkraft, die klarmachen, wie das in ihrer Einrichtung läuft, und dass sie es sind, die wissen, was sie tun. Du spürst ein Machtgefälle, und das fühlt sich erdrückend an.
- Viele Eltern, die zu mir in die Beratung kommen, berichten von Trennungssituationen, die sie zugelassen haben, weil die pädagogischen Fachkräfte es so wollten. Wie wenn wir zu Ärzt*innen gehen und sie uns eine Diagnose mitteilen, glauben wir ihnen. Das ist nachvollziehbar, sie haben schließlich Medizin studiert. Und wenn eine Betreuungsperson sagt, dass Mama oder Papa jetzt gehen soll, dann machen Eltern das, auch wenn ihr Bauchgefühl etwas anderes sagt. Es ist unglaublich schwer, dem Druck standzuhalten. Es geht nicht

darum, die Diagnose von Ärzt*innen oder Handlungsaufforderungen von pädagogischen Fachkräften per se infrage zu stellen, aber es ist immer noch unser Körper beziehungsweise unser Kind. Eltern tragen selbst Verantwortung, und wir dürfen mitbestimmen, was in der Kita passiert!

Eltern holen sich bei mir eine professionelle, neutrale Zweitmeinung, die von außen auf die gesamte Situation blickt. Sie spüren, dass die Eingewöhnung nicht gut läuft, dass es dem Kind und ihnen selbst mit dem eingeschlagenen Weg nicht gut geht. Sie sind oft durch Stimmen von außen so verunsichert, dass sie auch ihrer eigenen Stimme kaum glauben und denken, sie sei falsch. Einer meiner Leitsätze, den ich in der Beratung gern sage und der Eltern aus der Ohnmacht wieder aufrichtet und stärkt, ist:

*Du gibst dein Kind an der Kita-Tür ab, aber nicht deine Verantwortung. Du darfst mitbestimmen. Du darfst zustimmen und du darfst Nein sagen.*

### Elternrechte in der Kita

Es gibt viele Kitas und pädagogische Fachkräfte, die richtig gute Elternarbeit machen und für konstruktive Anregungen offen sind. Sie führen Gespräche und machen Umfragen zur Zufriedenheit usw. und sind ehrlich am Feedback von Eltern und Kindern interessiert. Viele Eltern nutzen diese Chance für Austausch, andere aus verschiedenen Gründen nicht.

Leider gibt es auch Fachkräfte, die eine gute Elternarbeit nicht als Qualitätsmerkmal ansehen, kaum Austausch mit den Familien pflegen sowie bei unerwünschtem Verhalten der Eltern und/oder Kinder Forderungen ohne Kompromisse stellen:

**»Entweder Sie geben Ihr Kind morgen früh ab und gehen, auch wenn es weint (oder schreit), oder wir müssen die Eingewöhnung abbrechen und den Vertrag kündigen.«**

Und natürlich würde dich so ein Ultimatum enorm unter Druck setzen, vor allem dann, wenn du auf den Betreuungsplatz angewiesen bist. **Gleichzeitig darf die Angst vor negativen Konsequenzen nicht gewinnen.** Du lernst mit diesem Buch auch, wie es gar nicht so weit kommt.

**»Darf ich das (kritisieren)? Ich möchte den Fachkräften nicht auf den Schlips treten und ihnen sagen, wie sie ihre Arbeit zu machen haben. Ich bin wahrscheinlich eh schon in der ›Helikoptermutter-Schublade‹. Ich habe Angst, dass die Erzieher*innen den Ärger mit mir an meinem Kind auslassen, wenn ich etwas sage. Also sage ich lieber nichts. Was darf ich denn überhaupt ansprechen?«**

Vielleicht hast du dich das auch schon gefragt, denn du willst dein Kind beschützen. Wenn du zur Kita-Tür raus bist, ist es auf sich allein gestellt und vielleicht noch so klein, dass es dir nicht erzählen kann, wie der Tag war.

Die Frage ist aber, was wäre schlimmer?

*Nichts zu sagen, im Wissen, dass es deinem Kind nicht gut geht in der Betreuungssituation? Dann ändert sich nichts oder wird schlimmer.*

*Oder konkrete Situationen und Missstände ansprechen, im Wissen, dass es vielleicht kurzzeitig knistert und knirscht, aber sich die Chance ergibt, die Situation für dein Kind (und meistens auch viele andere Kinder) zu verbessern?*

Pädagogische Fachkräfte sollten geschult sein, auch kritische Elterngespräche zu führen und sich nicht sofort persönlich angegriffen zu fühlen. Im pädagogischen Konzept sollte ein Beschwerdemanagement integriert sein. Ich weiß aber auch, dass Soll- und Ist-Stand in der Realität auseinanderklaffen, deswegen ist es wichtig, dass du deine Möglichkeiten kennst und nutzt. Den Beschwerdeweg findest du in meinem Blog.

https://stefanievonbrueck.de/beschwerdeweg-kita-probleme/

**Eltern sind nicht der verlängerte Arm der Kita!** Der Art. 6 Abs. 2 Satz 1 im Grundgesetz (GG) und Art. 1 Abs. 2 Satz 1 im achten Sozialgesetzbuch (SGB) regeln das Elternprimat, also den Vorrang der elterlichen Verantwortung in der frühkindlichen Erziehung. Das gilt auch für Kindertageseinrichtungen: *»Die Mitbestimmung und Beteiligung der Eltern wird in der Regel in allen Bundesländern in Form von Elternbeiräten, Elternversammlungen, Elternausschüssen oder Elternvertretungen gewährleistet, wobei die konkreten Bezeichnungen, Rechte und der Umfang der Beteiligung je nach Bundesland variieren. Im Rahmen dieser Beteiligungsformen haben die Eltern ein Anhörungs- und Beratungsrecht bei wesentlichen Entscheidungen in der Kita. Dies bedeutet, dass ein regelmäßiger Austausch mit den Eltern stattfinden muss.«*[18] Deine Elternrechte bedeuten aber nicht, dass du den pädagogischen Fachkräften Vorschriften machen und erwarten kannst, dass die Betreuung deines Kindes in der Kita 1:1 wie zu Hause läuft. Es geht um Zusammenarbeit zwischen Eltern und pädagogischen Fachkräften, um einen gleichwürdigen Dialog im Beziehungsdreieck, den beide (!) Seiten bestmöglich gestalten sollen. Das ist ein wichtiger Proviant in deinem Wanderrucksack auf der Eingewöhnungsreise:

Abhängig davon, was du für ein Kommunikations- und Persönlichkeitstyp bist, also wie leicht oder schwer es dir zum Beispiel fällt, eigene Bedürfnisse, Gefühle und Grenzen wahrzunehmen und anderen zu zeigen, wird sich das wahrscheinlich auf dein Verhalten in Unsicherheits- und Konfliktsituationen auswirken. Vor allem Mütter bestätigen mir in meinen Beratungen: So wie sie gegenüber Partner*innen, Chef*innen oder Verwandten kommunizieren, so gehen sie oft auch in Gespräche mit pädagogischen Fachkräften. Entweder sie sagen etwas und treten für sich und ihr Kind ein oder sie passen sich an und sagen kaum bis gar nichts. Dazwischen gibt es jegliche Nuancen, das ist sehr situationsbezogen.

### Drei Reaktionen auf die Situation in der Betreuung

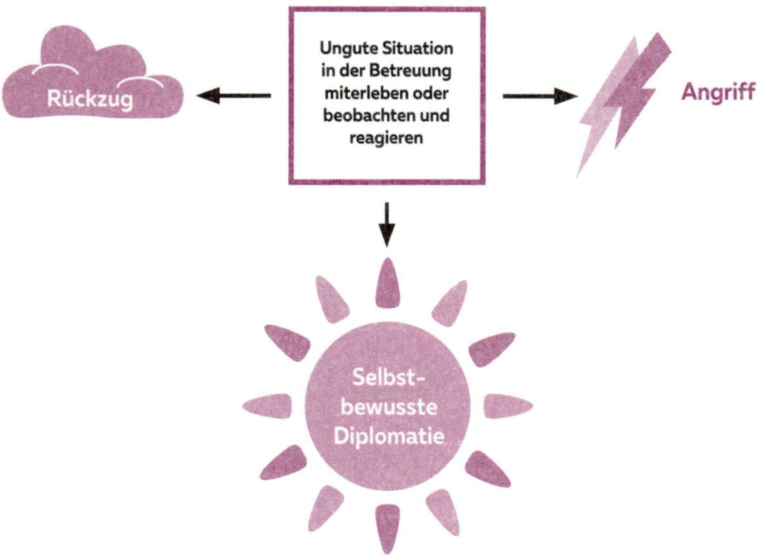


Erkennst du dich wieder? Nimm dir einen kurzen Moment Zeit und überlege, in welchen privaten und beruflichen Konflikt-Situationen du tendenziell

- Augen, Ohren und Mund verschließt (Rückzug),
- wie eine Löwin oder ein Löwe zubeißt (Angriff)
- oder höchst höflich und hartnäckig (3-H-Regel)[19] dein Anliegen ansprichst (selbstbewusste Diplomatie).

### Kinderrechte in der Kita

In Paragraf 1631 Absatz 2 des Bürgerlichen Gesetzbuchs (BGB) steht klar und unmissverständlich: »*Kinder haben ein Recht auf gewaltfreie Erziehung. Körperliche Bestrafung, seelische Verletzungen und andere entwürdigende Maßnahmen sind unzulässig.*« Weiterhin steht in der UN-Kinderrechtskonvention, Artikel 12 zur Berücksichtigung des Kinderwillens: »*Die Vertragsstaaten sichern dem Kind, das fähig ist, sich eine eigene Meinung zu bilden, das Recht zu, diese Meinung in allen das Kind berührenden Angelegenheiten frei zu äußern, und berücksichtigen die Meinung des Kindes angemessen und entsprechend seinem Alter und seiner Reife.*«

**Diese und weitere Kinderrechte gelten in der Familie UND in der Kita.** Eltern und pädagogische Fachkräfte in Betreuungseinrichtungen sind dafür verantwortlich, dass Kinder beschützt und bestärkt werden.

Müssen wir wirklich über Gewalt in der Kita reden? JA! Sind das nicht nur Einzelfälle? NEIN!

*»Wir haben Sie jetzt nur zurückgeholt, weil wir dachten, Ihr Kind läuft blau an«, sagte eine Erzieherin zu einer Mutter, die daraufhin zu mir in die Notfall-Beratung kam. Beim Gedanken an diese Aussage und ihr panisch schreiendes Kind ist ihr so schlecht geworden, dass sie sich fast übergeben musste.*

**Eingewöhnung und Kinderbetreuung kann gewaltvoll und traumatisch sein.** In den letzten Jahren habe ich von zahlreichen solcher und ähnlicher Beispiele für seelische und körperliche Gewalt von Eltern und Fachkräften erfahren. Einige, aber nicht die schlimmsten, finden sich auch in diesem Buch. Seit ich Eltern berate, versuche ich die Balance zu halten zwischen Aufklärung, Sensibilisierung und Panikmache. Denn Angst ist kein guter Ratgeber, sie lähmt im Worst Case und macht hilflos oder handlungsunfähig.[20]

Das große Problem ist: Nicht immer ist Eingewöhnung oder Kinderbetreuung offensichtlich gewaltvoll, meistens verstecken sich Verletzungen hinter Worten oder Handlungen, als wären sie »ganz normal«. Das macht sie aber nicht weniger gefährlich. Wenn du dieses Buch liest, wirst du einen wesentlich genaueren Blick bekommen, kannst Situationen besser reflektieren und schneller reagieren.

## Deine Werte-Wetterkarte

**Dieses Buch ist Gewaltprävention.** Je mehr du über eine bindungssichere, bedürfnisorientierte und beziehungsstarke Eingewöhnung weißt, umso klarer formt sich deine Haltung. Und die brauchst du, wenn du das Risiko für Gewalt in der Eingewöhnung (und in späteren Kita-Jahren) minimieren möchtest.

**»Ich habe mich von der Fachkraft drängen lassen, obwohl mein Bauchgefühl gesagt hat, ich will nicht gehen. Aber ich wusste nicht, was ich machen soll. Habe mich nicht getraut, etwas zu sagen. Mein Kind hat sich mit seinem ganzen Körper gewehrt. So habe ich es noch nie brüllen gehört. Es war furchtbar. Hätte ich das alles doch nur früher gewusst. Hätte ich dich doch nur früher gefunden.«**

Verdammt oft höre ich diese Sätze und möchte dir unbedingt sagen, dass sie vermeidbar sind. Du brauchst dafür ein stabiles Wertesystem, in dem du für dich, dein Kind und für euch als Familie festgelegt hast, was du in Bezug auf Eingewöhnung und Betreuung (nicht) willst. Idealerweise gemeinsam mit dem anderen Elternteil (unabhängig davon, ob ihr zusammen oder getrennt lebt).

### Deine Werte-Wetterkarte

- Schreibe dir auf, wie du dir die Eingewöhnung und Kinderbetreuung idealerweise vorstellst. Was wünschst du dir für dein Kind und für dich selbst? Was erwartest du von der

Fachkraft? Wie sollen zum Beispiel Verabschiedungsmomente ablaufen? Stell dir viele Fragen, so hast du dein Ziel klar vor Augen und weißt, was du willst. Und im besten Fall findest du einen Konsens mit der pädagogischen Fachkraft.

- Wenn du deine Wunschliste fertig hast, lies dir alles nochmal durch und überlege dir, an welchen Punkten du bereit bist, Kompromisse mit der Betreuungsperson einzugehen. Denn nicht alles lässt sich immer ideal lösen, muss aber nicht zwangsläufig schlecht sein. Ein gewisses Toleranzfenster ist gut, um flexibel auf die reale Situation reagieren und von deinen Wunschvorstellungen abweichen zu können. Natürlich ohne deine wichtigsten Werte zu verraten!
- Schreibe also auch auf, welche rote Linien du auf keinen Fall überschreiten möchtest. Damit du ganz genau weißt, was du NICHT willst. Hast du deine »No Gos« genauso klar wie deine Wünsche und Kompromissbereitschaft, bist du viel sicherer im Umgang und der Kommunikation mit deinem Kind sowie der pädagogischen Fachkraft.

**Werte-Wetterkarte**

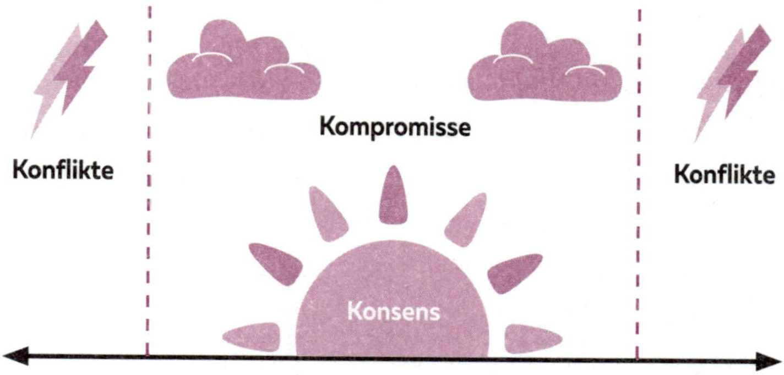


Wenn du durch diese Übung bemerkst, dass du außerfamiliärer Kinderbetreuung besonders kritisch gegenüberstehst und ein schmales Toleranzfenster hast, ist das erst mal okay. Es kann sich weiter öffnen, je mehr Vertrauen du zur Betreuungsperson deines Kindes gefasst hast. Du wirst mit der Zeit nicht nachlässig, aber nachgiebiger, wenn du merkst, dass dein Kind sich wohlfühlt. Tut es das nicht, kann es auch sein, dass dein anfangs weites Toleranzfenster sich langsam schließt und du weniger bereit bist, Kompromisse einzugehen. Du kannst auch jederzeit während und nach der Eingewöhnung deine rote Linie neu definieren.

## So wählst du eine passende Betreuungseinrichtung aus

Tageseltern oder Krippe? Welche Kita ist gut? Auf was muss ich beim Besichtigungstermin achten? Was kann ich fragen, um herauszufinden, ob die Einrichtung zu uns passt? Wenn du die ~~Qual~~ Chance der Wahl hast und mehrere Betreuungsmöglichkeiten vorhanden sind, dann nutze sie. Dafür habe ich dir eine **Checkliste** vorbereitet, die du **vor, während und nach der Besichtigung von Betreuungseinrichtungen ausfüllen** kannst. Folge dabei gern dem **3-N-Prinzip:**

**Nachlesen** – Sammle Informationen auf der Webseite und Aushängen der Kita, lies in den ausgeteilten Unterlagen und im pädagogischen Konzept nach. Informationen, die du selbst nicht findest, kannst du gezielt nachfragen.

**Nachspüren** – Beobachte die Fachkräfte im Umgang mit Kindern, beobachte Kinder untereinander und eventuell auch andere Eltern – vom Gartenzaun aus, bei Schnupperterminen oder Hospitationen. Was fühlst du dabei?

**Nachfragen** – Frage gezielt danach, was dir besonders wichtig ist. Du musst nicht alle Fragen stellen. Ich empfehle dir, ganz konkrete Beispiele anzusprechen. Höre den Fachkräften offen zu, argumentiere aber nicht, auch wenn du anderer Meinung bist. Du sollst einen Eindruck von der pädagogischen Haltung bekommen, hinter die Sätze im Konzept schauen, du musst nicht diskutieren, wer recht hat.

Die Kriterien schätzt du so ein: **Sonne** (gefällt mir dort gut – Konsens), **Wolke** (ist okay – Kompromiss) und **Blitz** (geht gar nicht – Konflikt). Mach ein Kreuz oder male das Symbol in die Zeilen, und am Ende hast du dein persönliches Stimmungsbild für jede Einrichtung, die infrage kommt.

Bitte bedenke, dass Eltern zwar die Entscheidung treffen, ein Kind aber auch eine eigene Meinung hat. Geht am besten alle zusammen zur Besichtigung (ein Elternteil fokussiert sich auf die Gespräche mit Fachkräften, das andere Elternteil fokussiert sich aufs Kind und beobachtet seine Reaktionen). Weiterführende Erklärungen der Kriterien und die Checkliste zum Ausdrucken findest du hier:

https://stefanievonbrueck.de/gute-kita-erkennen-checkliste/

| **Nachlesen** | | | |
|---|---|---|---|
| Gibt es ein Kinderschutzkonzept? | | | |
| Ist das pädagogische Konzept frei zugänglich und verständlich? | | | |
| Sind die Kinderrechte anschaulich beschrieben? | | | |
| Wie läuft die Eingewöhnung ab? | | | |
| Wie viel Freispielzeit gibt es? | | | |
| Werden Angebote an den Interessen der Kinder ausgerichtet? | | | |
| Gibt es einen Elternrat, und wie viel darf er mitbestimmen? | | | |

| Gibt es regelmäßige Kinder- und Eltern-Umfragen zur Zufriedenheit? | | | |
|---|---|---|---|
| Auf welchen Wegen können sich Kinder oder Eltern beschweren? | | | |
| Wie können Eltern am Kita-Alltag teilhaben (Ausflüge, Feste)? | | | |
| Wie gut wird die kindliche Entwicklung dokumentiert? | | | |
| Finden jährliche Entwicklungsgespräche statt? | | | |
| Wie gut sind die Fachkräfte qualifiziert? | | | |
| Finden jährliche Fortbildungen und Supervisionen statt? | | | |
| Finden mindestens zweiwöchentliche Teambesprechungen statt? | | | |
| Wie viele Fachkräfte betreuen wie viele Kinder? | | | |
| Gibt es eine feste Bezugserzieher*in? | | | |
| Wie oft wechseln Betreuungspersonen pro Woche aufgrund ihrer Arbeitszeiten? | | | |
| Gibt es einen funktionierenden Notfall-Plan für Personalausfall? | | | |
| Werden Kinder betreut, obwohl sie krank sind? | | | |
| Wie kurz ist der Weg zur Einrichtung (gibt es ÖPNV, Parkplätze)? | | | |
| Passen die Öffnungszeiten und festen Schließtage zu deinem (beruflichen) Alltag? | | | |
| Kannst du Betreuungsstunden pro Woche unkompliziert anpassen? | | | |
| Ist das Bring- und Abholzeitfenster flexibel? | | | |
| Sind die Kosten (inklusive Verpflegung) bezahlbar? | | | |

| Gibt es ein gesundes, vielfältiges Essens- und Getränkeangebot? | | | |
|---|---|---|---|
| Wie wird der Informationsfluss gewährleistet (Kita-App, Aushänge)? | | | |
| Sind Informationen in verschiedenen Sprachen verfügbar? | | | |
| Arbeitet die Einrichtung mit externen Expert*innen und Grundschulen zusammen? | | | |
| Wird ein Netzwerk zu nahe gelegenen sozialen/betrieblichen Einrichtungen gepflegt? | | | |

| **Nachspüren** | | | |
|---|---|---|---|
| Fühlst du dich willkommen, wenn du die Einrichtung betrittst? | | | |
| Werden du und dein Kind begrüßt und eingeladen, euch umzusehen? | | | |
| Werden deine Fragen und die deines Kindes wertschätzend beantwortet? | | | |
| Werden Bestandskinder und deren Eltern namentlich begrüßt? | | | |
| Passen die Größe der Einrichtung und Gruppen zu deinem Kind? | | | |
| Gibt es gleichaltrige und jüngere/ältere Kinder zum Spielen? | | | |
| Wie ist die Stimmung in der Kindergruppe? Lachen die Kinder? | | | |
| Spielen Fachkräfte MIT den Kindern im Freispiel (also ohne extra »Angebot«)? | | | |
| Wie sprechen die Fachkräfte mit den Kindern (liebevoll, gelangweilt, schroff)? | | | |
| Wie lange bleiben die Fachkräfte mit einzelnen Kindern im Gespräch? | | | |
| Beobachten Fachkräfte die Kinder aufmerksam oder quatschen sie die meiste Zeit? | | | |

| Wie reagieren Fachkräfte, wenn Kinder ihnen ins Wort fallen? | | | |
|---|---|---|---|
| Ist ein Kind allein, weint oder wird geärgert, wie reagieren die Fachkräfte? | | | |
| Werden Kinder getröstet, getragen oder auf den Schoß genommen? | | | |
| Ist der Tagesablauf für Kinder mit Fotos/ Symbolen sichtbar? | | | |
| Gibt es zur Orientierung Farben/Symbole/ Wegweiser auf Kinderhöhe? | | | |
| Setz dich auf den Boden der Räume: Sind sie einladend, magst du gern dort sein? | | | |
| Sind Wände und Fenster zu bunt/voll oder zu leer/kühl? | | | |
| Sind die Funktionsräume klar erkennbar und sinnvoll eingerichtet? | | | |
| Wie laut ist es in den Räumen, gibt es gute Schalldämpfung? | | | |
| Gibt es einen extra Toberaum, der regelmäßig genutzt wird? | | | |
| Gibt es einen gemütlichen Schlafraum? | | | |
| Ist viel Platz im Waschraum und in der Garderobe? | | | |
| Bietet die Kindertoilette Privatsphäre oder ist alles offen? | | | |
| Können Kinder eigenständig auf den abgesicherten Wickeltisch steigen? | | | |
| Sind Spiel- und Bastelmaterialien für Kinder frei zugänglich und gut sortiert? | | | |
| Spielen die Kinder gern mit den vorhandenen Spielmaterialien? | | | |
| Sind Spielzeuge sinnesanregend, Bücher divers, gender- und kultursensibel? | | | |

| | | | |
|---|---|---|---|
| Wie viel freie, unverbaute Spielfläche gibt es (drinnen und draußen)? | | | |
| Gibt es Rückzugsmöglichkeiten und Verstecke (drinnen und draußen)? | | | |
| Ist das Außengelände grün und schattig durch große Bäume? | | | |
| Bietet das Außengelände Platz für reizvolle Bewegungserfahrungen? | | | |
| Begleiten oder verbieten die Fachkräfte in Gefahrensituationen? | | | |
| Wie wirkt die Stimmung im Team? | | | |
| Wie inklusiv wirkt das Zusammensein aller Fachkräfte, Kinder und Eltern? | | | |

| **Nachfragen** | | | |
|---|---|---|---|
| Wie lange dauert die Eingewöhnung? Gab es schon Kinder, die schneller/langsamer waren? | | | |
| Was kann ich als Mama/Papa tun, um die Eingewöhnung zu unterstützen? | | | |
| Was machen Sie, damit Kindern die Eingewöhnung leichtfällt? | | | |
| Was dürfen die Kinder im Alltag selbst oder mitentscheiden? | | | |
| Welche Idee(n) der Kinder haben Sie als Letztes umgesetzt? | | | |
| Was ist, wenn ein Kind beim Morgenkreis oder Angebot nicht mitmachen will? | | | |
| Dürfen die Kinder auf Bäume klettern, die Rutsche von unten hoch, barfuß laufen ...? | | | |
| Welche Regeln gibt es sonst noch in der Gruppe/Kita und für wen gelten sie? | | | |
| Und was passiert, wenn ein Kind gegen eine Regel verstößt? | | | |

| | | | |
|---|---|---|---|
| Was ist, wenn ein Kind nicht aufräumen will? | | | |
| Kinder streiten sich immer mal: Wie wird das hier gehandhabt? | | | |
| Wie werden Kinder unterstützt, Konflikte zu lösen? | | | |
| Und wenn sie sich beißen, hauen, schubsen? Was passiert dann? | | | |
| Welche Aktivitäten gibt es, um die Gruppe als Gemeinschaft zu stärken? | | | |
| Schmeißt ein Kind mit Spielsachen/verstopft das Klo/... Folgen daraus Konsequenzen? | | | |
| Wer legt fest, was die Kinder draußen anziehen (Eltern, Fachkräfte, Kinder)? | | | |
| Haben die Kinder Zeit, sich allein anzuziehen, wird ihnen bei Bedarf geholfen? | | | |
| Wie läuft das Wickeln normalerweise ab? | | | |
| Was passiert, wenn ein Kind nicht gewickelt werden will? | | | |
| Wie läuft das Essen normalerweise ab? Dürfen sich Kinder Essen/Getränke selbst nehmen? | | | |
| Was passiert, wenn ein Kind nicht kosten oder nicht aufessen will? | | | |
| Was ist, wenn ein Kind zwischendurch Hunger oder Durst hat? | | | |
| Wie läuft das (Ein)Schlafen ab? Gibt es Schlaf-, Ruhe- und Wachgruppe? | | | |
| Was passiert, wenn ein Kind nicht einschlafen will oder vormittags müde ist? | | | |
| Frag ein paar Kinder, wo und was sie in der Kita am liebsten spielen. | | | |
| Frag sie, was ihnen gefällt und was sie ändern würden, wären sie Erzieher*in. | | | |

## So läuft eine Eingewöhnung ab

Die pädagogische Forschung der 80er-Jahre hat gezeigt, dass eine fehlende Eingewöhnung Schäden verursachen kann. Daraufhin wurden die ersten Eingewöhnungsmodelle in der pädagogischen Praxis etabliert. Und das ist eine Verbesserung für Kinder, die vorher OHNE Eltern und nun MIT Begleitung und einer Eingewöhnung in die Betreuung aufgenommen werden. Obwohl es inzwischen verschiedene Eingewöhnungsmodelle gibt, gehört das Berliner und das Münchner Modell zu den wohl bekanntesten. Solche Modelle können das Bedürfnis nach Orientierung und Sicherheit befriedigen und sowohl pädagogischen Fachkräften als auch Eltern Halt in Form eines Plans geben. Falsch verstanden kann dieser jedoch zum Problem werden.

### Das Berliner Modell im Überblick

Es folgt eine vereinfachte Darstellung des Berliner Eingewöhnungsmodells (nach infans)[21], die du mit den Informationen deiner Kita/Fachkräfte abgleichen oder im pädagogischen Konzept der Einrichtung nachlesen kannst:

| Eltern rechtzeitig informieren |
| --- |
| Den Eltern wird der Ablauf und die Bedeutung der Eingewöhnung vermittelt. |
| **Grundphase (drei Tage)** |
| Kind UND Elternteil sind gemeinsam in der Einrichtung und bleiben circa ein bis zwei Stunden im Gruppenraum oder einem extra Raum mit der Fachkraft (ohne oder mit wenigen anderen Kindern). Das Elternteil soll sich passiv verhalten, die Fachkraft versucht, Kontakt zum Kind aufzubauen. Es finden keine Trennungen statt. |

<table>
<tr><td colspan="3">Erste Trennung (Tag 4)</td></tr>
<tr><td colspan="3">Kind und Elternteil kommen in die Einrichtung, das Elternteil verabschiedet sich zu einem vereinbarten Zeitpunkt vom Kind und verlässt den Raum für fünf bis zehn Minuten, bleibt aber in der Einrichtung. Weiterer Eingewöhnungsverlauf abhängig davon, wie das Kind auf die Trennung reagiert:</td></tr>
<tr><td></td><td></td><td></td></tr>
<tr><td>Kind bleibt nach Verabschiedung gleichmütig und offen für seine Umwelt</td><td>Kind weint bei Verabschiedung, lässt sich aber schnell beruhigen.</td><td>Kind ist nach Verabschiedung verstört und verunsichert, weint untröstlich.</td></tr>
<tr><td colspan="2">Verlängerung der Trennungszeit auf dreißig Minuten</td><td>Elternteil wird zurückgeholt.</td></tr>
<tr><td colspan="2">Kurze Stabilisierungsphase (Tag 5 und 6)</td><td>Lange Stabilisierungsphase (zwei bis drei Wochen)</td></tr>
<tr><td colspan="2">Die Trennungszeit wird schrittweise gesteigert, das Elternteil bleibt noch in der Einrichtung. Die Fachkraft übernimmt zunehmend die Versorgung des Kindes, inkl. Füttern und Wickeln sowie Spielen.<br>Erste Schlafversuche ab Tag 5 möglich in Begleitung der Eltern oder später, aber dann nur mit der Fachkraft ohne Eltern.</td><td>An Tag 5 und 6 bleiben Kind und Elternteil gemeinsam in der Einrichtung. Erneuter Trennungsversuch erst ab Tag 7.<br>Erste Schlafversuche nicht vor dem neunten Tag und in Begleitung der Eltern.</td></tr>
<tr><td colspan="3">Schlussphase</td></tr>
<tr><td colspan="3">Das Elternteil verlässt die Einrichtung, bleibt aber telefonisch auf Abruf und kann jederzeit zurückgeholt werden. Die Fachkraft wird als sichere Basis vom Kind akzeptiert, und es lässt sich von ihr trösten.</td></tr>
</table>

**Wichtig zu wissen ist:**

- Neue Schritte sollen nicht an einem Montag stattfinden (z. B. erste Trennung, erster Mittagsschlaf).
- Auch das Berliner Modell darf und soll **an das Tempo des Kindes angepasst** werden. Das ist leider den wenigsten Eltern und Fachkräften bekannt (oder wird nicht berücksichtigt).
- Das dargestellte Schema zur Eingewöhnung anhand von Zeitangaben verführt unser lieber effektiv arbeitendes Gehirn. Das Berliner Modell ist in der pädagogischen Landschaft der »Platzhirsch« unter den Eingewöhnungsmodellen, und so hat sich über die Jahrzehnte hinweg der **berühmte Tag 4 als erster Trennungstag flächendeckend etabliert**. Zu oft sind die **Kinder die Leidtragenden, wenn sie für eine Trennung nach Zeitplan noch nicht bereit sind**.

- Wird die Eingewöhnung nach »Schema F« durchgezogen, dann ist nicht das Eingewöhnungsmodell an sich das Problem, sondern die dogmatische Umsetzung des Modells durch den Menschen (Eltern, pädagogische Fachkräfte, Kita-Leitungen, Träger).

- In vielen Betreuungseinrichtungen wird mittlerweile »angelehnt an das Berliner Modell« gearbeitet, und Eltern atmen erleichtert auf, wenn sie diese Flexibilität hören. In der Praxis erlebe ich aber häufig, dass zwar eine individuelle Eingewöhnung versprochen wird, die »Trennung am vierten Tag« jedoch so sehr in den Köpfen verankert ist, dass sich letztlich doch daran ausgerichtet wird. Eine Verlängerung der Eingewöhnungszeit findet dann eher »ausnahmsweise« statt und wird als Entgegenkommen deklariert, anstatt dies als notwendige Voraussetzung für eine gelingende Eingewöhnung anzusehen. Hinzukommt, dass »angelehnt« und »individuell« zu einem »Wischiwaschi« verkommen, wenn unklar ist, worauf es wirklich bei der Eingewöhnung ankommt und wie das erreicht werden kann.

## Happy Kita Start

Seit 2018 begleite ich jede Woche Eltern bei der Eingewöhnung und ich bilde pädagogische Fachkräfte und Kita-Teams fort. Es wird in der Pädagogik oft diskutiert, ob Eingewöhnungsmodelle überhaupt noch zeitgemäß sind oder nicht. Aber ich finde, zwischen dem dogmatischen Schema F »so und nicht anders« und dem Anspruch kein Modell zu haben und »Eingewöhnung individuell zu gestalten« ist ziemlich viel Platz. Individualität ist wichtig und doch manchmal greifbar wie Sand, der durch die Finger rieselt.

Deswegen möchte ich an dieser Stelle mein »Eingewöhnungsmodell« kurz präsentieren, um dir Orientierung und damit ein Stück Sicherheit zu geben, weil das zwei Bedürfnisse sind, die in der Eingewöhnung eine große Rolle spielen. Betrachte es wie deine **Wanderkarte**, die dir einen Weg weisen kann, aber nicht jeden einzelnen Schritt vorgibt. Eingewöhnungen sind immer individuell.

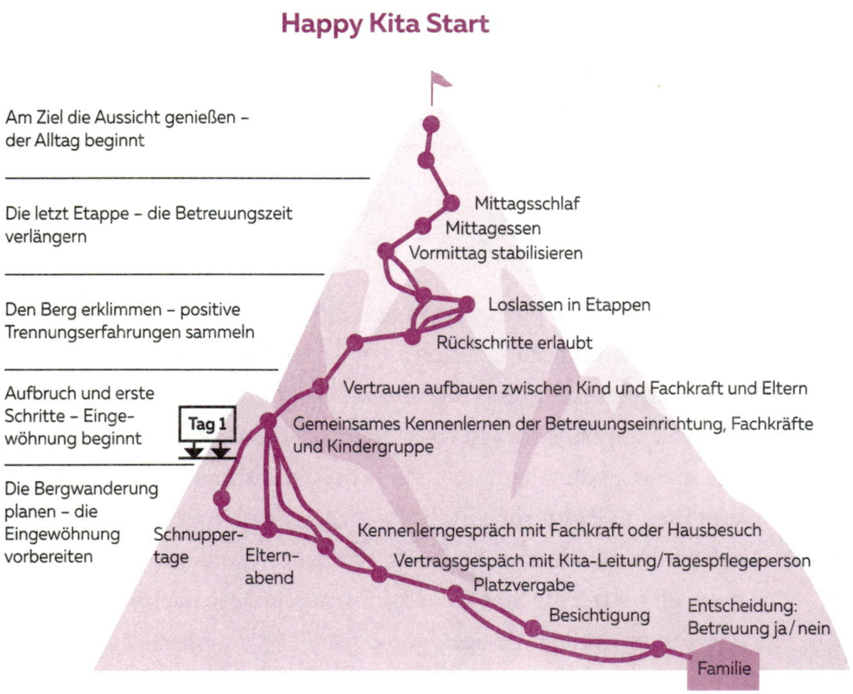

*Mein wichtigster Leitsatz für die Eingewöhnung ist:* ***Erst investieren, dann profitieren. Es geht nicht darum, Eingewöhnungstage zu zählen, sondern Beziehungsmomente zu sammeln!*** *Und im eigenen Tempo ans Ziel zu kommen.*

## Schlecht-Wetter-Lage und Erste-Hilfe-Maßnahmen

Im Jahr 2023 fehlen in Deutschland rund 384 000 Kita-Plätze[22]. Dass Einrichtungen, aber vor allem Personal fehlt, ist zwar schon lange Zeit bekannt, aber die Politik hat da mal wieder gepennt. Am Ende sind Familien die Leidtragenden, aber auch die pädagogischen Fachkräfte sind am Limit. Hinzukommt, dass Eltern meistens froh sein müssen, überhaupt einen Betreuungsplatz zu kriegen. Von der Wahl der passenden Einrichtung können viele nur träumen. Und wenn Eltern ihre Wunschkita nicht bekommen oder hören, dass in der Betreuungseinrichtung gar keine Eingewöhnung vorgesehen ist, dann sind die Wetteraussichten für den Start in Kita & Co ziemlich schlecht. Falls es dich leider auch betrifft, findest du praktische Tipps in den folgenden Abschnitten.

### Du hast keinen Betreuungsplatz bekommen[23]

Viele Eltern kümmern sich bereits in der Schwangerschaft um einen Betreuungsplatz und bewerben sich bei fünf bis zehn Einrichtungen, denn trotz Rechtsanspruch auf einen Kita-Platz sieht die Lage (regional unterschiedlich) gut oder schlecht aus. Die meisten Kitas führen Wartelisten und vergeben im Frühjahr (bis Ende April) die Plätze für August oder September (Start des Kita-Jahres, weil die Vorschulkinder die Plätze frei machen). Du solltest regelmäßig nachfragen, denn nicht immer werden Absagen gesendet.

**Das kannst du tun, wenn du keinen Betreuungsplatz bekommen hast**

- Sammle alle Absagen der Kitas und melde dich beim zuständigen Jugendamt. Das Jugendamt braucht in der Regel zwei Monate, bis es dir einen Platz zuweisen kann.
- Erhältst du vom Jugendamt ebenfalls eine Absage, lege innerhalb der angegebenen Frist (ein Monat) Widerspruch ein.
- Wenn du vom Jugendamt auch nach dem Widerspruch keinen Betreuungsplatz bekommst, kannst du klagen. In einigen Bundesländern kann auch ohne Widerspruch direkt geklagt werden, in anderen Bundesländern gibt es eine Frist von bis zu sechs Monaten zwischen Meldung beim Jugendamt und Klage beim Verwaltungsgericht. Du kannst mit deiner Klage entweder beantragen, einen Kitaplatz zugewiesen zu bekommen, oder du forderst die Erstattung für die Kosten einer privaten Kinderbetreuung oder Schadensersatz aufgrund deines Verdienstausfalls, wenn du dein Kind weiterhin selbst betreuen musst. Letzteres gilt für Arbeitnehmende und Selbstständige.
- Plane für die Kita-Platz-Klage Zeit ein, auch wenn sie im Eilverfahren erfolgt, dauert es vier bis sechs Wochen, bis eine Entscheidung getroffen wird. Schadensersatzklagen dauern länger.
- Die Kosten für eine Klage (ohne Rechtsbeistand) vor dem Verwaltungsgericht übernimmt der Staat, da er für die Bereitstellung des Kitaplatzes verantwortlich ist. Denn Kinder unter einem Jahr haben einen Kitaplatz-Anspruch, wenn ihre Eltern arbeiten oder arbeitssuchend sind. Kinder ab einem Jahr haben einen Anspruch, unabhängig von der Erwerbstätigkeit ihrer Eltern. Rechtliche Grundlage dafür ist Paragraf 24 SGB VIII. Die Kosten für eine Kitaplatz-Klage mit Anwalt oder Anwältin belaufen sich auf 800 bis 1000 Euro, eine Rechtsschutzversicherung kann die Kosten übernehmen. Eine

Schadensersatz-Klage geht nur mit anwaltlichem Beistand, da sie vor einem Landgericht geführt wird.

- Wichtig: Du hast keinen Anspruch auf einen Platz in deiner Wunschkita. Weist dir das Jugendamt eine Einrichtung zu, darf diese bis zu dreißig Minuten mit den öffentlichen Verkehrsmitteln bzw. maximal fünf Kilometer von eurem Zuhause entfernt sein. Auch nach der Klage darfst du den Betreuungsplatz nur unter bestimmten Umständen ablehnen.
- **Fazit: Eine Kitaplatz-Klage macht nur Sinn, wenn es auch freie Plätze gibt, denn wo nix ist, kann auch kein Platz herbeigezaubert werden.** Und eine Überbelegung der Gruppen ist weder für Kinder noch für Fachkräfte gut. Oft finden sich freie Plätze bei Einrichtungen freier Träger oder Tagespflegeeltern. Oder du nutzt die privaten Betreuungsmöglichkeiten, die ich im Kapitel → »Welche Betreuungsmöglichkeiten gibt es?« aufgelistet habe. Mit rechtzeitiger Planung kann das eine gute Alternative werden, auch wenn es organisatorisch ein größerer Aufwand ist.

## Du hattest keine Wahl beim Betreuungsplatz

Wenn du dich glücklich schätzen kannst, weil du einen Betreuungsplatz in der gewünschten Einrichtung ergattert hast, dann bist du wahrscheinlich froh und erleichtert. Du wirst optimistisch auf die Eingewöhnung blicken und dich sicherer fühlen, dass dein Kind bald gut betreut wird. Die Wahrscheinlichkeit, dass die Eingewöhnung auch wirklich gut wird, ist höher.

Doch wenn du keine Wahl hattest, weil du keinen Platz in deiner Wunsch-Einrichtung bekommen hast oder weil es gar keine Wunsch-Einrichtungen gibt, sondern der Ruf der Kitas eher mittelprächtig statt bedürfnisorientiert ist, dann bist du zwar froh, überhaupt einen Betreuungsplatz zu haben, aber so richtig nach Jubeln ist dir nicht. Dann kann es sein, dass du weniger euphorisch auf die

Eingewöhnung blickst, vielleicht auch skeptisch und unsicher »mit Adleraugen« beobachtest, was da auf euch zukommt. Die Wahrscheinlichkeit, dass die Eingewöhnung auch wirklich gut wird, ist geringer.

In der Psychologie nennt sich das eine **»sich selbst erfüllende Prophezeiung«**: Wenn man einen bestimmten Gedanken gefasst hat, verhält man sich unbewusst und ungewollt so, dass sich diese Prophezeiung erfüllt. Deine subjektive Wahrnehmung und Bewertung von Situationen, wird sich »in das Bild einfügen«, das du dir vorher gemacht hast. Und das funktioniert in die positive Richtung genauso wie in die negative.

**Sich selbst erüllende Prophezeiung**

Sich selbst erfüllende Prophezeiungen gehören zu unserem Leben dazu, aber damit du ihnen nicht auf den Leim gehst, solltest du folgende Voraussetzungen schaffen.

- Grundsätzliche Bereitschaft und Offenheit gegenüber außerfamiliärer/familienergänzender Betreuung.
- Emotionale Kraft, also die Fähigkeit zum Reflektieren, Differenzieren und Regulieren von deinen eigenen Gefühlen und denen deines Kindes.
- Beziehungs- und Kommunikationsfähigkeit nicht nur mit deinem Kind, sondern auch mit den pädagogischen Fachkräften.

**»Die eigenen Gefühle dürfen sich nicht aufs Kind übertragen. Das Kind merkt das sonst.«**

Das weißt du bestimmt. Und die Angst, deine ambivalenten Gefühle ungewollt und unbewusst auf dein Kind zu übertragen, kann dir noch mehr Angst machen. **Man kann sich eine optimistische, zuversichtliche Einstellung zur Eingewöhnung nicht herbeizaubern.** Deswegen begleite ich auch so viele Familien, damit die Eltern an dieser Einstellung arbeiten können und sich diese nicht nur einreden. Es ist ein Unterschied, ob du wirklich positiv eingestellt bist oder ob du nur so tust, als ob.

Und dann gibt es auch noch das Szenario, dass du mit einem guten Gefühl in die Eingewöhnung startest, aber nach wenigen Tagen enttäuscht oder sogar erschrocken bist, wie es in der Betreuungseinrichtung tatsächlich abläuft.

Damit deine möglicherweise skeptische Sicht auf außerfamiliäre Betreuung, die sich selbst erfüllende Prophezeiung nicht zusätzlich pusht, und damit du möglichst realistisch einschätzen kannst, wie schlimm es wirklich ist, benenne ich die **sich selbst aktivierende Lösung**:

Sie spiegelt die grundsätzliche, humanistische Haltung wider, dass alle Menschen (in der Betreuungseinrichtung) stets im Rahmen ihrer jeweiligen Möglichkeiten handeln. Menschen (Kinder, Eltern UND pädagogische Fachkräfte) geben ihr Bestes, das in diesem Moment nicht gegen dich, sondern für sich machbar ist. Das heißt zwar nicht automatisch, dass es tatsächlich das Beste ist, aber ich bin sicher, du versuchst den guten Grund hinter dem Verhalten deines Kindes zu sehen. Und so wünsche ich mir das auch gegenüber Erwachsenen (Fachkräften und Eltern) und natürlich auch gegenüber anderen Kindern aus der Kindergruppe.

## Sich selbst aktivierende Lösung

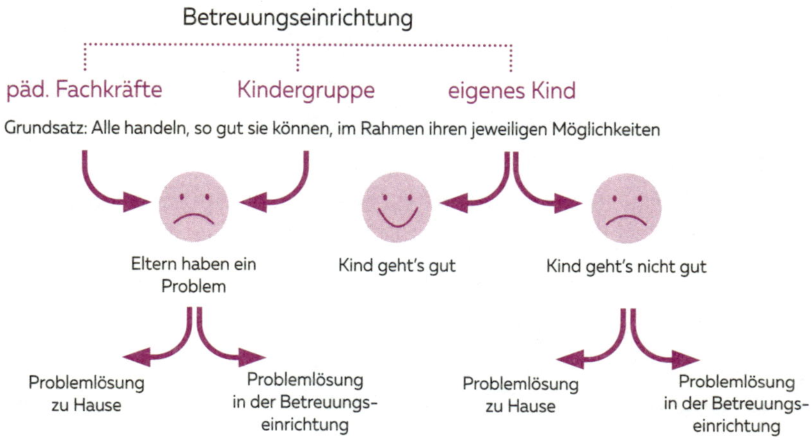


Auch mit den besten Absichten ist nicht immer alles Friede, Freude, Eierkuchen, und es kann vor, während und auch nach der Eingewöhnung zu Situationen kommen, die dir und/oder deinem Kind nicht guttun. Grundsätzlich stellst du dir bei einer sich selbst aktivierten Lösungssuche immer zwei Fragen:

- Wer hat das Problem?
- Wer ist für die Lösung des Problems verantwortlich?

Anhand von zwei Beispielen über Regeln in der Kita möchte ich verdeutlichen, worin der Unterschied liegt.

***Du hast ein Problem***

**»Hier in der Kita müssen sich alle Kinder nach einem Streit entschuldigen. So sind unsere Regeln.«**

Ehrlich gesagt, damit habe ich ein Problem. Nicht wegen dem Entschuldigen an sich. Sich zu entschuldigen ist eine wertvolle, Menschen nach einem Streit wieder verbindende Geste, die sagt: *»Ich sehe* *dich und wie es dir grad geht. Das war doof von mir. Es tut mir leid.«* Aber ein erzwungenes »*Entschuldigung*«, das wie eine Höflichkeitsfloskel nur antrainiert wird, ist wenig wert. Eine echte Entschuldigung, die von Herzen kommt und freiwillig ausgesprochen wird, die kann den anderen berühren. Und das dürfen Erwachsene (Eltern und Fachkräfte) einfach vorleben, anstatt Kindern anzutrainieren »*Entschuldigung*« zu sagen, obwohl sie es gar nicht ernst meinen. Wenn zusätzlich noch die Streitsituation gar nicht mit allen Beteiligten reflektiert wird, nicht beide Seiten wertfrei angehört werden, sondern es nur um das Wort »*Entschuldigung*« geht, wirkt es leer und auf Knopfdruck. Doch ich weiß auch, dass »*Entschuldigung*« zu sagen, so sehr im Gesellschaftlichen verankert ist, dass es kaum aus Familien, Kinderbetreuungseinrichtungen und Schulen wegzudenken ist. Die Idee, dass Kindern das anerzogen werden muss, hält sich hartnäckig, dabei lernen sie doch am Vorbild am allerbesten. Aber solange ein Kind im Kita-Kontext nicht dazu genötigt wird, »*Entschuldigung*« zu sagen, oder bestraft wird, wenn es das nicht tut, und wenn ich merke, das Kind kommt damit klar, »*Entschuldigung*« sagen zu müssen (auch auf die Gefahr hin, dass es das nicht so meint), kann ich damit leben.

**Das kannst du tun, wenn du ein Problem mit der Kita hast**

- Erkenne: Ich habe das Problem. Aber mein Kind hat kein Problem.
- Danach kläre für dich und hinterfrage: Kannst du damit leben, dass es in der Kita so ist, wie es ist?
- Wenn JA, dann belasse es dabei, atme, mache es im familiären Kreis anders, und du musst das auch in der Kita nicht ansprechen.
- Wenn NEIN, dann suche das Gespräch mit den pädagogischen Fachkräften. Prüfe, ob eine Bereitschaft für Austausch vorhanden ist und stülpe deine Meinung nicht einfach über.

**Pädagogische Fachkräfte sind nicht der verlängerte Arm der Eltern!** Du kannst nicht erwarten, dass es in der Kita genauso läuft wie zu Hause. Eltern haben sehr unterschiedliche Ansichten, was den Umgang mit Kindern betrifft, und Fachkräfte müssen diesen Spagat irgendwie meistern. Es gibt Eltern, die wollen, dass ihr Kind selbst entscheiden kann, ob es die Mütze aufsetzt. Es gibt aber auch Eltern, die verlangen von Fachkräften, dass sie ihrem Kind die Mütze zur Not gegen den kindlichen Willen aufsetzen. Und es gibt Eltern, die haben gar keine Mütze für ihr Kind.

Pädagogische Fachkräfte sind verpflichtet die seelische und körperliche Integrität des einzelnen Kindes zu bewahren und sind gleichzeitig verantwortlich eine bunt gemischte Kindergruppe zu händeln. Das ist nicht immer leicht. Deswegen überlege gut, welches Thema du ansprechen willst und welches du auch mit dir selbst oder deinem Kind klären kannst. Du darfst deinem Kind beibringen, dass es in der Kita andere Regeln gibt als zu Hause. Du darfst aber auch etwas sagen und musst nicht alle Regeln hinnehmen. Kämpfe für das, was wirklich wichtig ist, und bei dem anderen drückst du ein Auge zu.

Anders ist es jedoch, wenn die Situation in der Betreuung für ein Kind schwer oder schlecht ist.

### *Dein Kind hat ein Problem*

Wenn das eben im Beispiel genannte »Entschuldigung-sagen-Müssen« in einer oder mehreren Situationen so streng gehandhabt wird, dass es in emotionaler Erpressung mündet oder dein Kind zur Strafe ignoriert oder von der Gruppe isoliert wird, dann erlebt es nicht nur eine herausfordernde Situation, sondern hat ein ernst zu nehmendes Problem, bei dem es Hilfe braucht. Dann kannst du das ansprechen und mit der Fachkraft klären, wie die Situation zustande kam, was ihr wichtig ist, was dir wichtig ist und was du (entsprechend deiner Werte-Wetterkarte, S. 113) nicht akzeptieren möchtest. Wenn ihr den Fokus auf die Entstehung der Situation an sich legt, dann kann auch eine Änderung und Erleichterung für alle eintreten. Wenn dein Kind also Problemsituationen in der Betreuung hat, wie Streit mit anderen Kindern, braucht es Hilfe von den Erwachsenen.

**Das kannst du tun, wenn dein Kind ein Problem in der Kita hat**

- Was kannst du zu Hause verändern, um dein Kind für die jeweilige Situation zu unterstützen?
- Was kannst du selbst anders machen und beachten, um es zu stärken?
- Was kannst du deinem Kind beibringen, um die Situation zu meistern?
- Was kann die Betreuungsperson in der Kita verändern, um dein Kind zu unterstützen?
- Was kann sie anders machen und beachten, um es zu stärken?
- Was kann die Fachkraft deinem Kind beibringen, um die Situation zu meistern?

Wenn du dir darüber Gedanken gemacht hast, kommst du zur Erkenntnis, wer welche Verantwortung trägt, um das Problem zu lösen, und wer was beitragen kann, damit es für alle leichter wird: **Was in der Kita passiert und ein Kind, mehrere Kinder und/oder die Betreuungspersonen heraus- oder überfordert, muss auch in der Kita geklärt werden.** Pädagogische Fachkräfte sind hauptverantwortlich dafür, eine Lösung zu finden. Entweder selbst oder in Absprache mit dem Team oder gegebenenfalls durch externe Supervision und Fachberatung. Eltern können sich ebenfalls extern beraten lassen und sind mit den Fachkräften im Austausch. Eltern und Fachkräfte ziehen an einem Strang. Dabei sind Eltern wie ein Katalysator für die Problemlösung in der Betreuungseinrichtung, aber **Eltern sind nicht hauptverantwortlich dafür, dass sich ihr Kind in der Kita unproblematisch ins System einfügt**. Und Kinder sind gar nicht verantwortlich für die Lösung, diese liegt stets bei den Erwachsenen.

### Die Eingewöhnung soll ohne Eltern stattfinden

Wie gerne würde ich dir einfach sagen: Nimm Reißaus! Denn wenn pädagogische Fachkräfte die absolute Notwendigkeit von Eingewöhnung nicht sehen, dann kommen berechtigte Fragen auf, und bei mir schrillen die Alarmglocken. Wenn du also die Möglichkeit hast, eine andere Einrichtung zu finden, wähle eine, die ein Eingewöhnungskonzept hat. Das ist zwar auch keine Garantie für eine gute Eingewöhnung, aber zumindest schafft es ein Bewusstsein für die Wichtigkeit eines elternbegleiteten Transitionsprozesses.

Gut zu wissen: Aus meiner langjährigen Erfahrung kann ich sagen, dass es Kitas gibt, die zwar keine Eingewöhnung planen, am Ende aber (zähneknirschend) eine Eingewöhnung zulassen. So konnten einige meiner Beratungseltern mit ihren Kindern den Eingewöhnungsprozess meistern, auch wenn das wesentlich aufwendiger und kommunikationsintensiver war. Die Begleitung von Familien, die keine oder nur kurze Eingewöhnung bekommen, erfordert auch von mir alle Raffinesse und viele individuelle Lösungen. Aber auch in Einrichtungen ohne Eingewöhnung finden sich liebevolle Fachkräfte, mit denen du reden kannst, und wenn du (aus Mangel an Alternativen) erst mal startest und wartest, was passiert und wie dein Kind reagiert, dann bleibe aufmerksam, setze die Tipps aus dem Buch bestmöglich um und suche gegebenenfalls weiterhin parallel nach Plan B (einer anderen Kita).

# DIE BERGWANDERUNG PLANEN – AUF DIE EINGEWÖHNUNG VORBEREITEN

Wenn du mit deinem Kind einen Berg erklimmen willst, solltest du nicht nur das Ziel kennen, sondern auch den Weg dorthin gut planen:

Wie viel Zeit habt ihr für die Bergwanderung, damit ihr in der Berghütte ankommt, bevor es dunkel wird? Wer leitet die Tour, und wer unterstützt euch, wenn der Aufstieg anstrengend wird? Wie wird die Wandergruppe ein Team, damit nicht alle in unterschiedlichem Tempo laufen? Wie bereitest du dich und dein Kind auf die Bergwanderung vor? Und was passiert, wenn die Bergführer*innen zum Beispiel sagen, dass du nur ein Stück mitgehen darfst und dein Kind dann allein weiterlaufen muss? Oder wenn du und dein Kind schon schlechte Erfahrungen mit Bergwanderungen gemacht habt und euch ein Gewitter überrascht und zum Abbruch gezwungen hat? Vielleicht spürst du auch, dass einer von euch noch nicht bereit ist für den Gipfel und am liebsten umdrehen würde. Was tust du, wenn du wenig Zeit für die Bergwanderung hast, aber unbedingt ans Ziel musst, weil du keine Wahl hast und nicht umkehren kannst?

Eine Bergwanderung gut zu planen hat extrem viele Vorteile, denn so kommst du sicher über Stock und Stein und das nicht nur bei Sonnenschein. Genauso ist es auch mit der Eingewöhnung. Je besser du und dein Kind vorbereitet seid, desto leichter ist euer Start in die Betreuung. Auch ein Wetterumschwung während der Bergwanderung kann dich mit guter Vorbereitung nicht mehr ganz so unerwartet überraschen. In diesem Kapitel helfe ich dir dabei.

## Wie lange dauert Eingewöhnung?

Die kurze Antwort lautet: länger. Und wenn du das liest, atmest du entweder erleichtert auf, weil dir dein Bauchgefühl das schon so gesagt hat. Oder aber du fragst dich, warum eine Eingewöhnung lange dauern sollte. Vielleicht schwirren auch deine Gedanken, weil du gar nicht weißt, wie du eine lange Eingewöhnung realisieren sollst. Deswegen möchte ich dir sagen:

Natürlich gibt es Kinder, die sich schnell eingewöhnen (lassen) und nach wenigen Tagen in die Kita spazieren, als hätten sie noch nie etwas anderes gemacht. Sie winken und sind einfach da. Es gibt auch Kinder, die weinen nur kurz, lassen sich schnell trösten und sind dann glücklich, bis sie abgeholt werden.

***Eine kurze oder lange Dauer der Eingewöhnung sagt nichts über die Qualität des Eingewöhnungsprozesses aus. Eine kurze oder lange Eingewöhnung sagt auch nichts über dich als Mama oder Papa aus oder über die Bindung zu deinem Kind.***

Gleichzeitig weiß ich aus meinen Erfahrungen aus der Elternberatung und den Kita-Fortbildungen, dass die meisten Kinder eine längere Eingewöhnungszeit brauchen, als »laut Plan« vorgesehen ist. **Kinder (und Eltern) werden oft zu früh gedrängt, sich zu trennen**, weil *»wir können ja nicht ewig warten«*. Es werden zu viele Tränen als »normal« betrachtet, und Trennungskummer wird mit Trennungsschmerz verwechselt.

Wie setzt sich so ein Zeitplan für die Eingewöhnung eigentlich zusammen? Wer legt fest, wie lange eine Eingewöhnung dauern soll? Und wie lange dauert sie wirklich?

**Entscheidungsträger*innen, die festlegen, wie viel Zeit rechnerisch für eine Eingewöhnung eingeplant wird:**

- Der Träger gibt die Rahmenbedingungen vor, z. B. wie schnell die Plätze gefüllt werden müssen. Das hat Einfluss darauf, ob ganzjährig oder nur zum neuen Kita-Jahr im August/September eingewöhnt wird.
- Die Kita-Leitung plant die Neuaufnahmen organisatorisch in Abhängigkeit von den freien Plätzen, dem Eingewöhnungsmodell, dem Geburtstermin des Kindes und dem Bedarf der Eltern.
- Die Eltern teilen der Kita ihren Starttermin für die Eingewöhnung mit, weil er z. B. durch den ersten Arbeitstag vorgegeben ist oder weil sie sich aus anderen Gründen Betreuung wünschen.

**Faktoren, die beeinflussen, wie viel Zeit tatsächlich für eine Eingewöhnung gebraucht wird:**

- Kinder UND Eltern sind wirklich willkommen.
- Die pädagogischen Fachkräfte leisten sichere Bindungs- und starke Beziehungsarbeit mit den Kindern.
- Die pädagogischen Fachkräfte leisten vertrauensvolle Elternarbeit.
- Der Zeitpunkt und der (nicht) gute Verlauf der ersten Trennungen.
- Die Eltern sind offen für die Betreuung und bereit loszulassen.
- Die Anzahl und Dauer der Unterbrechungen (Krankheit, Schließzeit, Urlaub, Personalwechsel) im Eingewöhnungsprozess.
- Das Kind ist bereit für die Betreuung.
- Das Kind wird das erste Mal eingewöhnt oder war bereits in einer früheren Betreuungseinrichtung.
- Das Kind und die Eltern haben vorher gute oder schlechte Betreuungserfahrungen gesammelt, ggf. liegen bereits gescheiterte Eingewöhnungen hinter ihnen.
- Das Kind bleibt (nicht) bei Oma, Opa oder Freund*innen.
- Es ist das erste, zweite, dritte … Kind.
- Das Kind hat bereits Freund*innen in der Kita oder kennt die Einrichtung durch das Bringen und Abholen von älteren Geschwistern.

**Zwischen der Zeit, die eingeplant wird, und der Zeit, wie lange eine Eingewöhnung wirklich dauert, klafft oft eine große Lücke.** Eine erfolgreiche und positive Eingewöhnung wird von einer starken Bindung und Beziehung getragen – zwischen der pädagogischen Fachkraft und deinem Kind und zwischen dir und der pädagogischen Fachkraft. Dies entwickelt sich nicht von heute auf morgen. Bindung und Beziehung aufzubauen braucht Zeit. Eingewöhnung braucht Zeit. Jedes Kind hat sein individuelles Tempo. Manchmal geht es nur in kleinen Schritten vorwärts, bis sich eine vertrauensvolle, sichere Basis ausgebildet hat.

Vielen Kindern ist die im Berliner Modell typische Trennung am vierten Tag und eine komplette Eingewöhnung in zwei Wochen zu schnell. Es gibt auch Kinder, die sich anfangs problemlos von den Eltern lösen und dann zeitverzögert einen »Einbruch« erleben. Diese Trennungen können mit intensiven Tränen verbunden sein. Pädagogische Fachkräfte kennen das, und oft wird (u. a. aus Zeitgründen) die Eingewöhnung fortgeführt, obwohl eine kleine Pause oder ein Schritt zurück besser wäre.

Doch du kannst dazu beitragen, dass der Eingewöhnungsprozess gut gelingt. Fange gern gleich mit der Vorbereitung an.

**So kannst du die Eingewöhnungszeit für dich und dein Kind gemeinsam mit der Betreuungseinrichtung planen**

- Trage deinen ersten Arbeitstag in den Kalender ein. Am besten eignet sich ein Jahresplaner, weil du dann einen Überblick über einen längeren Zeitraum hast.
- Gehe vom ersten Arbeitstag aus zwei Monate im Kalender zurück.
- Trage innerhalb dieser Monate alle geplanten Unterbrechungen bzw. Einflussfaktoren ein (z. B. Feiertage, verlängerte Wochenenden, Urlaub, Kita-Schließtage oder Familienfeiern, Geburtstage, die für dein Kind schön, aber auch aufregend oder stressig sein können).

- Ziehe ein bis zwei Wochen für spontane Unterbrechungen (z. B. Krankheit, Rückschritte) ab. Dieser Puffer vermeidet Stress und nimmt dir, deinem Kind und der pädagogischen Fachkraft den Druck, dass die Trennungen »jetzt endlich mal klappen müssen«.
- Am Ende siehst du im Kalender sehr genau, wie viele Wochen Zeit für die Eingewöhnung rein rechnerisch übrig bleibt und ob du ggf. noch früher anfangen solltest. Mit diesem Plan kannst du mit der Kita-Leitung oder Tagespflegeperson ins Gespräch gehen und einen Starttermin für die Eingewöhnung festlegen.

*Plane mindestens sechs bis acht Wochen Zeit für die Eingewöhnung ein, das sind gute Voraussetzungen für dich und dein Kind. Das nimmt den Druck raus, die Eingewöhnung bis zum Tag X unbedingt durchkriegen zu müssen.*

Eine Eingewöhnung kann aber auch knifflig werden, wenn du gar kein terminiertes Ziel hast, auf das du hinarbeitest. **Wenn du von außen nicht musst** (weil es z. B. keinen Arbeitsstart gibt), **dann musst du von innen mehr wollen.** Manchmal berichten mir Eltern in Beratungen, dass sich die Eingewöhnung schon lange zieht. Sie sind frustriert, dass sie immer noch im Gruppenraum sitzen, sie haben aber auch Angst, ihr Kind zu überfordern. Das Kind weiß aber auch nicht so ganz, was nun läuft. Zu viel Zeit für die Eingewöhnung kann also auch Stress verursachen, wenn die Klarheit fehlt. Wann möchtest du am Berggipfel ankommen? Setz dir ein Ziel für deinen Eingewöhnungsweg, damit du deine Kraft einteilen kannst und die Motivation unterwegs nicht flöten geht.

*Aussagen wie »Ich habe ganz viel Zeit für die Eingewöhnung und bleibe, solange es nötig ist«, führen oft zur Reaktion der Fachkräfte:*

*»Also so lange Eingewöhnungen machen wir hier nicht. Damit sich das Kind nicht daran gewöhnt, dass Sie lange da sind. Es ist schließlich ein Kindergarten und kein Elterngarten.«*

Eine Eingewöhnung kann knifflig werden, wenn die pädagogische Fachkraft die Haltung vertritt, dass Eltern lieber nicht so lange dabeibleiben sollen. Einige Fachkräfte sprechen das so (oder so ähnlich) deutlich aus. Oft erfährst du es aber nicht, und deswegen empfehle ich dir Sätze mit der Botschaft *»Ich habe ganz viel Zeit und bleibe, solange mein Kind mich braucht.«* eher zu vermeiden. Damit du nicht ungewollt in die »Glucken-Mutter-kann-nicht-loslassen«-Schublade gesteckt wirst.

Zum Glück gibt es aber auch viele Fachkräfte, die froh sind und es sehr unterstützen, wenn Eltern Zeit für die Eingewöhnung haben! In meinen Fortbildungen berichten mir die Erzieher*innen und Tagespflegepersonen, dass Eltern nicht verstehen, dass sie überhaupt zur Eingewöhnung dableiben müssen. Und nicht an Tag zwei ihr Kind bereits bis vierzehn Uhr dalassen können. Oder dass Eltern erwarten, dass die Eingewöhnung in zwei Wochen abgehakt ist, und keinen Zeitpuffer eingeplant haben.

*Zeitdruck und dadurch erzwungene Trennungen, obwohl sich ein Kind noch nicht sicher fühlt, sind die größten Fehler in Eingewöhnungsprozessen. Sie können zu großem Trennungsschmerz (oder auch Traumata) und zum Scheitern der Eingewöhnung führen.*

## Wer macht die Eingewöhnung, und dürfen wir uns abwechseln?

Oft werde ich gefragt, wer ein Kind am besten in den ersten Wochen der Eingewöhnung in der Krippe, Kita oder Tagespflege begleiten sollte, und ich spüre nicht selten eine gewisse Verunsicherung.

Eltern machen sich ohnehin bereits früh Gedanken darüber, weil die Elternzeit und die Rückkehr in den Job geplant werden müssen. In vielen Familien ergibt sich die »Entscheidung«, wer die Eingewöhnung übernimmt, schlichtweg aus (arbeits-)organisatorischen Gründen und weniger, weil Eltern sich das so ausgesucht haben. Denn Eingewöhnung ist meistens mit Elternzeit oder (unbezahltem) Urlaub verbunden und vor allem für Väter aus verschiedenen Gründen noch nicht gut genug mit der Arbeit zu vereinbaren.

Doch je näher der Kita-Start rückt, desto realer wird der ursprünglich getroffene Plan, den man meist zu Beginn der Elternzeit festlegen musste. Was, wenn sich die Entscheidung, wer die Eingewöhnung übernimmt, nicht mehr stimmig anfühlt? Ich erinnere meine Beratungsfamilien gern daran, dass die meisten Eltern ein gutes Gespür dafür haben, wer sich aktiv am Eingewöhnungsprozess beteiligen und das eigene Kind bei seinen ersten Schritten in die außerfamiliäre Kinderbetreuung begleiten sollte. Und es ist wichtig, diesem Bauchgefühl gut zuzuhören. Denn es wird von inneren und äußeren Stimmen beeinflusst.

### Wer ist am besten geeignet?

Als Eltern wollen wir das Beste für unser Kind, das fühle ich genauso wie du. Und das gilt auch für die Eingewöhnung. Vielleicht hast du Angst, deine Gefühle auf dein Kind zu übertragen oder etwas falsch zu machen. Vielleicht willst du unbedingt, dass es klappt, weil dir die Rückkehr zur Arbeit wichtig ist.

In der Frage, wer besser als Begleitperson für die Eingewöhnung geeignet ist, schwingt oft unbewusst eine Bewertung mit. Manchmal denken wir es selbst, oder es wird direkt so ausgesprochen, Mütter wären nicht so gut geeignet für die Eingewöhnung, weil sie mehr klammern und schlechter loslassen können, und mit Vätern würde die Eingewöhnung viel leichter klappen, weil sie nicht so eine enge Bindung zum Kind haben. Spüre diesen Worten mal nach. Das ist eine bittere Botschaft an beide Elternteile, und sie wird keinem gerecht. **»Gute« Elternschaft ist nicht geschlechtsabhängig.** Es gibt keinen angeborenen Mutterinstinkt[24], der weiblich gelesene Menschen per se besser dafür geeignet macht, den Löwenanteil der Fürsorgearbeit zu übernehmen. »Mama«-Phasen sind einerseits schön, denn sie zeigen die tiefe Liebe eines Kindes. Andererseits sind sie auch ganz schön anstrengend, denn sie gehen oft auch mit tiefer Erschöpfung oder Burn-out einher. Seit fünfzehn Jahren (seit Einführung des Elterngeldes) beziehen über 98 Prozent der Mütter Elterngeld und übernehmen damit den Hauptanteil der Fürsorgearbeit.[25] Rein quantitativ macht das natürlich einen Unterschied, wenn man die Zeit vergleicht, die Mutter und Kind beziehungsweise Vater und Kind allein miteinander verbringen. Das kann Einfluss auf die jeweilige Bindungs- und Beziehungsqualität haben. Muss es aber nicht. Väter können genauso tiefe Bindungen und Beziehungen zu ihren Kindern aufbauen, an der Kinderbetreuung und Kindererziehung aktiv beteiligt sein und eine wichtige Rolle im Leben ihrer Kinder einnehmen.

*Beide Elternteile machen ihre eigenen Erfahrungen mit ihrem Kind, bringen ihre eigenen Prägungen und Wertvorstellungen mit. Doch grundsätzlich sind beide Elternteile (Mama UND Papa) oder auch eine andere Bindungsperson geeignet, um ein Kind sicher über Stock und Stein bei der Eingewöhnung zu begleiten. Die entscheidenden Voraussetzungen für eine gelingende Begleitung sind:*

1. *Das Kind fühlt sich bei diesem Elternteil (Begleitperson) bindungssicher.*
2. *Das begleitende Elternteil verhält sich beziehungsstark und ist bereit für die Eingewöhnung.*

*Ihr als Eltern entscheidet, wer von euch die aktive Eingewöhnung übernimmt, so wie es zu euch als Familie passt. Dabei bezieht ihr die aktuellen Bedürfnisse eures Kindes sowie eure eigenen emotionalen und (arbeits-)organisatorischen Einflussfaktoren ein. Es ist okay, einen ursprünglich gefassten Plan an die jetzige Situation anzupassen.*

Wer von euch später die alltäglichen Hin- und Rückwege zwischen zu Hause und Kita macht, ist dabei kein entscheidendes Kriterium für die Eingewöhnungszeit. Kinder können einen solchen Wechsel verkraften, wenn er gut gemacht ist. Auch wenn oft Gegenteiliges erzählt wird. Viel wichtiger ist, dass du dich mit der bevorstehenden Eingewöhnung gut fühlst.

### Dürfen Eltern sich bei der Eingewöhnung abwechseln?

Neulich schrieb mir ein Papa und bat um meine Unterstützung im *Happy Kita Start Begleitprogramm*, denn er fühlte sich unsicher und hatte Sorge, sein Kind nicht gut begleiten zu können. Die erste Kita-Eingewöhnung hatte die Familie aufgrund vieler negativer Entwicklungen abgebrochen.

**»Wir pflegen eine recht paritätische Verteilung der Care Arbeit, wobei der Anteil meiner Frau überwiegt (60:40), häufig machen wir aber auch Parallelbetreuung. Unser Kind zeigt sein Bedürfnis nach Bindung, wenn wir Dinge nicht im ›Dreierbund‹ erleben. Gibt es auch gelungene Erfahrungsberichte mit ›Wechseln‹ auf Elternebene (zum Beispiel Mutter Mo-Mi-Fr, Papa Di-Do oder Mutter eine Woche, Papa eine Woche)?«**

Durch meine Beratungserfahrungen kann ich auf viele positive Eingewöhnungen zurückblicken, in denen sich Eltern abgewechselt haben, weil sie beide eine enge Bindung zum Kind haben. Dabei geht es nicht nur ums abendliche Auswerten der Eingewöhnung, sondern um gleichberechtigte, aktive Teilhabe am Prozess – vor Ort in der Krippe, Kita oder Kindertagespflege, intensiv in Beziehung mit dem Kind und den pädagogischen Fachkräften.

Auch in meinen Fortbildungen bestätigen Fachkräfte meine Erfahrungen, dass Eltern sich souverän organisiert haben, sich mit festgelegten »Mama- und Papa-Tagen« seit Monaten bei der Kinderbetreuung und beim Arbeiten abwechseln und diesen Rhythmus auch in der Eingewöhnung fortführen. Und alleinbegleitende Eltern, deren Kinder zum Beispiel im Wechselmodell leben, haben ebenfalls Erfahrung damit, an bestimmten Tagen oder wochenweise bei jeweils einem Elternteil verankert zu sein. In dieser Familienkonstellation kommt es selten zur Empfehlung, dass der begleitende Elternteil in der Eingewöhnung nicht wechseln soll, bei zusammenlebenden Eltern jedoch schon. Warum?

Vor allem pädagogische Fachkräfte sagen oft: *»Ein Kind braucht eine feste Begleitperson, damit es nicht verwirrt ist.«* Es klingt einleuchtend, dass ein Kind Kontinuität braucht, dass immer die gleiche vertraute Person dabei ist, die ihm Sicherheit gibt. Auch richtig ist, dass Trennungssituationen bei einem Elternteil nicht automatisch auch beim anderen Elternteil klappen müssen, und der Wunsch der Fachkräfte besteht, nicht immer wieder »von vorne anzufangen«. Gleichzeitig ist es auch eine größere Aufgabe für die Betreuer*innen, zu Mutter und Vater des Eingewöhnungskindes eine starke, vertrauensvolle Beziehung aufzubauen. Und gern genommen ist auch die Begründung, dass sich die anderen Kinder gestört fühlen, wenn jeden Tag jemand Neues dabei ist. Falls dem wirklich so ist (kleine Kinder reagieren manchmal sensibel auf unbekannte Erwachsene), dann kann man Lösungen finden.

***Grundsätzlich gilt: Beide Elternteile können sich in der Begleitung ihres Eingewöhnungskindes abwechseln. Die Voraussetzung für eine gelingende Begleitung ist:***

*1. Das Kind fühlt sich bindungssicher, weil beide Eltern empathisch unterstützen und weil es weiß, was passiert.*
*2. Die Eltern handeln beziehungsstark, weil sie sich intensiv abgestimmt haben und ihrem Kind und der Fachkraft gegenüber klar kommunizieren.*

Wenn sich Fachkräfte und/oder Eltern an Ritualen und Regeln im wahrsten Sinne des Wortes festhalten, dann geht es oft um Struktur im Außen. Entscheidend ist meiner Erfahrung nach jedoch der Halt im Innen.

- Dein Kind braucht kommunikative Klarheit, statt kategorische Kontinuität.
- Es braucht verlässliche Verbindung, statt verunsichernde Verwirrung.

Nutze einen Wochenplan, um deinem Kind zu zeigen, wann Mama und wann Papa mit in die Kita geht. So kann es sehen, was passiert. Das gibt ihm Orientierung und befriedigt außerdem sein Bedürfnis nach Sicherheit. Diese beiden Bedürfnisse sind wie zwei Geschwister, sie gehören zusammen.

Ein weiterer Vorteil vom Abwechseln ist: Du kannst dir eine Zweitmeinung einholen. Das ist oft hilfreich, um den Druck rauszunehmen und selbst wieder klarer zu sehen. Bevor du deine Gefühle ungewollt auf dein Kind überträgst, kannst du mal eine Pause machen. Ich erinnere mich an die Eingewöhnung meines Kindes, da habe ich Situationen beobachtet, die emotional etwas in mir ausgelöst haben. Als Mama wollte ich genau wie du, dass es meinem Kind in der Kita gut geht. Damit mich meine Eindrücke nicht hemmen, offen und zuversichtlich zu sein, habe ich meinen Mann gebeten, zwei Tage zur Eingewöhnung mitzugehen. Dann hat er mir seine Beobachtungen geschildert, wir haben uns ausgetauscht, und ich konnte für mich wieder eine gute Balance zwischen Mama und Pädagogin finden. **Vier Augen sehen besser als zwei.** Eltern sind verschieden und nehmen Situationen entsprechend subjektiv wahr. Die Begleitperson während der Eingewöhnung zu wechseln, ist besser, als in einer Situation zu bleiben, in der sich ein Elternteil und/oder das Kind unwohl fühlen. Ein Knackpunkt ist jedoch, ob sich Eltern im Umgang mit dem Kind und der Eingewöhnung einig sind, also trotz aller Subjektivität gemeinsame Werte vertreten, oder sehr verschiedene Ansichten haben. Ich habe in meinen Beratungen schon einige Partnerschaftskonflikte aufgefangen, weil beim Thema Eingewöhnung unendlich viele Fäden von unbezahlter Care-Arbeit, bezahlter Lohn-Arbeit, Mental Load, fehlender Gleichberechtigung, Kommunikation, Kindererziehung, Umgang mit kindlichen Gefühlen … zusammenlaufen.

## Welche Ereignisse können die Eingewöhnung behindern?

Im Dezember 2022 saß ein sehr verzweifeltes Elternpaar online in meiner Notfall-Beratung.

»Ich bin aktuell die ganze Zeit in der Kita mit dabei. Ich gehe seit drei Wochen nicht mehr, wir versuchen es auch gar nicht. Davor habe ich ihn abgeholt, nachdem er 45 Minuten geheult hat. Er heult auch extrem. Er weint nicht vor sich hin, er lässt sich auch gar nicht beruhigen. Wenn wir auf den Spielplatz gehen und ich nicht meine Jacke mitnehme, kriegt er schon Panik. Er kriegt auch Panik, wenn ich das Auto parke, weil er Angst hat, ich nehme ihn nicht mit. Wenn er nachts schreit, dann schreit er wie am Spieß, wie ein Exorzist.«

Im Verlaufe des Gesprächs stellte sich heraus: Die Eingewöhnung begann im Mai und die Trennungssituationen waren von Anfang an schlimm. Im Juni und Juli lief es ein paar Wochen gut, und das ein-

einhalbjährige, gefühlsstarke Kind ging gerne in die Betreuung. Im August war die Familie im Urlaub, im September sind sie innerhalb von drei Tagen spontan umgezogen, worauf die Eltern ihr Kind nicht vorbereitet haben, weil sie daran nicht gedacht hatten.

Nach dem Umzug waren das Kind und die pädagogische Fachkraft lange krank, und danach wurde es sehr schwierig mit dem Abgeben morgens. Im Oktober hat die Mama abgestillt, weil die Nächte so anstrengend waren, seitdem schlief er besser. Sie war außerdem schwanger, und Papa arbeitete viel.

Du merkst vielleicht schon beim Lesen: Das ist verdammt viel für ein Kind, aber auch für die Eltern. Alle brauchten in dem Moment eine dicke Umarmung.

***Findet in der Zeit vor, während oder nach der Eingewöhnung zu viel Veränderung gleichzeitig oder kurz nacheinander statt, kann das den Eingewöhnungsprozess mittel bis stark behindern.***

Weitreichende Veränderungen gehen nicht nur mit emotionalen Loslassprozessen, sondern oft auch mit Verlusterfahrungen einher, wenn sie dem Kind schwerfallen und/oder von den Eltern nicht gut genug begleitet werden. Wir Menschen brauchen Zeit, um richtig anzukommen, und Zeit, um uns von etwas zu verabschieden, was uns lange begleitet hat.

Es gibt viele verschiedene Ereignisse, die eine Eingewöhnung beeinflussen oder sogar behindern können.

Die ideale Variante, bei der du dich voll und ganz auf die Eingewöhnung konzentrierst und sonst nichts weiter passiert, kommt dir wahrscheinlich utopisch vor. Denn es gibt Zeiten, da geht auch beim Kind echt viel ab: Backenzähne wachsen, die Autonomiephase ist in vollem Gange, und irgendein Entwicklungsschub steht eigentlich immer an. Das bringt bei den meisten Kindern schon genug Aufruhr mit sich und kann sich auf die Eingewöhnung auswirken.

## Veränderungen parallel

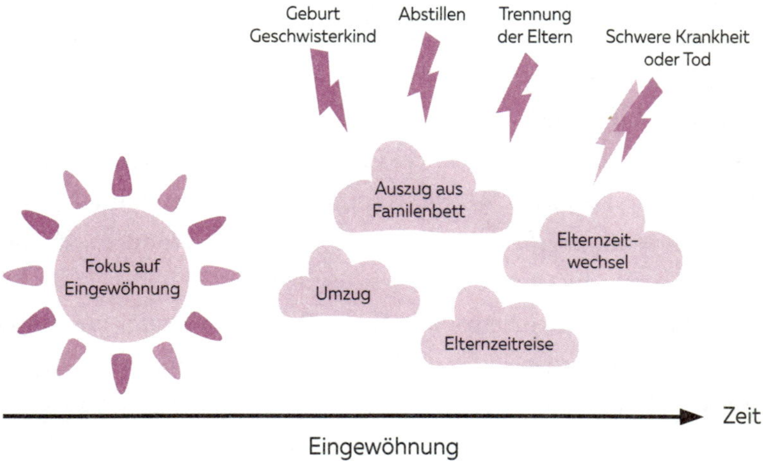


Wenn sich dann zusätzlich dazu auch noch kleine oder große Ereignisse dazugesellen, kann das schnell zu viel Veränderungen auf einmal sein. Folgendes kann je nach individueller Situation (muss aber nicht!) eintreten:

### *Umzug*

Auch ein noch junges Kind fühlt sich mit seinem Zuhause stark verbunden und verwurzelt und kann sich durch einen Umzug entrissen fühlen, ganz unabhängig davon, wie weit die Familie weggezogen ist. Das Loslassen des alten Zuhauses und Einleben in der neuen Wohnung oder im neuen Haus brauchen Zeit. Heimweh und Eingewöhnung vertragen sich nicht so leicht.

### *Papa macht zwei Monate Elternzeit und Eingewöhnung*

Das Bundesinstitut für Bevölkerungsforschung fand in einer Analyse heraus: *»Knapp 1,4 Millionen Frauen und 482 000 Männer in Deutschland haben im Jahr 2022 Elterngeld erhalten. Der […] Väteranteil [stieg durchschnittlich] auf 26,1 Prozent. […] Spitzenreiter im Bundesländervergleich [sind] Sachsen [30,2 Prozent], gefolgt von Thüringen*

*(28,4 Prozent), Bayern (28,3 Prozent) und Baden-Württemberg (28,3 Prozent). […] Die durchschnittliche Dauer des geplanten Elterngeldbezugs lag bei den Frauen im Jahr 2022 […] bei 14,6 Monaten. […] Die von Männern angestrebte Bezugsdauer war mit durchschnittlich 3,6 Monaten dagegen deutlich kürzer.«*[26] *»Im 13. und 14. Lebensmonat des Kindes ist der Anteil der Väter mit alleinigem Bezug mit etwa 20 Prozent am höchsten. Allerdings nutzen viele Mütter nach dem Auslaufen ihres Elterngeldanspruchs weiter unbezahlte Elternzeit, die sie wiederum gemeinsam mit dem Partner verbringen.«*[27]

Worin findest du dich wieder? In der Regel sind Mutter und Kind die meiste Elternzeit zusammen und haben sich im Alltag eingegroovt. Für viele ist das kräftezehrend allein verantwortlich zu sein, andere sagen, dass es mit dem Kind besser klappt, wenn der Vater nicht da ist. Parallel dazu läuft der Mann durch seinen beruflichen Alltag und ist zu Hause unterschiedlich stark eingebunden und präsent. Sind dann Mama und Papa durch die gemeinsame Elternzeit plötzlich gleichzeitig zu Hause, verbringen alle mehr Zeit zusammen, was das Familiengefühl stärkt oder auch zu Turbulenzen führt. Hohe Erwartungen und Harmonievorstellungen krachen wie ein Kartenhaus zusammen, das Mehr an Nähe bringt auch ein Mehr an verschiedenen Bedürfnissen und Wünschen mit sich. *»Endlich mehr Unterstützung«* erhofft sich die Frau, *»endlich mal ausruhen«* erhofft sich der Mann. Und schon sind beide mittendrin im Streit, so wie viele Paare das auch aus dem Urlaub kennen, wenn man plötzlich nicht mehr nebeneinander durch den Alltag sprintet.

Übernimmt der Vater die zwei Monate Elternzeit allein, brauchen er und sein Kind natürlich auch einen eigenen Rhythmus, und manchmal dauert es eine Weile, bis sich der Alltag eingespielt hat. Je nachdem wie intensiv Väter vorher bereits in die Fürsorgearbeit eingebunden waren, empfinden sie es als kleinere oder eher größere Herausforderung, nun allein für die Kinderbetreuung und den Haushalt verantwortlich zu sein. Das kann mitunter sehr ernüchternd sein, wenn Mann feststellt, dass es ganz schön anstrengend mit einem Kleinkind ist.

Aber nicht nur Eltern müssen sich umstellen. Das Kind erlebt nun: Mama, die das erste Lebensjahr die ganze Zeit dagewesen ist, ist nun plötzlich weg. Auch wenn es nur ein paar Stunden sind, fühlt sich das für ein Kleinkind ewig an. Wenn Mama morgens zur Arbeit geht, ist das vielleicht eine der ersten regelmäßigen Trennungserfahrungen, die das Kind meistern soll.

Und dann kommt das Projekt Krippe oder Tagespflege auch noch neu hinzu. Eingewöhnung bedeutet, sich auf neue Bezugspersonen einzulassen, neue Bindungen aufzubauen und Vertrauen zu gewinnen. Das ist eine große Aufgabe. Eingewöhnung mit Papa kann bedeuten, sich von ihm sofort wieder zu trennen, obwohl sich die beiden vielleicht gerade erst im neuen Alltag aufeinander eingestimmt haben. Das kann das Loslassen in der Eingewöhnung erschweren.

Falls du gedacht hast *»Prima, mein Partner macht die Eingewöhnung, und ich muss die Abgabesituation und Tränen an der Kita-Tür nicht aushalten«*, muss ich dich leider enttäuschen. Im Zweifelsfall verlagern sich die Tränen an die Haustür, und dann hast du die gleiche Herausforderung nur an einem anderen Ort. Deswegen ist es wichtig, mit deinen Emotionen ehrlich umzugehen, auch wenn du die Eingewöhnung abgibst. Der Papa kann der bessere Partner für das Eingewöhnungskind sein, wichtig ist nur, dass du deine Verantwortung nicht wegschiebst und einfach nur loswerden willst.

### *Elternzeitreise*

Wenn ihr gemeinsam als Familie eine Elternzeitreise macht, ist das ein tolles Erlebnis, ihr fühlt euch dadurch hoffentlich ganz nah verbunden, und die intensive Familienzeit kann sich stärkend auf die Eingewöhnung auswirken. Es kann aber auch anders laufen: Der Alltagsrhythmus, die gewohnte, vertraute Umgebung und das Zuhause fehlen. Auf Reisen oder an unbekannten Orten kann sich ein Kind permanent latent aufgeregt oder unsicherer fühlen, die gesamte Familie muss sich immer wieder auf neue Situationen einstellen. Gibt es nach der Reise nicht genug Ankommenszeit zu Hause und die Eingewöhnung geht recht schnell los, kann das sehr anstrengend für ein Kind sein, weil es nicht genug Zeit hatte, sich zu sortieren.

### *Auszug aus dem Familienbett*

Soll dein Kind aus dem Familienbett ins eigene Kinderzimmer ausziehen und ist vielleicht noch nicht bereit dafür, muss es beim Ein- und Durchschlafen viel kooperieren und sich emotional regulieren. So viel, dass es genau das bei der Eingewöhnung dann nicht mehr schafft. Kinder kuscheln und stillen in der Eingewöhnung nachts häufiger, weil ihnen die Nähe guttut. Lass das nicht wegfallen, sondern nutze es lieber. Und Finger weg von Schlaflernprogrammen!

### *Ein Baby kommt*

Dein Kind könnte sich abgeschoben fühlen, wenn es in die Betreuung kommt und kurze Zeit davor oder danach zu Hause ein Geschwisterchen in die Familie geboren wird. Die Eltern plötzlich zu teilen, öfter abwarten zu müssen, weil da jetzt ein bedürftiges Baby ist, Liebe und Eifersucht zu spüren, ist eine große Herausforderung. Eltern denken, ihr Kind ist jetzt groß, aber meistens sind die großen Geschwister in echt doch noch ganz schön klein, und wir erwarten ziemlich viel von ihnen. Wir merken das meistens erst später, wenn wir Fotos sehen, auf denen die »großen« Kinder in Wirklichkeit doch ziemlich klein aussehen neben ihrem Babygeschwisterkind. Die Rollen in der Familie verändern sich, wenn ein neues Familienmitglied dazukommt, und dieser Prozess ist bei vielen Kindern und Eltern sehr sensibel und störanfällig. Wir wollen allen gerecht werden und zerreißen uns oft. Und Kinder brauchen zum Teil sehr enge Begleitung, um diese Herausforderung zu meistern. Wenn dazu noch die Eingewöhnung ansteht, kann das zu einer emotionalen, aber auch organisatorischen Überforderung führen.

### *Abstillen/Schnuller abgewöhnen*

Im Idealfall geht das Abstillen von beiden Seiten oder vom Kind aus, weil es dann am leichtesten fällt, aber manchmal mag das Kind noch stillen und die Mutter nicht mehr. Das ist okay! Das Kind (oder die Mutter) kann das Abstillen trotzdem als Verlust empfinden. Fällt das mit dem Verlust von Mama oder Papa durch die Trennungssituationen in der Eingewöhnung zusammen, kann sich das hemmend auswirken. Gleiches gilt auch für das Abgewöhnen des Schnullers.

Du musst (und solltest) für die Eingewöhnung nicht abstillen! Keine Angst: Dein Kind schafft den Mittagsschlaf in der Krippe oder bei der Tagesmutter auch ohne Einschlafstillen. Dein Kind wird auch irgendwann in der Kita essen, selbst wenn es zu Hause noch viel stillt.

*Das Stillen ist die Verschnaufpausenbank auf der Bergwanderung. Es ist der Energieriegel im Rucksack deines Kindes. Stillen fördert Nähe und Sicherheit in der Eingewöhnung.*

### *Streit oder Trennung der Eltern*

Beeinträchtigend für den Eingewöhnungsprozess können auch intensive Konflikte oder die Trennung der Eltern sein. Ein möglicher Umzug für das Kind oder der Auszug eines Elternteils kann ein Verlusterlebnis sein und die Eingewöhnung erschweren.

### *Schwere Krankheit oder Tod*

Auf solch schwerwiegende Ereignisse haben wir leider wenig Einfluss und sie wirken sich (vor allem, wenn enge Familienmitglieder betroffen sind) von all den genannten Ereignissen am stärksten auf das gesamte Familienleben und nicht nur auf die Eingewöhnung aus. Aber auch hier kann es gute, sehr behutsame Lösungen geben.

**Das kannst du tun bezüglich beeinflussender Ereignisse rund um die Eingewöhnung**

- Versuche, Ereignisse, die nicht zwingend notwendig sind oder die du planen kannst, zu vermeiden, und fokussiere dich voll und ganz auf die Eingewöhnung. Sie hat Priorität, vor allem dann, wenn du nur begrenzt Zeit hast und z. B. bald wieder arbeiten musst.

- Versuche Ereignisse, die notwendig oder ungeplant eingetreten sind, möglichst gut vorzubereiten bzw. dein Kind geduldig und verständnisvoll dabei zu begleiten. Gib ihm mehr Zeit, damit es alle Veränderungen verarbeiten kann, und informiere auch die pädagogischen Fachkräfte, damit sie Rücksicht nehmen.
- Plane gewünschte Veränderungen mit zeitlichem Abstand zur Eingewöhnung, mindestens drei, besser sechs Monate vor der Eingewöhnung oder danach, wenn dein Kind »angekommen« ist.

## So bereitest du dein Kind auf die Eingewöhnung vor

Eltern berichten, je älter das Kind wird, umso häufiger kommen Fragen von außen: »*Naaa, freust du dich schon auf den Kindergarten? Bald geht's los! Bist du schon aufgeregt? Endlich kannst du mit anderen Kindern spielen, was?!*« So nett wie das gemeint ist, so sehr kann das Druck erzeugen. Denn was es bedeutet, in die Kita zu gehen, das ist für Kinder, die vorher noch nie in außerfamiliärer Betreuung waren, gar nicht zu fassen. Sie kennen den Spielplatz, vielleicht Eltern-Kind-Kurse oder sind schon mal an einer Krippe oder Kita vorbeigelaufen, aber ein inneres Bild davon, was Kita wirklich heißt, haben sie noch nicht. Und das ständige Thematisieren kann dem Start der Eingewöhnung alles andere als zuträglich sein, vor allem dann, wenn es aufgebauscht wird.

Trotzdem ist es gut, dein Kind auf die bevorstehende Veränderung vorzubereiten, denn es spürt sowieso, dass da was kommt. Vielleicht merkst du es, weil dein Kind plötzlich anhänglicher ist, je näher der erste Tag der Eingewöhnung rückt.

Im Folgenden gebe ich dir ein paar Ideen, wie du dein Kind auf die

Eingewöhnung einstimmen kannst, vor allem, wenn es noch nie außerfamiliär betreut wurde, aber auch, wenn es Betreuung schon kennt (durch ältere Geschwisterkinder oder weil es schon in die Krippe/Tagespflege/Spielgruppe ging und jetzt in Kita oder Kindergarten wechselt).

Richte dich dabei nach dem **Motto: Zelebrieren ohne Dramatisieren.** Lass dich und dein Kind von der Vorfreude leiten, und mach bitte keine Checkliste daraus. Du musst nicht alles abarbeiten. Wenn es deinem Kind zu viel Programm ist, zu viel Gerede und Erklärung, kann es sein, dass es dicht macht und schon vor der Eingewöhnung keine Lust mehr auf Kita hat, oder dass es sich denkt:

**»Moment mal, meine Eltern machen hier ein ziemliches Buhei draus, was ist hier los?! Ich sollte lieber vorsichtig sein, wer weiß, was da auf mich zukommt.«**

Also betrachte die Tipps als Empfehlung, und suche entsprechend das aus, was zu dir und deinem Kind passt. Achte auf seine Signale und respektiere, wenn dein Kind keine Lust hat.

### *Bücher anschauen*

Bücher sind der Klassiker und ein wirklich großartiges Medium, mit dem du deinem Kind die Möglichkeit gibst, in den Kita-Alltag reinzuschauen, ohne dabei zu sein. Dein Kind kann einfach nur zuhören, was du erzählst, es kann aber auch Fragen stellen, und ihr könnt kinderleicht ins Gespräch kommen.

- Hilfreich ist, die Bilder möglichst sachlich zu beschreiben: Was siehst du, was sieht dein Kind?
- Lass Pausen beim Anschauen und Sprechen, damit dein Kind Zeit hat, die Bilder und den Text zu verarbeiten.
- Wenn dein Kind dir Fragen stellt, kannst du zurückfragen, »Was denkst du, was hier passiert?«, bevor du antwortest, was du denkst.
- Verliert dein Kind die Lust am Buch, ist das okay.

Ohne eine vorgefertigte Interpretation durch dich gibst du deinem Kind die Chance, sich selbst ein Bild zu machen und eigene Interpretationen zu finden. Außerdem erfährst du viel mehr über dein Kind, darüber, was es denkt und fühlt.

Da es auf dem Buchmarkt unzählige Bücher gibt und ständig neue hinzukommen, findest du eine Liste mit Empfehlungen bei mir auf der Webseite als Blogartikel.

https://stefanievonbrueck.de/kinderbuch-eingewoehnung-krippe-kita-start/

***Wochenplan einführen***

Zugegeben, ich bin ein riesengroßer Fan von Wochenplänen für Familien. Denn **Zeit ist für Kinder so greifbar wie ein Wackelpudding, der durch die Finger flutscht.** Eltern erklären zwar ständig, was passiert, trotzdem ist (Uhr-)Zeit ein ziemlich abstraktes, von Erwachsenen ausgedachtes Konstrukt. Für Kinder ist Zeit unendlich. Wenn sie im Flow sind, vergessen sie die Welt um sich herum. Spätestens mit Beginn der Eingewöhnung und allerspätestens mit deiner Rückkehr ins Arbeitsleben wird Zeit zum Endgegner. Pünktlich sein mit Kind wird zur größten Aufgabe, obwohl der Tag gerade erst angefangen hat. Tipps dazu findest du im Kapitel→ »Vom Aufstehen bis zum Losgehen«. Damit es später gut klappt, kannst du bereits vor der Eingewöhnung einen Wochenplan einführen. Beachte dabei: Je jünger dein Kind, desto klarer und einfacher sollte der Wochenplan sein. Weniger ist mehr. Und auch keinen Wochenplan zu haben, weil sich dein Kind noch nicht dafür interessiert, ist okay.

Ein Wochenplan mit Fotos oder Bildern hilft deinem Kind, Zeit greifbar zu machen, er bietet ihm eine verlässliche Struktur und Orientierung. Letzteres ist das kleine Geschwisterchen von Sicherheit, denn was dein Kind vorher weiß, kann ihm weniger Angst machen, weil das Überraschungsmoment wegfällt. Ein Wochenplan gibt Antworten auf unter anderem folgende Fragen:

- Welcher Tag ist heute?
- Wann ist Krippe/Kita/Kindergarten/Tagesmama oder -papa?
- Wer holt mich ab?
- Wo sind Mama und Papa, wenn ich in der Kita bin?
- Was machen wir heute Nachmittag?
- Wer bringt mich ins Bett?

Wenn du den Wochenplan schon vor der Eingewöhnung einführst, lernt dein Kind schrittweise, damit umzugehen. Ihr redet nicht nur über eure Pläne und hört euch gegenseitig zu, sondern du sprichst auch noch andere Sinneskanäle (Sehen und Fühlen/Begreifen) an, dein Kind lernt spielerisch und leicht, sich im Alltag zu orientieren. Irgendwann muss es dich nicht mehr fragen, was wann passiert, es wird unabhängiger und kann sich selbstständig auf bevorstehende Situationen einstellen. Und du musst bestimmte Abläufe nicht ständig wiederholen, denn Bilder sagen mehr als Worte und sind weniger nervig als Eltern, die alles dreimal sagen. Win-win für euch beide.

### *Schnuppern gehen*

Einige Kindertageseinrichtungen bieten sogenannte Schnuppertermine an, an denen du mit deinem Kind zum Beispiel am Nachmittag in der Kita vorbeikommen kannst. Dein Kind flitzt die erste Runde durch den Garten oder die Gruppenräume, und du knüpfst erste Kontakte zu den pädagogischen Fachkräften. Tagespflegepersonen laden die neue Familie in die Tagespflege ein oder treffen sich mit ihnen auf dem nahe gelegenen Spielplatz, so dass ebenso ein erstes Kennenlernen möglich ist.

Aber auch wenn es keine Schnuppertermine gibt, kannst du die Stimmung am zukünftigen Betreuungsort aufsaugen.

- Geh mit deinem Kind öfter an der Kita entlang spazieren, beobachtet die Kinder, wie sie im Garten herumrennen, klettern, rutschen, schaukeln.
- Beschreibe deinem Kind das bunte Treiben und lass deinem Kind Zeit, selbst zu beobachten.
- Benenne Gefühle, die du wahrnimmst.
- Wenn dein Kind am Zaun nicht stehen bleiben, sondern weitergehen will, ist das okay.

**»Schau mal, die Kinder lachen so laut, sie sehen richtig glücklich aus. Ich freue mich schon, wenn du auch bald hier spielen kannst. Ich bin sicher, das macht dir großen Spaß. Hast du gesehen, da hinten ist eine Rutsche, Rutschen magst du doch so gern.«**

Geh zu unterschiedlichen Zeiten an der Kita vorbei, schau dir zum Beispiel an, wie die Kinder frühmorgens und nachmittags drauf sind, wenn sie von ihren Eltern gebracht und abgeholt werden. Natürlich beeinflusst der morgendliche Ablauf und Stress der Eltern den Start in den Kita-Tag, und man kann nicht verlässliche Rückschlüsse daraus ziehen, wie gern die Kinder in die Kita gehen, aber es gibt dir dennoch ein gewisses Gefühl für die Bringsituation der Kinder. Und du kannst auch schon mal testen, wie es ist, pünktlich da zu sein, ohne dass die Uhr bereits gnadenlos tickt.

***Rucksack packen***

Sehr wahrscheinlich wirst du von den pädagogischen Fachkräften eine Liste bekommen, was du alles für dein Kind in die Betreuung mitbringen sollst. Was dein Kind neben den Klassikern wie Wechselsachen, Gummistiefeln und Matschhose wirklich braucht (und was nicht), findest du in meiner kostenlosen Happy Kita Start Checkliste.

Gut zu wissen: Um die Selbständigkeit deines Kindes zu unterstützen und ihm das Anziehen zu erleichtern, verzichte am besten auf

https://stefanievonbrueck.de/eingewoehnung-checkliste/

enge Shirts, Kleider und Socken, vermeide Röhrenjeans und Latzhosen sowie Schuhe mit Schnürsenkeln. Dein Kind wird dir dankbar sein und die pädagogischen Fachkräfte ebenso, denn sie helfen sehr vielen Kindern beim Anziehen, und bis alle fertig sind, schwitzen Fachkräfte und Kinder.

Als Vorbereitung auf die Eingewöhnung kannst du

- mit deinem Kind einen Rucksack aussuchen und gemeinsam packen.
- Achte darauf, dass er größengerecht und kinderleicht zu öffnen ist, er muss nicht extra schick, sondern vor allem praktisch sein.
- Um die Vorfreude zu stärken, kann dein Kind den Rucksack »testtragen«, wenn ihr an der Kita vorbeilauft oder schnuppern geht.
- Wenn dein Kind nichts vom Rucksack wissen oder nicht mitpacken will, ist das okay.

### *Countdown zählen*

Eine weitere Möglichkeit ist, eine Art Adventskalender für den Start der Eingewöhnung vorzubereiten. So wird das lange Warten erträglicher und auch greifbarer, denn wie bereits erwähnt, ist Zeit für Kinder noch sehr abstrakt und unüberschaubar. Ob du (mit oder ohne Kind) eine lange Schlange aus Knete oder Ton formst und für jeden Tag Kuhlen für Murmeln reindrückst oder ob es ein Countdown zum Ankreuzen, Abreißen oder Ausmalen mit Zahlen, Symbolen oder kleinen Bildern aus Papier ist – all das ist dir, deiner verfügbaren Zeit und Lust und den Vorlieben und Ideen deines Kindes überlassen. Gestalte(t) den Countdown so, wie er zu euch als Familie passt und Vorfreude fördert:

- Die Länge des Countdowns variiert je nach Kind zwischen sieben und dreißig Tagen.
- Je jünger das Kind, desto kürzer der Countdown.
- Wenn dein Kind das Interesse verliert oder du mal einen Tag vergisst, ist das okay.

***Keine Trennungen vorher üben***

Manchmal wird Eltern von Fachkräften oder anderen Eltern empfohlen, dass sie mit ihren Kindern vor der Eingewöhnung schon mal Trennungen üben sollen. Oder Eltern denken, sie müssten das tun, und probieren aus, ob das Kind bei Oma, Opa oder Kindersitter*in bleibt. **Ich rate davon ab, Trennungen kurz vor der Eingewöhnung zu üben.**

*Wenn dein Kind es nicht gewöhnt ist, dass es von anderen außer dir beziehungsweise euch als Eltern betreut wird, dann kann das im ungünstigen Fall mit Oma oder Opa ganz schön in die Hose gehen. Erlebt dein Kind diese Situationen als nicht besonders positiv, wird es möglichweise durch diese Test-Trennungen so verunsichert, dass es bereits in Alarmbereitschaft in die Eingewöhnung startet, was den Ankommens- und Loslassprozess hemmen kann.*

*Ist dein Kind schon lange Zeit vor der Eingewöhnung vertraut mit anderen Familienmitgliedern oder privater Kinderbetreuung, dann kann sich das positiv auf die Eingewöhnung auswirken, da es das Konzept von »Mama oder Papa geht und kommt wieder« bereits verinnerlicht hat.*

Du kannst diese Betreuung vor/während der Eingewöhnung weiterführen, solange es ihm gut damit geht. Falls sich daran während der Eingewöhnung etwas ändert, liest du im Kapitel → »Dein Kind ist anhänglich und will plötzlich nicht mehr zu Papa, Oma oder Opa« nach.

## So bereitest du dich auf die Eingewöhnung vor

Wenn die Eingewöhnung bevorsteht, ändert sich nicht nur das Leben deines Kindes, sondern auch deines. Vor allem dann, wenn du in den letzten Monaten oder Jahren dein Kind hauptsächlich selbst betreut hast, warst du viele (!) Stunden mit ihm zusammen und hast es durch die typischen Höhen und Tiefen des Alltags hindurch begleitet. Du erlebtest gute Stunden/Tage/Wochen, die leicht waren. Und vielleicht auch weniger gute Stunden/Tage/Wochen, die sich schwer angefühlt haben. Diese Zeit hat euch beide enorm zusammengeschweißt und ein dickes Bindungs- und Beziehungsband wachsen lassen. Wenn nun das Ende der Elternzeit und der Beginn oder Wiedereinstieg in die Arbeit näher rückt, löst das bei den meisten Eltern (in der Regel sind es Mütter) oft allerhand Gefühle aus.

**Werte-Wetterkarte**

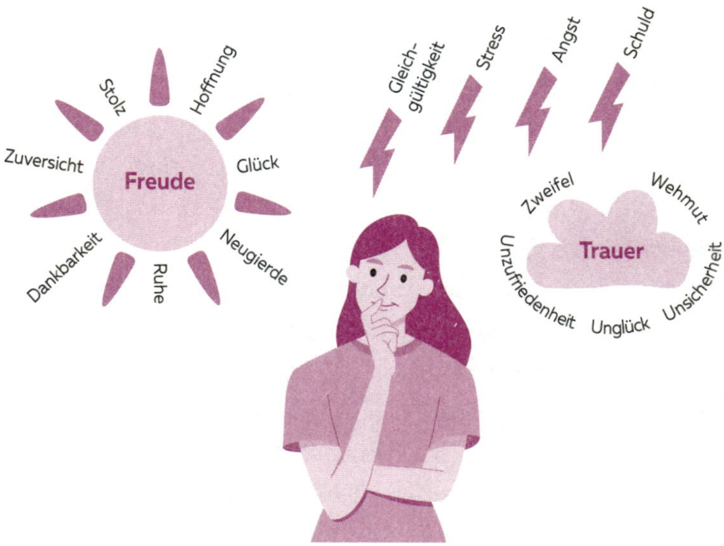


Diese ambivalente Mischung ist manchmal schwer auszuhalten. Aussagen wie die folgenden höre und lese ich deshalb ganz oft:

»Ich habe keine Lust wieder zu arbeiten. Die Elternzeit war so schön. Von mir aus könnte das so weitergehen.«

»Stefanie, ganz ehrlich: Ich kann nicht mehr. Ich habe meine Bedürfnisse so lang zurückgestellt. Ich brauche Zeit und Raum für mich. Mache mir aber trotzdem Sorgen.«

»Die Elternzeit war gut, aber zum Schluss anstrengend. Ich werde meinem Kind nicht mehr gerecht.«

»Ich freue mich darauf, wieder auf Arbeit zu gehen. Mir fehlen Gespräche mit anderen Erwachsenen.«

»Gerade war mein Kind noch so klein, und nun ist plötzlich der erste Kita-Tag. Ich bin so stolz und auch so wehmütig, weil die Zeit so schnell verging.«

Wenn es dir ähnlich geht, dann weißt du jetzt: **Du bist nicht allein!** Ganz vielen Mamas (und auch Papas) geht es so, und es ist wirklich total okay, wenn du gemischte Gefühle hast, während du an den bevorstehenden Start der Eingewöhnung denkst. Damit du diesen ambivalenten Gefühlen den nötigen Raum geben kannst, ohne dass sie dir schlaflose Nächte bereiten, habe ich ein paar Ideen für dich aufgeschrieben, mit denen auch die Beratungsfamilien, die ich in den letzten Jahren begleitet habe, sich auf die Eingewöhnung vorbereitet haben.

### *Motive reflektieren*

Unabhängig davon, wann du die Entscheidung für die außerfamiliäre Betreuung getroffen hast (schon in der Schwangerschaft, am Beginn der Elternzeit oder erst kürzlich), bei den meisten Eltern wird das Thema Eingewöhnung erst in den letzten Wochen vor dem Start so richtig zur emotionalen Achterbahn-Fahrt. Denn je näher der erste Tag in Krippe, Kita, Kindergarten oder Kindertagespflege rückt, umso mehr spürst du: »*Huiii, da steht eine große Veränderung an.*« Und genau das ist es auch!

Im Kapitel → »Fokus auf dich als Elternteil und euch als Familie« habe ich dir bereits die drei wichtigsten Fragen gestellt, die du spätestens jetzt (nochmal) für dich beantworten solltest: **Will ich, dass mein Kind eingewöhnt wird? Muss es eingewöhnt werden? Oder denke ich nur, es muss eingewöhnt werden?**

### *Loslassen üben*

In meinem *Happy Kita Start Begleitprogramm* gibt es mehrere Reflexionsübungen, um sich gut auf die Eingewöhnung vorzubereiten. Hier ist eine davon, bei der es sein kann, dass du ein paar Tränchen vergießt. Das ist okay und darf sein! Und es ist ehrlich gesagt auch gewünscht, denn es löst eine innere Anspannung, und du fühlst dich danach befreiter.

Zur Vorbereitung: Besprich mit deinem Partner oder deiner Partnerin, dass du ein bis zwei Stunden Zeit für dich allein haben möchtest. Wähle deinen Lieblingsplatz (in deinem Zuhause oder auch im Garten oder im Wald, wenn du dort gut schreiben kannst). Nimm dir weißes Blatt Papier und lege dir einen Stift parat. Wenn du magst, mach dir leise Musik an, die dich entspannt, und bei der du nicht spontan mitsingen willst. Klavier- oder Gitarrenmusik, Naturklänge aus dem Wald oder Meeresrauschen eignen sich gut. Stell dir einen Tee, Kaffee, Wasser oder was du sonst gern magst bereit, und setze dich bequem hin. Atme drei bis fünf Mal tief ein und aus, und beginne dann zu schreiben:

**Mein wunderbares Kind ______________________________ (Name), meine Elternzeit mit dir war …**

Und dann schreibst du alles auf, was dir spontan in den Sinn kommt:

- Alles, was schön war.
- Und alles, was ganz schön anstrengend war.
- Alles, woran du gerne zurückdenkst.
- Was dich überrascht hat.
- Und alles, was dich herausgefordert hat.
- Was dich hat wachsen lassen.

- Was du an der Elternzeit geliebt hast und was du vermissen wirst.
- Und was du nicht vermissen wirst.
- Alles, woran du dich auch später noch erinnern willst.
- Und alles, wofür du dankbar bist.

Du musst nicht chronologisch vorgehen. Schreibe einfach so, wie es kommt. Vertrau dem Prozess, dein Unterbewusstsein weiß alles. Du hast alles in dir. Vielleicht musst du ein bisschen weinen. Das ist gut. Atme. Lass los. Atme. Nichts ist verloren. Papier ist geduldig. Und alles, was du als Erinnerungsschatz bewahren willst, schreibst du auf. Wenn du fertig bist, atme wieder. Bleib einfach noch ein bisschen sitzen, wenn du den Stift beiseite gelegt hast. Wenn du willst, kannst du deine Zeilen nochmal lesen. Musst du aber nicht. Hast du das Gefühl, alles Wichtige ist aufgeschrieben, beende dein Werk. Es geht nicht um Perfektion und Vollständigkeit. Vertrau deinem Inneren, dass es dir alles gesagt hat. Als abschließenden Satz oder auf einen extra Zettel schreibe auf:

*Ich bin dankbar für meine Elternzeit. Ich bewahre diesen Schatz in meinem Herzen. Ich bin bereit für den neuen Lebensabschnitt. Ich freue mich auf die Eingewöhnung, meine Arbeit, mehr Zeit für mich.*

Wandle den Satz entsprechend ab, und wenn du magst, klebe dir den Zettel als kleinen Reminder an den Kühlschrank, den Badspiegel, neben das Bett oder irgendwo dahin, wo du ihn oft am Tag (unter) bewusst lesen kannst.

### Fachkraft kennenlernen

In den meisten Kinderbetreuungseinrichtungen gibt es vor der Eingewöhnung ein persönliches Gespräch mit der Bezugserzieherin oder dem Bezugserzieher, so dass du die Möglichkeit hast, die Hauptansprechperson für dein Kind und dich kennenzulernen. Ich meine nicht das Gespräch mit der Kita-Leitung, wo es vorrangig um die vertraglichen und organisatorischen Angelegenheiten geht, sondern das Kennenlernen der pädagogischen Fachkraft, die die Eingewöhnung begleiten wird. Was du tun kannst, wenn es das nicht gibt, liest du im Kapitel → »Es gibt vor der Eingewöhnung kein Kennenlerngespräch mit der neuen Bezugsperson« bei der Schlecht-Wetter-Lage.

Das sogenannte **Aufnahme- oder Kennenlerngespräch** beinhaltet die Sach- und die Beziehungsebene, und die Fachkraft verfolgt damit verschiedene Ziele. In der folgenden Tabelle findest du einige Beispiele dafür, was dich im Gespräch erwarten kann:

| Sachebene | Beziehungsebene |
| --- | --- |
| Ziel: Informationen austauschen | Ziel: sich persönlich kennenlernen und erstes Vertrauen aufbauen |
| Die Hauptbezugsperson stellt dir Fragen:<br>• Wie lebt deine Familie?<br>• Wer sind Bindungspersonen?<br>• Gibt es Haustiere?<br>• Hat dein Kind einen Schnuller, Schnuffeltuch, Kuscheltier?<br>• Wie heißen die Personen und Objekte?<br>• Wie und wann schläft dein Kind?<br>• Was isst dein Kind (nicht) gerne?<br>• Wie gut lässt es sich wickeln?<br>• Kann es schon allein essen, sich anziehen, auf die Toilette gehen?<br>• Was sind die Interessen, Lieblingsspiele deines Kindes?<br>• Wird dein Kind noch gestillt oder bekommt es die Flasche? | Die Hauptbezugsperson stellt sich vor:<br>• Sie erklärt, wie die Eingewöhnung abläuft und bereitet dich emotional auf das Loslassen vor.<br>• Sie vermittelt Wünsche und Erwartungen an dich, fragt aber auch nach deinen Wünschen.<br>• Die Fachkraft hört sich deine Sorgen oder Ängste an und schenkt dir Verständnis und Sicherheit.<br>• Sie beantwortet deine Fragen und zeigt sich offen und empathisch für deine Anliegen. |

Nach einem guten Kennenlerngespräch hast du idealerweise das Gefühl, dass dein Kind bei der zukünftigen Betreuungsperson gut aufgehoben ist. Denn dann wirst du mit einem wesentlich wohligeren Bauchgefühl in die Eingewöhnung starten. Es kann aber auch sein, dass du mit der Fachkraft nicht auf einer Wellenlänge schwimmst, dann lies dazu im Kapitel Schlecht-Wetter-Lage.

*Eltern neigen gelegentlich dazu, sehr viel über ihr Kind zu sprechen oder über sich zu erzählen. Vor allem, wenn das eigene Kind individuell wahrgenommen auf irgendeine Art »besonders« ist: wild, schüchtern, (hoch)sensibel, gefühlsstark, ängstlich … Auch wenn ich verstehen kann, dass es Eltern wichtig ist, dass die Fachkräfte über ihr Kind Bescheid wissen, kann dies zu einer sich selbst erfüllenden Prophezeiung werden. Wenn die Fachkraft durch dich eine Meinung über dein Kind hat, kann das die Eingewöhnung beeinflussen. Du kannst der Fachkraft keine Bedienungsanleitung deines Kindes mitgeben.*

Stattdessen gibt es andere Möglichkeiten, eine gute Beziehung aufzubauen.

**So kannst du eine gute Beziehung zwischen Kind und Fachkraft unterstützen**

- Vertraue deinem Kind und auch der pädagogischen Fachkraft.
- Lass den beiden eine Chance, sich auf ihre Weise kennenzulernen.
- Stelle Fragen: *»Wie läuft (dies und das) normalerweise?«* Dann erklärt die Fachkraft etwas, und wenn du merkst, das könnte für dein Kind eventuell nicht so leicht werden, dann frage lieber: *»Gab es schon mal ein Kind, das mit dem normalen Ablauf nicht klarkam? Was machen Sie in solchen Momenten?«*

- Vermeide Zuschreibungen wie *»Mein Kind wird das nicht mitmachen«* oder *»Mein Kind ist (so und so), und ich glaube (das und das) wird schwierig«.*

## Schlecht-Wetter-Lage und Erste-Hilfe-Maßnahmen

Du hast deinen Rucksack für die Bergwanderung gepackt und vermutlich gemerkt, wie wichtig eine gute Vorbereitung ist und dass diese auch gar nicht unbedingt leicht ist. Nun folgen noch einige praktische Tipps, denn manchmal gibt es bereits in der Vorbereitungsphase schlechte Wetteraussichten, auf die du dich einstellen kannst.

### Du hast/bekommst wenig Zeit für die Eingewöhnung

Wenn du in diesem Buch gelesen hast, wie wichtig Zeit(puffer) für die Eingewöhnung ist, kann es sein, dass du dich schlecht fühlst oder dir Sorgen machst. Vielleicht, weil du den Start der Eingewöhnung und den Start auf Arbeit schneller geplant hast, als ich empfohlen habe. Oder weil die Eingewöhnung nach hinten verschoben werden musste. Weil dein Chef oder deine Chefin bereits mit den Füßen trampelt und jetzt schon so dringend auf deine Rückkehr wartet. Oder weil dir die Kita-Leitung, Erzieher*innen oder Tagespflegepersonen deutlich gesagt haben, dass *»so eine lange Eingewöhnung hier nicht üblich und auch nicht nötig ist«*. Oder weil das nächste Eingewöhnungskind bald in die Gruppe kommt und bis dahin die Eingewöhnung deines Kindes am besten erledigt sein soll.

*Die meisten Eingewöhnungen werden von Eltern und Kitas bzw. Tagespflegekräften mit zwei bis drei Wochen geplant. Auch wenn es gerne heißt, dass das Tempo des Kindes die Richtschnur ist, sieht es in der Praxis leider oft anders aus.*

Du kannst aber gut vorsorgen, dass die Eingewöhnung trotz dieser widrigen Umstände gelingt.

**Das kannst du tun, wenn ihr wenig Zeit für die Eingewöhnung habt**

- Lege dir vorher einen Plan B zurecht.
- Wer kann die Eingewöhnung im Notfall fortsetzen? Wer kann dein Kind mittags abholen, wenn es noch nicht die gesamte Betreuungszeit dableibt? Suche rechtzeitig das Gespräch mit deinem Arbeitgeber und verschiebe den Arbeitsbeginn.
- Öffne dich für den Prozess. Vertraue dir und deinem Kind.
- Bleibe zuversichtlich. Erst wenn die Eingewöhnung begonnen hat, wirst du merken, wie schnell oder langsam es wirklich läuft. Verzweifle nicht schon vorher an einer Situation, von der du noch gar nicht weißt, wie sie eintreten wird. Die verfügbare Zeit (Quantität) ist wichtig, aber die Gestaltung (Qualität) der Eingewöhnung hat genauso einen großen Einfluss.

## Du sollst dein Kind vor der Eingewöhnung abstillen

Viele Frauen glauben, dass es nötig ist, ihr Kind vor der Eingewöhnung abzustillen, weil sie befürchten, das Stillen störe die Eingewöhnung. Im Kapitel → »Welche Ereignisse können die Eingewöhnung behindern?« habe ich bereits geschrieben, warum es besser ist, nicht kurz vor oder während der Eingewöhnung abzustillen. Doch was ist, wenn die zukünftigen Betreuungspersonen oder die Kita-Leitung deutlich sagen, du sollst abstillen oder diese Empfehlung in den Eingewöhnungsunterlagen steht? Folgende Aussagen sind leider keine Seltenheit:

**»Wir raten Ihnen, Ihr Kind vor der Eingewöhnung abzustillen, um die Eingewöhnung nicht zu behindern. Ihr Kind muss lernen, ohne Stillen klarzukommen und einzuschlafen. Die Erzieherin kann ihm nicht die Brust geben. Sie machen es Ihrem Kind nur unnötig schwer.«**

Welche Mama springt da nicht drauf an? Wer will es dem eigenen Kind schon schwerer machen, als es ohnehin schon ist?! Es ist ein leichtes Spiel mit der Angst von Eltern, schnell haben wir ein schlechtes Gewissen. **Dabei ist Stillen in der Eingewöhnung gar kein Hindernis und sogar förderlich für den Eingewöhnungsprozess!** Das wissen zum Glück auch schon einige Fachkräfte und geben keine derartigen Abstill-Empfehlungen mehr.

**Nur du und dein Kind entscheidet, wann eure Stillbeziehung zu Ende geht.** Nicht die pädagogische Fachkraft, nicht dein Partner, nicht das Internet, nicht der Kinderarzt, nicht deine Schwiegermutter und auch nicht deine beste Freundin, weil es bei ihr auch besser so gewesen ist.

### Es gibt vor der Eingewöhnung kein Kennenlerngespräch mit der neuen Bezugsperson

Aus meiner Arbeit weiß ich, dass vielen Eltern und pädagogischen Fachkräften Kennenlerngespräche vor der Eingewöhnung wichtig sind. Es kann aber leider vorkommen, dass du keine Möglichkeit hast ein solches Gespräch zu führen, weil:

- die Betreuungseinrichtung und das Eingewöhnungskonzept das grundsätzlich gar nicht vorsieht.
- die Kita-Leitung im Vertragsgespräch erklärt, wie die Eingewöhnung abläuft und keinen extra Kennenlerntermin für Eltern und Bezugserzieher*in einplant.
- das Kennenlerngespräch aus Zeit- und/oder Personalmangel ausfällt.

- es gar keine vorher festgelegte Betreuungsperson (Bezugserzieher*in) zum Kennenlernen gibt.

*Vieles bleibt ohne ein Kennenlerngespräch vor der Eingewöhnung ungeklärt. Eltern fehlt die Orientierung, und sie haben manchmal nur einen Tag und eine Uhrzeit, wann sie da sein sollen. Alles Weitere ist eine Überraschung. Der erste Kontaktaufbau, der für die Vorbereitung der Eingewöhnung hilfreich ist, bleibt Eltern und auch den Fachkräften verwehrt.*

Das ist zwar schade, aber auch kein unlösbares Problem. Wie immer habe ich Tipps für dich, wie du mit dieser Situation umgehen kannst.

**Das kannst du tun, wenn es kein Kennenlerngespräch gibt**

- Werde aktiv! Kümmere dich um die Informationen, die du benötigst, und warte nicht auf ein Angebot der Kita.
- Frage konkret nach einem Termin für ein Kennenlerngespräch.
- Biete an, dass du dich zeitlich nach der Fachkraft richtest.
- Wenn kein persönliches Kennenlerngespräch möglich ist, frage nach einem Telefontermin und stelle dort deine wichtigsten fünf Fragen.
- Wenn leider kein Gespräch möglich ist, akzeptiere es und nutze den ersten und zweiten Tag der Eingewöhnung, um die Fachkraft besser kennenzulernen und Fragen zu stellen.

## Du hast schon eine gescheiterte Eingewöhnung hinter dir

In meinem E-Mail-Postfach und auf Instagram landen nahezu täglich Anfragen zur Unterstützung bei der Eingewöhnung. Viele Eltern buchen auch direkt eine Notfall-Beratung, wenn das »Kind bereits in den Brunnen gefallen« ist, immer mehr Eltern kommen aber zum Glück rechtzeitig und schon vor der Eingewöhnung ins *Happy*

*Kita Start Begleitprogramm*, um sich gut vorzubereiten und mich als Sicherheitsnetz zu haben, wenn es losgeht. Denn, und es ist sehr traurig und bitter, das zu schreiben: Viel zu viele Eltern haben mit ihren Kindern bereits gescheiterte Eingewöhnungen hinter sich. Entweder mit dem ersten Kind, und sie wollen es jetzt beim zweiten Kind besser machen. Oder Eltern haben mit einem Kind schon eine, zwei, manchmal auch drei Eingewöhnung abgebrochen, bevor sie zu mir finden. Ausnahmslos alle wollen diese Erfahrungen nicht noch einmal erleben:

**»Wir waren vor einem Jahr, als unsere Tochter zwei Jahre alt war, bei einer Tagesmutter, was wir nach acht Wochen abgebrochen haben. Sie hat sehr viel geweint, nichts gegessen, nicht gespielt und war immer völlig in sich gekehrt, wenn wir sie abgeholt haben.«**

**»Wir starten jetzt den zweiten Versuch einer Eingewöhnung in einen Kindergarten. Mein Sohn ist vier Jahre alt. Wir hatten eine Kita, die uns überhaupt keine Eingewöhnung gewährt hat. Nach zwei Tagen Horror für mich und mein Kind inklusive psychischer und körperlicher Übergriffe seitens der Fachkräfte an meinem Kind habe ich abgebrochen.«**

**»Hallo Stefanie, wir versuchen nun zum dritten Mal unser Kind (jetzt drei Jahre) einzugewöhnen. Versuch 1 (mit fünfzehn Monaten) und Versuch 2 (mit 23 Monaten) habe ich abgebrochen. Denn es fühlte sich falsch an, mein Kind jedes Mal schreiend und weinend aus meinen Armen reißen zu lassen, und es zeigte auch zu Hause starke Veränderungen und weinte schon, wenn der Kitarucksack nur in Sicht kam. Leider konnte ich die Kitas auch nie überzeugen, es langsamer oder anders anzugehen. Denn ich bin überzeugt, dass es eigentlich klappen kann. Aus diesem Grund baue ich sehr auf Unterstützung durch dich.«**

»Es ist so, dass unser Sohn (wird drei) seit der abgebrochenen Eingewöhnung sehr oft sagt, dass er nicht wieder in den Kindergarten gehen will. Insgesamt merke ich auch, dass die Eingewöhnung und auch die Trennungen, zu denen er nicht wirklich bereit war, Spuren hinterlassen haben.«

**Das kannst du bei schlechten Eingewöhnungserfahrungen tun**

- Wenn du wie die anderen Mamas und Papas bereits aus verschiedenen Gründen eine Eingewöhnung abgebrochen hast, dann ist es super wichtig, dass du das gut für dich verarbeitest. In dir und auch in deinem Kind ist diese schlechte Erfahrung abgespeichert, und unser menschliches Gehirn funktioniert nun mal so, dass es alte Emotionen wieder abruft, wenn es merkt: *»Oh, so eine Situation kenne ich. Das habe ich schon mal erlebt.«* Und zack, sind der ganze Schmerz, die Verzweiflung, die Trauer, die Wut, die Ohnmacht wieder da. Selbst wenn die neue Eingewöhnung gar nicht so schlecht läuft, die Angst vor dem Verabschiedungsmoment schleicht sich leise hinein, lässt deine Hände schwitzen und dein Herz schneller schlagen. Den Kloß im Hals kannst du nicht schlucken, vielleicht wird dir auch schwindelig.
- Abhängig davon, wie lange die gescheiterte Eingewöhnung schon her ist, wie resilient du und dein Kind seid und wie »schlimm« es war, solltest du vor der neuen Eingewöhnung Folgendes tun:
- Nach traumatischen Trennungserfahrungen kann es notwendig sein das Erlebte psychotherapeutisch aufzuarbeiten.
- Nach schlechten Vorerfahrungen reicht es meist, die Gedanken und Gefühle bezüglich der früheren Eingewöhnung aufzuschreiben, nochmal zu fühlen, wie scheiße das war, und alle Tränen, die deswegen noch geweint werden wollen, rauszulassen. Das befreit und heilt.

Nachdem du das individuell aufgearbeitet hast, schreibe dir auf einen Zettel: **»Ich verzeihe mir!«** und kleb ihn an den Badezimmerspiegel, die Kühlschranktür oder neben das Bett. Denn du darfst dir vergeben, damit dich dein schlechtes Gewissen nicht auffrisst. Betrachte deine Gefühle als deine besten Freunde, die dir sagen: »*Pass auf, lass das nicht nochmal zu.*« Sie dürfen dich aber nicht handlungsunfähig machen oder dich beherrschen!

Eltern berichten mir nach abgeschlossener Eingewöhnung oft, dass das, was sie von mir gelernt haben, noch lange nachwirkt. Sie hören dann manchmal meine Stimme in ihrem Kopf und fragen sich »Was würde Stefanie mir jetzt sagen/raten?« Denn Gefühlsregulation brauchen wir ja nicht nur in der Eingewöhnung, sondern täglich mit uns selbst und unseren Kindern.

### Dein Kind ist noch nicht bereit

Es ist eine Krux, dass Eltern oft sehr früh entscheiden müssen, wann ihr Kind in die außerfamiliäre Betreuung kommen soll, während sie ihr Kind noch gar nicht wirklich kennen, aber abwägen sollen, wann es »reif« für die Kita ist. Rückt der Tag X dann immer näher, ploppen häufig Zweifel auf, entweder weil das Kind noch sehr jung ist und Eltern sich fragen, ob es in der Krippe oder bei der Tagesmutter überhaupt gut genug und bedürfnisorientiert betreut werden kann. Oder weil sie (unabhängig vom Alter) merken, dass ihr Kind noch gar nicht so scharf auf andere Kinder ist, lieber mit Erwachsenen spielt und spricht, sich beim Kinderturnen nicht vom Schoß wegbewegt oder nicht mal bei Papa bleiben will und weint, wenn Mama aus der Tür geht.

**Das kannst du tun, wenn dein Kind nicht bereit ist**

- Prüfe für dich selbst bzw. für euch als Familie nochmal genau (mit/ohne Partnerperson), ob die Eingewöhnung wirklich starten MUSS.

- Ist die Antwort NEIN, dann kannst du den Starttermin für die Eingewöhnung nach hinten verschieben. Manchmal hilft schon ein halbes oder ein ganzes Jahr, und dein Kind macht einen großen Sprung in seiner Entwicklung, und du hast auch Zeit, mit ihm Bewältigungsstrategien zu üben. Du kannst mit dem gesparten Geld des Kita-Beitrags eine Haushaltshilfe oder private Kinderbetreuung engagieren, damit du trotzdem Entlastung hast. Vor allem, wenn du hauptsächlich allein für die Care-Arbeit verantwortlich bist, sorge dafür, dass du genügend Freiraum und Freizeit hast, um deine Akkus aufzuladen. Denn es nützt auch deinem Kita-freien Kind nichts, wenn du auf dem Zahnfleisch kriechst.
- Ist die Antwort JA, dein Kind muss betreut werden, auch wenn es noch nicht bereit scheint, dann ist das okay. Manchmal kannst du keine optimale Lösung finden und die damit verbundene Herausforderung dennoch gut meistern. Du wirfst dein Kind ja nicht vor der Kita-Tür ab, drehst dich auf den Haken um und gehst, sondern wirst es liebevoll und (ganz wichtig) emotional stark durch die Eingewöhnung begleiten. So hat auch dein Kind, das noch nicht bereit scheint, die Chance, sich in seinem Tempo mit der neuen Umgebung vertraut zu machen, während du sicher an seiner Seite bist.

### Du fühlst dich noch nicht bereit

Wenn ich Eltern bei der Eingewöhnung begleite, kommen sie dank meiner Reflexionsimpulse gelegentlich zur Erkenntnis, dass sie selbst, ehrlich betrachtet, noch nicht so weit sind, ihr Kind in die außerfamiliäre Betreuung zu geben. Das ist zwar nicht zu spät, aber meistens geht diesem Prozess eine anstrengende, nicht selten tränenreiche Eingewöhnung für Kind und Eltern voraus, weil die ambivalenten Gefühle und das noch-nicht-Loslassen-Wollen wirken. Neulich las ich eine E-Mail von einer Mama, die am ersten Tag der Eingewöhnung schon merkte, dass sie das alles nicht will.

»Liebe Stefanie, Tag eins der Eingewöhnung ist rum, und ich sitze weinend im Bett. Mein Sohn ist dreieinhalb Jahre und freut sich, morgen wieder in die Kita zu gehen. Mit den Worten: ›Mami, aber du sollst lieber immer bei mir bleiben.‹ Und am liebsten würde ich das auch. Wir waren zwei Jahre alleine, dann kam seine kleine Schwester, und seitdem sind wir jeden Tag zusammen. Ich genieße das sehr, doch auf einmal ist diese magische Zeit vorbei. Ich will nicht, dass die Kita unseren Tagesablauf bestimmt, dass er vier Stunden ohne uns wo anders ist. Ich merke, wie traurig mich das macht. Ich möchte meinem Sohn vertrauen, ich sehe, er hat sich gefreut und möchte wieder hin, aber er spürt diese enge Bindung und fragt mich, warum ich dann irgendwann gehen muss in der Kita. Ich möchte ihn so gerne unterstützen in dem, was für ihn das richtige ist, und merke trotzdem, wie ich alles Hinwerfen würde und wüsste, dass wir damit glücklich wären.«

Vielleicht geht es dir ähnlich, und du merkst jetzt schon vor der Eingewöhnung, dass du noch nicht bereit bist. Das ist okay.

**Das kannst du tun, wenn du nicht bereit bist**

- Nimm dich und deine Gedanken und Gefühle ernst. Horche genau hin, was sie dir sagen wollen. Schau unabhängig von deinen Wünschen auch auf dein Kind. Was stellst du dir für euer Leben vor, was stellt dein Kind sich vor? Differenziere zwischen dir und deinem Kind.
- Nimm dich und deine Gedanken und Gefühle nicht zu ernst. Dass eine Eingewöhnung viel Neues mit sich bringt und diese Veränderung sich erst mal unsicher anfühlt, geht ganz vielen Eltern so. Eingewöhnung ist ja auch für dich da, um Vertrauen zu gewinnen. Wenn dir dieser Gefühlscocktail über den Kopf

wächst, bearbeite ihn. Er sollte sich bestmöglich nicht auf dein Kind übertragen oder dich zu vorschnellen Entscheidungen drängen, die du hinterher vielleicht bereust.

- Entscheide ruhig und klar, nicht aus der Angst heraus, ob die Eingewöhnung startet oder nicht. Beides ist okay, wenn es für euch als Familie passt.

# AUFBRUCH UND ERSTE SCHRITTE – DIE EINGEWÖHNUNG BEGINNT

**Jetzt geht's richtig los, endlich könnt ihr euch auf den Weg machen und trefft auf eure Wandergruppe (Kindergruppe). Da ist dieses kribbelige Gefühl der Aufregung: eine Mischung aus Vorfreude und Zuversicht, Unsicherheit und Skepsis, ob dein Kind (und du) diese Bergwanderung schaffen werdet. Am Anfang geht der Weg erst mal leicht bergauf, aber dir ist klar, dass da noch ein Anstieg auf euch wartet.**

**Du schaust auf dein Kind und beobachtest, wie es seine ersten Schritte auf dem Weg zu neuen Erlebnissen macht. Jetzt wird euch beiden langsam klar: Das hier ist eine große Veränderung. Einige Kinder springen und rennen direkt los und lassen sich von der Gemeinschaft mitziehen. Andere Kinder laufen an der Hand, nah bei ihren Begleitpersonen (Fachkräfte) und eher am Ende der Wandergruppe.**

**Die Bergführer*innen gehen entweder voraus oder mischen sich in die Gruppe und lernen euch kennen. Wichtig ist, dass sie dir und deinem Kind Orientierung geben und euch willkommen heißen, egal mit welchem Tempo ihr aufbrecht. Wenn du noch nie auf einen hohen Berg gewandert bist, dann weißt du vielleicht nicht genau, wie du am besten deine Kraft einteilst. Wie unterstützt du dein Kind, damit es weitergeht? Wie gibst du ihm die nötige Rückendeckung und Sicherheit, ohne seine Energie zu bremsen? Und was passiert, wenn bereits kurz nach dem Aufbruch die ersten dunklen Wolken am Horizont aufziehen und sich ein Regenschauer ankündigt?**

**In diesem Kapitel zeige ich dir, wie sich dein Kind, die pädagogische Fachkraft und du in den ersten Tagen der Eingewöhnung ver-**

**halten und was du tun kannst, wenn bereits der Start eurer Bergtour holprig beginnt.**

## Wo und wann findet die Eingewöhnung statt?

Je nach Eingewöhnungsmodell und pädagogischem Konzept der Einrichtung ist das unterschiedlich geregelt, zum Beispiel:

- anfangs in einem extra Raum, also nur mit der Fachkraft, dir und deinem Kind.
- im Gruppenraum mit dir, deinem Kind, der Fachkraft und wenigen Kindern der Gruppe.
- in einem festen Gruppenraum mit allen Kindern zusammen.
- in den verschiedenen Funktionsräumen, auf dem Spielflur und im Sportraum.
- mit zwei Fachkräften und einer kleinen Gruppe von Eingewöhnungskindern sowie ihren Eltern in einem extra Raum.
- im Garten oder Wald und auch bei Ausflügen auf dem Spielplatz.

**»Die Eingewöhnung sollte nur im Gruppenraum stattfinden. Rausgehen ist nicht vorgesehen.«**

**Räume haben eine pädagogische Aufgabe** in jeder Betreuungseinrichtung. Und es stimmt auch, dass der Raum, in dem die Eingewöhnung stattfindet, Kindern Orientierung und damit Sicherheit geben kann. Meine Erfahrung ist jedoch, dass einige Kinder den immer gleichen Raum brauchen, viele andere Kinder aber auch mit Flexibilität klarkommen, wenn sie gut begleitet werden. Wir sollten die Chance nicht verpassen, herauszufinden wo sich das Kind wohlfühlt. Viele Kinder sind gerne draußen, und ich plädiere dafür, dass Eingewöhnung auch auf dem Außenspielgelände stattfindet. Im Gruppenraum ist es oft laut, 17 348 Reize prasseln auf das Kind ein, und wenn die gesamte Kindergruppe wegen der Eingewöhnung ihren gewohnten Alltagsrhythmus inklusive Draußenzeit nicht haben darf, führt das nicht selten zu noch mehr Lautstärke, Stress und Druck, weil die Eingewöhnung schnell voranschreiten muss, damit wieder Ruhe einkehrt. Dabei könnte es so einfach sein, wenn das neue Kind im Beisein seines Elternteils (fast) die gesamten Abläufe, die es später erleben wird, kennenlernt. Das gibt ihm Sicherheit.

***In einigen Einrichtungen findet die Eingewöhnung täglich für nur dreißig Minuten statt. Das ist sehr wenig Zeit! Wird dann bereits nach wenigen Tagen mit den ersten Trennungsversuchen gestartet, haben die meisten Kinder noch keine ausreichend gute Bindung und Beziehung zur Fachkraft aufgebaut. Verlängert sich später die Trennungszeit allmählich über den halbstündigen Zeitslot hinaus, kennt das Kind diese Phasen im Kita-Alltag noch nicht und kann dadurch verunsichert oder gar verängstigt sein. Werden Trennungen trotzdem forciert, führt das oft in eine Abwärtsspirale, siehe S. 210.***

Das bedeutet auch, dass du mit deinem Kind nicht immer nur zur gleichen Uhrzeit da sein musst, sondern ihr **idealerweise den Tag von morgens bis zum Mittagessen gemeinsam** mitmacht. Denn in dieser Phase der Eingewöhnung geht es um Orientierung und Kennenlernen des Betreuungsalltags und danach um Beziehungsaufbau. Dein Kind soll sich bald allein zurechtfinden und die Abläufe kennen, aber jetzt braucht es dabei noch Unterstützung durch eine sichere Bindungsperson. Wenn ihr mal von acht bis zehn Uhr, mal von neun bis elf Uhr und mal von zehn bis zwölf Uhr da seid, findest du mit der Fachkraft am leichtesten heraus, wo und wann sich dein Kind am wohlsten fühlt und was es am liebsten mag. Das ist eine wichtige Voraussetzung für positive Trennungserfahrungen. Am Anfang wird dir die Fachkraft erst mal eine festgelegte Uhrzeit mitteilen, wann ihr vormittags oder nachmittags da sein sollt. Falls das nicht zum Schlaf-Wach-Rhythmus deines Kindes passt, kannst du vorher fragen, ob ihr das ändern könnt. Aber eure Routinen werden sich durch die Betreuung ohnehin verändern, also kannst du dich auch an die Vorgabe halten und die Eindrücke auf dich und dein Kind erst mal wirken lassen. Wenn du dein Kind im Betreuungsalltag beobachtest, wirst du schnell merken, ob es der passende Zeitslot ist und bei Bedarf das Gespräch mit der Fachkraft suchen.

Grundsätzlich gilt für die ersten Tage der Eingewöhnung: **Geht nach Hause, bevor die Stimmung kippt.** Lieber viele kurze Tage (vier bis fünf pro Woche) in der Kita als ein, zwei lange Tage, nach denen dein Kind völlig überreizt und überdreht ist und vielleicht am nächsten Tag nicht hin will. Wie lange dein Kind durchhält und wann es nach Hause gehen möchte, hängt aber nicht nur von der Umgebung und der Zeit ab (üblich sind ein bis zwei Stunden), sondern auch vom Wesen deines Kindes.

## So verhalten sich Kinder »normalerweise«

Kinder sind individuell. Was »normal« ist und was nicht, führt uns nicht wirklich weiter. Jetzt ist wichtig zu wissen: Jedes Kind bringt sich selbst in das Zusammenleben ein – nicht nur in der Familie, sondern auch in der Betreuungseinrichtung, und es muss deswegen sowohl von seinen Eltern als auch den pädagogischen Fachkräften entsprechend in der Eingewöhnung begleitet werden.

Vielleicht hast du dich schon näher damit befasst, wie dein Kind tickt, vielleicht denkst du aber auch, du möchtest dein Kind in keine »Schublade« stecken. Wichtig ist, dass du dein Kind gut kennst und ihm das geben kannst, was es zu Hause und in der Eingewöhnung braucht. Es ist deine Aufgabe, als Mama oder Papa dein Kind darin zu unterstützen, an diesem neuen Ort anzukommen.

Damit es dir leichter fällt, Rücksicht zu nehmen, habe ich zwei »Eingewöhnungstypen« zusammengefasst, die kein kategorisches Entweder-oder sein sollen, sondern ein Sowohl-als-auch-und-nochviel-mehr abbilden. Darüber hinaus kannst du dich tiefergehend mit dem Wesen deines Kindes beschäftigen.

## Ab-ins-Getümmel-Kinder

Diese Kinder zeigen in der Regel eine erkennbare Kita-Bereitschaft, und ihre Eltern sind meistens sehr zuversichtlich, was die Eingewöhnung betrifft. Ab-ins-Getümmel-Kinder sind interessiert an anderen Kindern, sie spielen gern frei und ziehen nach einer kurzen Anlaufphase los. Sie entdecken neugierig und unerschrocken ihre Umwelt, krabbeln, laufen oder klettern los, holen sich zielstrebig Spielsachen und lassen sich diese auch nicht so schnell aus der Hand nehmen. Sie sind selbstbewusst und offen gegenüber anderen Kindern und/oder Erwachsenen, sie suchen also von sich aus Kontakt oder freuen sich, wenn Kontakt zu ihnen aufgenommen wird. Ab-ins-Getümmel-Kinder gehen schwungvoll und energiegeladen nach vorn, sie haben einfach echt Bock auf Kita und lassen ihre begleitenden Eltern schnell links liegen. Mit ihnen wird es auch zu Hause nie langweilig, und in der Kita ziehen sie meist schon in den ersten Tagen immer größere Kreise. Mama oder Papa ist abgemeldet, sitzt an ihrem oder seinem Platz und das Ab-ins-Getümmel-Kind kommt ab und zu mal gucken, holt sich eine kleine Portion Rückversicherung, stillt vielleicht auch einen Moment lang, hat aber eigentlich gar nicht so viel Zeit dafür und schwupps geht es wieder seiner Wege. Es fühlt sich sicher, weil es *weiß*, Mama und Papa sind da, aber es braucht sie nicht unmittelbar an der Hand oder in der Nähe. Ab-ins-Getümmel-Kinder explorieren mit jedem Tag souveräner und entdecken die Kita-Welt auf eigene Faust und in Begleitung. Sie sind wie Gipfelstürmer*innen, die freudig und motiviert den Berg hinaufgehen.

**»Du hebst mich aus dem Sitz. Ich kann es kaum erwarten und will selber zu den Kindern laufen, schließlich bin ich jetzt ein Kita-Kind. Neugierig-aufgeregt bin ich schon, in meinem Bauch tanzen Kängurus. Ich**

**greife für einen Moment deine Hand, sicher ist sicher. Wir schauen uns um und ich staune mit großen Augen. Alles ist groß und bunt. Dann kommt der Erzieher, ihr redet und lächelt euch an. Aber ich habe Lust zu spielen. Du sitzt an der Seite und beobachtest alles. Manchmal suche ich deine Nähe, aber nur kurz, wenn ich grad nicht weiterweiß. Dann gehe ich schnell wieder spielen und will auch gar nicht gehen, alles ist so spannend. Doch wir sagen ›Tschüss bis morgen‹. Ich freue mich schon sehr, und es sieht so aus, als könnte ich das hier schon ganz allein. Aber es ist gut, dass du dabei bist. So fühle ich mich sicher und kann alles entdecken. Danke Mama, dass du bei mir bist. Gib mir Zeit, auch wenn du jetzt schon weißt, dass ich es schaffen kann.«**

### Beobachten-und-Abwarten-Kinder

Diese Kinder zeigen in der Regel eine nicht so offensichtliche Kita-Bereitschaft, und ihre Eltern sind meistens eher unsicher, was die Eingewöhnung betrifft. Beobachten-und-Abwarten-Kinder sind auch interessiert an anderen Kindern und würden gern frei spielen, aber sie haben eine längere Anlaufphase. Sie krabbeln, laufen oder klettern nicht einfach so drauflos, sie sitzen erst mal auf Mamas oder Papas Schoß und schauen sich ihre Umwelt an. Falls sie vom Schoß runtergehen, bleiben sie am liebsten an der Hand oder bewegen sich nur in einem ein Meter großen Radius um Mama oder Papa herum. Sie holen sich Spielsachen kaum selbst (oder nur ganz schnell und kommen dann wieder zurück) und lassen das Spielzeug schnell aus der Hand fallen oder sich wegnehmen, wenn ein anderes Kind es auch haben will. Sie sind eher schüchtern und zurückhaltend gegenüber anderen Kindern und/oder Erwachsenen, sie suchen kaum oder nur sehr ausgewählten Kontakt und verstecken sich auch gern hinter ihren Eltern oder schauen weg, wenn Kontakt zu ihnen aufgenommen wird. Beobachten-und-Abwarten-Kinder gehen langsamer voran, vielleicht haben sie Lust auf Kita, aber sie lassen ihre begleitenden Eltern nicht so schnell aus den Augen. Mit ihnen ist es zu Hause deswegen nicht langweilig, in vertrauter Umgebung sind sie offen und spielen oder reden entspannt. In der Kita sitzen sie in den ersten Tagen aber eher auf dem Schoß oder in der Nähe der Eltern und ziehen eher kleine Kreise um Mama oder Papa herum. Diese sollen am besten mit ihrem Kind durch den Raum gehen, denn wenn ein Beobachten-und-Abwarten-Kind neugierig ist, braucht es die Hand von Mama oder Papa, um sich zu trauen, die Umgebung zu entdecken. Wenn es dann nach mehreren Tagen selbst unterwegs ist und die Eltern an ihrem Platz sitzen, holt es sich zwischendurch große Portionen Rückversicherung, stillt vielleicht auch mal länger und braucht dann wieder einen Anstupser, um wieder seiner Wege zu gehen. Es fühlt sich sicher, wenn Mama oder Papa *da* sind, und es braucht sie unmittelbar an der Hand oder in der Nähe. Beobachten-und-Abwarten-Kinder explorieren anfangs weniger und entdecken die Kita-Welt nicht so gern auf eigene Faust, sondern in enger Begleitung ihrer Eltern. Es wirkt so, als wären sie die Schlusslichter der Wandergruppe, aber sie tauen auch bald auf, trauen sich weiter weg, werden mit jedem Tag souveräner und sind bereit frei und eigenständig zu laufen, wenn ihre Zeit gekommen ist.

»Du hebst mich aus dem Sitz. Meine Augen suchen deinen Blick, ich kuschle mich an dich und mag noch einen Moment deine Nähe genießen. Du trägst mich auf deinem Arm, von dort kann ich die Kinder sehen. Ich bin jetzt auch ein Kita-Kind. Aufgeregt bin ich schon sehr, in meinem Bauch tanzen Kängurus. Ich bleibe an deiner Hand und fühle mich sicher. Wir schauen uns um, entdecken die Kita gemeinsam. Alles ist groß und bunt. Dann kommt die Erzieherin, ihr redet und lächelt euch an. Mit ihr reden oder spielen will ich noch nicht. Jetzt bleibe ich lieber noch auf deinem Schoß und beobachte alles. Wir sagen: ›Tschüss bis morgen‹. Ich freue mich auf das Spielen, aber brauche dich noch, bis ich mich hier richtig sicher und geborgen fühle. Danke Papa, dass du bei mir bist. Bald schaffe ich es allein. Heut noch nicht. Morgen auch noch nicht. Gib mir Zeit und vertrau mir, dass ich es schaffen kann.«

## So verhalten sich die pädagogischen Fachkräfte »idealerweise«

Auch pädagogische Fachkräfte haben verschiedene Persönlichkeitstypen, die sich in der Eingewöhnung und im Kita-Alltag zeigen und jeweils typische Verhaltensweisen, aber auch Qualitäten mit sich bringen. Als Bergführer*innen auf der Eingewöhnungswanderung haben sie die wichtige Aufgabe, die Gruppe zu leiten, also dir und deinem Kind den Weg zu zeigen und gleichzeitig die gesamte Gruppe im Blick zu behalten. Das ist gar nicht so leicht, und so wirst du damit rechnen müssen, dass die Fachkräfte nicht jeden Tag gleich viel Aufmerksamkeit auf dein Kind und dich legen. Dennoch ist es die Hauptverantwortung der neuen Bezugsperson, den Bindungs- und Beziehungsaufbau so zu gestalten, dass Loslassen stressfrei möglich ist, weil vorher viel Vertrauen aufgebaut wurde. Wie kann das aussehen? Wie verhalten sich Bezugserzieher*in oder Tagesmutter oder -vater deinem Kind und dir gegenüber?

### Fachkraftverhalten dem Kind gegenüber

In den letzten Jahren, in denen ich Familien bei der Eingewöhnung begleitet und Fachkräfte fortgebildet habe, konnte ich immer wieder feststellen, dass die Herangehensweise an den Beziehungsaufbau zum Kind extrem unterschiedlich ist und das größte pädagogische Geschick in der goldenen Mitte liegt. Denn idealerweise bringt die Fachkraft genug Fingerspitzengefühl sowohl für Ab-ins-Getümmel als auch für Beobachten-und-Abwarten-Kinder mit. Die folgende Darstellung ist keine überprüfte Persönlichkeitsanalyse von pädagogischen Fachkräften, sie soll dir allerdings eine Orientierung geben, damit du das Verhalten von Fachkräften einordnen und angemessen darauf reagieren kannst. Oft wissen Eltern nicht, was »normal« ist, und vertrauen darauf, dass Fachkräfte schon wissen, was sie tun, oder haben Erwartungen, die im Trubel des Kita-Alltags nicht erfüllbar sind.

## Verhalten von Fachkräften Kindern gegenüber

Idealerweise verhält sich die pädagogische Fachkraft so, dass ein sicherer Bindungs- und starker Beziehungsaufbau zwischen ihr und deinem Kind stattfinden kann. Das ist die wichtigste Voraussetzung für spätere Loslassmomente (Trennungssituationen) und braucht nicht nur Zeit, sondern auch pädagogisches Geschick. Die Fachkraft muss die passende Strategie für das Eingewöhnungskind herausfinden und gleichzeitig authentisch (glaubhaft) bei sich bleiben.

Sie sollte sich **motivierend und achtsam** deinem Kind nähern, also genau beobachten, wann sie es mit Spielangeboten in die Interaktion holt und in den Alltag einbezieht und wann sie sich zurückhalten soll, weil dein Kind eine Pause oder einfach noch einen Moment zum Ankommen braucht. Es geht also darum, dass sich die Fachkraft an das Tempo des Kindes beim Wandern anpasst, so dass eine gute Interaktion und Kommunikation in Gang kommt und die beiden eine vertrauensvolle Bindung und Beziehung aufbauen.

Ab-ins-Getümmel-Kinder gehen oft selbst motiviert los und die Fachkraft sollte mit ihnen mithalten, sie nicht allein nach vorne preschen lassen. Denn auch wenn Kinder schnell eigenständig spielen, brauchen sie eine Bezugsperson, die **motiviert** ist, intensiven Vertrauensaufbau als Voraussetzung für eine spätere Trennung zu leisten.

Manchmal sind Fachkräfte jedoch auch etwas übermotiviert oder sie haben eine laute Stimme und ihre Spielangebote werden ungewollt **aufdringlich**. Vor allem bei Beobachten-und-Abwarten-Kindern kann das dazu führen, dass sie sich noch mehr zurückziehen und gar nicht mehr von Mamas oder Papas Seite weichen. Bei diesen Kindern ist es sehr wichtig, **achtsam** zu handeln, lieber etwas leiser zu sprechen, sich neben das Kind zu setzen, ein Buch vorzulesen, ohne es von Mamas oder Papas Schoß wegzulocken. Sie können geduldig immer wieder Kontakt aufnehmen, auch im Beisein der Eltern.

### »Wenn Sie dabei sind, kommen wir nicht an Ihr Kind ran.«

Falls du diesen Satz hörst, lass dich von ihm auf keinen Fall verunsichern. **Eltern sind in der Eingewöhnung kein Störfaktor.** Du bist ein wichtiger Anker für dein Kind, von deinem Basislager aus erkundet es die Welt. Es ist die Aufgabe der pädagogischen Fachkraft, Wege zu finden, mit deinem Kind in Beziehung zu gehen und Vertrauen aufzubauen. Bei Ab-ins-Getümmel-Kindern fällt das meistens leichter (darf aber nicht unter den Tisch fallen), bei Beobachten-und-Abwarten-Kindern braucht es mehr Motivation und Achtsamkeit.

Denn manchmal zeigen Fachkräfte auch viel Zurückhaltung, sie wirken etwas halbherzig und geben schnell auf, wenn ein Kind auf ihre Spielangebote nicht sofort eingeht. Es scheint, sie sind etwas **müßig** und zeigen von sich aus wenig echtes Interesse am Kind oder erwarten von ihm, dass es zu ihnen kommt. Ein Ab-ins-Getümmel-Kind wird das vermutlich machen, aber dann kommt es drauf an, dass sie auch auf das Kind eingehen und den Beziehungsmoment nutzen, anstatt es schnell wieder ins freie Spiel zu schicken. Beobachten-und-Abwarten-Kinder werden es natürlich noch schwerer haben mit der Fachkraft in den Kontakt zu kommen, weil sie eh schon eine gewisse Hemmschwelle spüren, und wenn die Bezugsperson nur halbherzige Annäherungsversuche macht, gibt es wenig Grund, sich aus dem sicheren Kreis der Eltern zu lösen.

Wenn jedoch aus dem müßigen Zuwenig eine so starke Passivität wird, dass die Fachkraft **distanziert** ist, das Kind ignoriert und selten bis keinen Kontakt aufnimmt oder überhaupt keine Zeit hat, Kontakt aufzunehmen, dann hemmt das die Eingewöhnung so stark, dass sie in dem Moment der Trennungssituation gefährdet ist. Dann kann das Kind nicht loslassen, weil es sich noch überhaupt nicht sicher fühlt. Eine erzwungene Trennung führt zu verstärktem Bindungsverhalten an die Eltern.

Auf der anderen Seite kann aus dem aufdringlichen Zuviel und einem Übermaß an Aktivität auch leider (ungewollt) übergriffiges Verhalten resultieren. Die pädagogische Fachkraft verhält sich dann **distanzlos**, nimmt das Kind zum Beispiel gegen seinen Willen auf den Arm oder hält es bei einem Kniereiterspiel zu lang oder zu doll fest, so dass es hilfesuchend oder -schreiend Richtung Eltern flüchten will. Auch das kann bei Kindern zu verstärktem Bindungsverhalten führen und das sich noch entwickelnde Vertrauen zur Fachkraft hemmen. Gut gemeint ist eben noch lange nicht gut gemacht.

### Fachkraftverhalten Eltern gegenüber

Idealerweise hat die zukünftige Betreuungsperson deines Kindes verstanden, dass nicht nur das Kind, sondern auch die Eltern eingewöhnt werden müssen. Doch aus meinen Fortbildungen weiß ich, dass selbst bereits bedürfnisorientiert arbeitende Fachkräfte den Fokus aufs Kind legen und nicht auf die Eltern. Das ist schade, denn die zukünftigen Trennungssituationen sind wesentlich stressfreier, wenn Kind UND Elternteil eine vertrauensvolle Beziehung zur Bezugsperson aufgebaut haben.

**Die pädagogische Fachkraft sollte deshalb in den ersten Tagen der Eingewöhnung …**

- dich begrüßen (das befriedigt dein Bedürfnis, willkommen zu sein),
- dir den Raum und ggf. deinen Platz zeigen und dir den Ablauf

für den Tag erklären (das befriedigt dein Bedürfnis nach Orientierung),
- täglich mit dir sprechen, wie es mit der Eingewöhnung läuft und deine Fragen beantworten (das befriedigt dein Bedürfnis nach Austausch, Mitbestimmung und Klarheit),
- sie sollte auch fragen, wie es dir geht, wie du dich fühlst, was sie für dich tun kann, damit es dir leichterfällt (das befriedigt dein Bedürfnis nach Empathie und Gesehenwerden),
- und sie kann auch fragen, was sie über dein Kind noch wissen sollte (das befriedigt dein Bedürfnis nach Fürsorge und Rücksicht deinem Kind gegenüber).

Die Fachkraft leitet nicht nur dein Kind, sondern auch dich den Berg hinauf, sie gibt dir Sicherheit auf dem Weg, weil sie die Route kennt und gleichzeitig auf euch zwei eingeht. Die Fachkraft muss aber nicht die gesamte Zeit bei deinem Kind und/oder dir sein, sie darf natürlich den Blick für die Kindergruppe nicht verlieren. Wenn du merkst, dass sie immer wieder zwischen euch und der Gruppe pendelt, du das Gefühl hast, sie hat Zeit für dich und dein Kind und sie fühlt sich wohl dabei, dass du sie beobachtest, dann hast du sehr viel Glück.

## So verhältst du dich in den ersten Tagen der Eingewöhnung

Du merkst vermutlich schon, Kommunikation ist absolut notwendiger Proviant im Wanderrucksack der Eingewöhnungstour. Die Fachkraft ist zwar beziehungshauptverantwortlich, aber das ist keine Einbahnstraße, sondern eine Brücke, die von beiden Seiten aus begehbar ist. Du hast also im Sinne des Beziehungsdreiecks (Kind, Eltern, Fachkraft) eine aktive Rolle im Eingewöhnungsprozess.

### So verhältst du dich deinem Kind gegenüber

Dein Kind braucht dich. Du bist Teil der Wandergruppe und begleitest dein Kind den Berg hinauf. Laufen soll es zwar allein, aber mit dir an seiner Seite geht es sicherer und leichter über Stock und Stein. Unterwegs mal Tragen ist übrigens auch in Ordnung, nicht nur im übertragenen, sondern auch im wörtlichen Sinn.

An das Kind gewandt: »Na, du kannst doch schon allein laufen, die Mama muss dich nicht immer tragen« oder direkt zu Eltern »Sie dürfen Ihr Kind nicht tragen/im Kinderwagen schieben, es soll alleine reinkommen/gehen.«

Hier grüßt wohl eher die Angst vor dem verwöhnten Kind, und du kannst das als persönliche Meinung der Fachkraft anhören, aber ohne Druck, dich daran halten zu müssen. **Es ist okay, dein Kind in den Gruppenraum zu tragen, wenn es ihm beim Ankommen hilft. Es ist okay, dein Kind im Buggy zur Kita zu schieben, auch wenn es schon Laufen kann.** Das gilt natürlich auch für den Rückweg. Nur du und dein Kind solltet euch einig sein, eine Fachkraft darf dir die Art eurer Fortbewegung nicht vorschreiben. Aber was ist mit den anderen Vorgaben, die im Vorgespräch oder am ersten Tag der Eingewöhnung an Eltern gestellt werden? Was ist da dran?

»Und dann hat die Erzieherin am zweiten Tag zu mir gesagt ich darf mich nur in die Ecke setzen, ich darf ihn nicht trösten. Ich soll ihn nicht angucken, nicht mit ihm interagieren. Ich soll einfach nur dasitzen und am besten nichts tun. Ab dem dritten Tag fing er an: ›Mama, was machst du da überhaupt? Warum bist du jetzt so komisch zu mir?‹ Und dann habe ich gesagt: ›Okay, ich nehme ihn jetzt auf den Schoß für ein paar Sekunden und tröste ihn.‹ Aber dann setze ich ihn wieder runter und sage auch ›Geh dann doch mal zu [Erzieherin].‹ Und sie antwortete: ›Ja, ne, eigentlich machen wir das hier aber anders.‹«

Fachkräfte und auch Eltern haben die weitverbreitete Erwartungshaltung, dass Eltern sich in der Eingewöhnung **möglichst passiv verhalten**. Sie sollen langweilig sein, damit das Kind spielen geht. *»Es ist ja schließlich ein Kindergarten und kein Elterngarten.«* Und viele Fachkräfte sagen auch: *»Ich komme sonst nicht an das Kind ran, wenn die Mutter oder der Vater dabei ist.«* Doch diese passive Herangehensweise führt oft dazu, dass Eltern sich unnatürlich verhalten, verklemmt und verstummt auf ihrem Stuhl festsitzen, weil sie sich nicht trauen, mit ihrem Kind zu sprechen oder ihm zu helfen. Sie versuchen es zum Spielen zu animieren und schicken ihr Kind weg, wobei dieser Druck (wenn es noch nicht bereit ist) nur Gegendruck erzeugt und das Kind noch näher an Mama oder Papa »klebt«.

**So verhältst du dich in den ersten Tagen:**

- Sei freudig gespannt und neugierig auf die neue Umgebung und die Menschen dort und zeige das deinem Kind mit deinen Worten und deinem Körper. Wenn du sagst *»Die Erzieherin ist ganz nett«*, aber sie gleichzeitig mit hochgezogener Augenbraue beobachtest, wird dir dein Kind das nicht glauben.
- Zeige echte Freude, und falls du sie nicht spürst, versuche lieber sachlich zu beschreiben, statt negativ zu bewerten. *»Schau mal, die Kinder lachen beim Rutschen. Und dort haben sie einen groooßen Turm gebaut. Das hat bestimmt Spaß gemacht.«*
- Wenn ihr die Kita oder Kindertagespflege betreten habt, darfst du am Anfang auch mitspielen und mitgehen, wenn dein Kind das braucht, in dem es dich dazu auffordert. Vor allem Beobachten-und-Abwarten-Kindern fühlen sich dadurch wohler und sind viel eher bereit, die Kita-Welt zu entdecken.
- Du darfst selbstverständlich auch mit deinem Kind reden, du bist ja keine Topfpflanze, sondern ein Mensch. Wenn andere Kinder dich fragen, wer du bist, stell dich vor und knüpfe erste

Kontakte unter den Kindern, zum Beispiel so: *»Das ist meine Tochter Djamila, sie ist neu hier bei euch. Was spielst du denn hier im Kindergarten am liebsten? Ah, das klingt nach viel Spaß, magst du ihr das mal zeigen?«*

- Du darfst natürlich auch an der Seite sitzen, dich zurückhalten und nur eingreifen, falls dein Kind Hilfe oder Trost braucht. Wenn dein Ab-ins-Getümmel-Kind loszieht, musst du nicht hinterher, sondern kannst gut sichtbar sitzen bleiben und ihm die Möglichkeit für Blickkontakt (Rückversicherung) geben.
- Schau also nicht die ganze Zeit in dein Handy oder Buch, sondern sei präsent und freu dich über die ersten Schritte deines Kindes in die Kita-Welt hinein. Wenn dein Beobachten-und-Abwarten-Kind durch dich als Brücke ins Spiel gefunden hat, kannst du dich wieder auf deinen Platz zurücksetzen. So kann es spielen und sich schnell rückversichern, indem es nach dir schaut. Manchmal reicht ein kurzer Blick, damit dein Kind *weiß*, Mama oder Papa ist da. Manchmal braucht es mehr, und dein Kind muss dich *fühlen*.
- Du darfst mit deinem Kind zwischendurch kuscheln, es auf den Schoß nehmen und auch im Gruppenraum oder Garten diskret stillen. Denk mal an Profi-Radfahrer*innen während der Tour de France, die trinken mit Nährstoffen angereichertes Wasser oder Gel, damit sie den Berg hinaufschaffen, ohne erschöpft vom Rad zu kippen. Die Eingewöhnung ist für dein Kind eine emotionale Höchstleistung. Körperkontakt und Stillen sind wie ein Superpower-Energie-Booster. Viele Kinder explorieren danach wieder allein, weil sie bindungsgestärkt und mutiger sind.

*Was du auf keinen Fall machen solltest, ist: dich einfach rausschleichen und auf Toilette oder zum Telefonieren gehen, ohne deinem Kind Bescheid zu sagen. Wenn du plötzlich weg bist, ist das ein Vertrauens-*

*bruch, der sich negativ auf den weiteren Verlauf der Eingewöhnung auswirken kann. Dein Kind kann danach vermehrtes Bindungsverhalten zeigen (kaum von deiner Seite weichen, auf dem Schoß festkleben, wenig frei spielen ...), aus Angst du könntest wieder weggehen und es zurücklassen. Und auch wenn du denkst, dein Kind merkt das nicht. Rausschleichen ist Tabu.*

### So verhältst du dich der pädagogischen Fachkraft gegenüber

In der Eingewöhnung wirst du die pädagogischen Fachkräfte kennenlernen, und du wirst an ihnen einiges finden, was dir gefällt, und anderes, mit dem du nicht so gut klarkommst. Das ist menschlich. Doch es ist wichtig zu wissen:

*Wenn du in der Eingewöhnung an der Seite sitzt und die Interaktion und Kommunikation der Fachkräfte mit den Kindern beobachtest, nimmst du subjektiv (nicht objektiv) wahr. In der Psychologie nennt sich das Beobachtungsfehler in der Personenwahrnehmung. Es werden dir überwiegend die Verhaltensweisen auffallen, die du von dir selbst kennst (Ähnlichkeitseffekt) oder die Verhaltensweisen, die so gar nicht auf dich zutreffen (Kontrasteffekt). Auch einzelne Eigenschaften eines Menschen können andere Eigenschaften überstrahlen, so dass diese kaum wahrgenommen werden (Halo-Effekt). All diese Effekte haben unbewussten Einfluss auf deine »mag ich (nicht)«-Bewertung und auf eure Beziehung.*

Wenn dir beispielsweise das Trösten von Kindern enorm wichtig ist, wird es dir bei der Fachkraft besonders auffallen. Wenn sie tröstet (findest du sie sympathisch) und wenn sie nicht tröstet (dann kritisierst du das innerlich). Genauso wäre es zum Beispiel beim Schimpfen mit Kindern: Du findest das gar nicht gut, es passiert dir aber auch manchmal (oder öfter). Das Schimpfen kann dir bei der Fachkraft schneller ein Dorn im Auge sein, und du wirst es sehr wahrscheinlich negativ bewerten, vor allem dann, wenn du Verhaltensweisen beobachtest, die du an dir selbst auch nicht magst. Auch das ist menschlich.

Doch was kannst du in der Eingewöhnung konkret unternehmen, damit du auf den Beobachtungsfehlern (es gibt noch viele mehr) nicht ausrutscht und eine Bewertungslawine in Gang setzt, sondern einen sicheren und starken Tritt behältst, wenn du auf der Eingewöhnungsbergwanderung bist?

**So kommst du vorurteilsfrei mit der Bezugsperson deines Kindes in Kontakt:**

- Versuche deinen Blick bewusst auf das zu lenken, was die Fachkraft gut macht. Es geht nicht darum, etwas »schönzureden«, sondern darum, die positiven, beziehungsstärkenden Momente zu sehen.
- Gib der Fachkraft eine echte Chance und baue aktiv eine Beziehung zu ihr auf. Lerne sie kennen, unabhängig von ihrer Rolle als pädagogische Fachkraft, sondern als Mensch. Es ist okay von deinem Kind und von euch als Familie zu erzählen, um ihr das Kennenlernen deines Kindes zu erleichtern.
- Achte auch auf eure Erwachsenenbeziehung! Du musst mit ihr keine enge Freundschaft schließen, sollst sie nicht aushorchen oder zu viele Details von euch erzählen. Interessiere dich für die Fachkraft im Betreuungskontext persönlich (nicht privat). Frage sie zum Beispiel, warum sie Erzieher*in oder Tagesmutter oder -vater geworden ist, was sie an ihrem Beruf so mag, worauf sie sich morgens freut, wenn sie zur Arbeit geht.
- Sprich ehrliche Anerkennung für ihren Beruf aus, zum Beispiel: *»Hier ist ganz schön viel los, es ist beeindruckend, wie Sie die Kinder im Blick haben, es ist nicht leicht, die Gruppe durch den Tag zu manövrieren.«*
- Bestätige die Fachkraft in ihrem Tun, das den Vertrauensauf-

bau voranbringt: *»Als ich Sie im Morgenkreis mit den Kindern singen gehört habe, da haben Sie die Kinder angelächelt und die Kinder haben zurückgestrahlt. Das war ein schöner Moment.«*

- Womit meine Beratungseltern sehr gute Erfahrungen gemacht haben: Sie nehmen das Lieblingsbuch ihres Kindes mit und übergeben es der Fachkraft, so dass sie es dem Eingewöhnungskind, aber auch mehreren Kindern gemeinsam vorlesen kann. So entsteht ein beziehungsstärkender Moment, der körperliche Nähe ermöglicht und Vertrauen schafft.

Du wirst sehen, die Fachkraft wird dadurch viel weicher, zugänglicher, offener, auch wenn du später mal was Kritisches ansprechen willst. Es geht nicht darum, sie mit Lob zu manipulieren, sondern ehrliche Wertschätzung auszusprechen. Wir haben zu oft den Blick auf das, was nicht gut läuft. Es tut allen gut, wenn wir beziehungsstärkende Momente fokussieren und diese dankbar rückmelden.

## Schlecht-Wetter-Lage und Erste-Hilfe-Maßnahmen

Die Eingewöhnung läuft zwar erst ein paar Tage, aber bereits jetzt können schon die ersten kleinen oder großen Herausforderungen auftreten. Es ist leider nicht immer nur Sonnenschein, aber mit den folgenden Tipps, bist du auch für »schlechtes Wetter« gut ausgerüstet.

### Eine*r wird krank

Es ist keine Überraschung, dass Kinder und Erwachsene krank werden, doch manchmal scheint es so, als werde das gern vergessen. Tatsache ist, dass Unterbrechungen in der Eingewöhnung durch Krankheit einer der Hauptgründe sind, warum sich Eingewöhnungsprozesse lange hinziehen. Denn dein Kind kann nach einem oder zwei Tagen zu Hause meist noch gut wieder anknüpfen, aber nach mehreren Tagen oder ein bis zwei Wochen nicht. **Je jünger dein Kind oder je länger die Unterbrechung, umso mehr muss die Eingewöhnung einen Schritt zurück gehen.** Dein Kind wird die Krippe, Kita oder Tagespflege nicht komplett vergessen. Aber der Bindungs- und Beziehungsaufbau wurde unterbrochen, und du kannst die Tage nicht einfach weiterzählen, als wäre nichts gewesen. Wird dein Kind in den ersten Tagen der Eingewöhnung krank, kommt ihr erst wieder, wenn es fit ist. Bleib dabei und beobachte, wie dein Kind auf die Rückkehr reagiert und wie schnell es sich wieder einfindet. Ein Ab-ins-Getümmel-Kind wird sich wahrscheinlich etwas leichter tun, ein Beobachten-und-Abwarten-Kind braucht eventuell wieder engere Begleitung, bis es auftaut.

### Dein Kind will sich nicht lösen, aber du darfst dich nicht vom Platz wegbewegen

Wenn Druck von zwei Seiten entsteht, weil dein Kind will, dass du mitkommst, und die Fachkraft will, dass du sitzen bleibst, ist es eine große Herausforderung bei dir zu bleiben und dich von diesen gegensätzlichen Forderungen nicht so sehr unter Druck setzen zu lassen. Das Dilemma, es beiden recht machen zu wollen, lässt sich nicht allein lösen, hier ist innere emotionale Kraft und Kommunikation gefragt.

**»Die nächsten Tage sollte ich auf meinem Stuhl sitzen bleiben und nicht mehr kommen, wenn mein Kind mich ruft oder möchte, dass ich komme. Das hat so semi geklappt, er saß dann mehr auf meinem Schoß, und es lief entweder mit ganz, ganz, ganz viel Mühe und »überreden« oder gar nicht. Er konnte sich sehr schwer lösen und hat sich dann viel bei mir »vergraben«. Als er sich nach einiger Zeit zaghaft für einen Gegenstand interessierte, hat die Erzieherin ihm gesagt, dass er sich den nur hier bei ihr auf dem Teppich (also weg von mir) angucken könnte – er war verunsichert, blieb bei mir.«**

**Das kannst du tun, wenn dein Kind sich nicht lösen will**

- Dein Kind kannst du z. B. erst mal in den Arm nehmen, beruhigen und dann seinen Wunsch und das Bedürfnis dahinter ansprechen: *»Ich merke, du willst unbedingt, dass ich mitkomme. Fühlst du dich dann sicherer, wenn ich bei dir bin?«*
- Wenn dein Kind sich verstanden fühlt, kannst du dich kurz erklären und ihm Mut machen: *»Die Erzieherin möchte, dass ich hier auf meinem Platz sitzen bleibe. Ich sehe dich von hier aus gut. Ich drück dich einmal ganz fest, und dann gehst du los. Wenn du am Tisch bist, kannst du mir winken. Du schaffst das.«*
- Abhängig davon, wie willensstark oder wie ängstlich dein Kind ist, wird es sich darauf einlassen oder nicht. Du kannst weiterhin mit ihm nach Lösungen suchen, aber solltest es nicht gängeln und drängeln.
- Sprich das Dilemma offen an, statt zu versuchen einen unmöglichen Spagat zwischen Kind und Fachkraft hinzukriegen. *»Ich weiß, es ist Ihnen wichtig, dass ich auf meinem Platz sitzen bleibe. Das kann ich machen, nur merke ich, dass mein Kind sich nicht allein traut. Wie lösen wir das? Haben Sie eine Idee, wie Sie mein Kind unterstützen können? Ansonsten stehe ich kurz auf und setze mich dann wieder hin. So ist das in unser aller Interesse, wenn wir dadurch vorankommen.«* Die Fachkraft hat somit die Chance selbst aktiv zu werden oder ihre »Sitzen-bleiben«-Erwartung an dich anzupassen.

## Die Eingewöhnung findet mit mehreren Kindern gleichzeitig statt

In meinen Fortbildungen ist es immer wieder Thema, dass vor allem im August und September **viele Kinder parallel eingewöhnt** werden. Das ist nicht nur für die Kinder und Eltern, sondern vor allem für die pädagogischen Fachkräfte ein Kraftakt, denn sie wandern mit jeder Familie den Berg hinauf. Kein Wunder, dass die Beine schwer werden und die Motivation nachlässt. Gleichzeitig darf diese Herausforderung und darf die meiner Meinung nach ungünstige Planung keine Ausrede sein, denn jedes Kind hat eine individuelle Eingewöhnung verdient.

**»Wir müssen vorankommen, am Montag kommt schon das nächste Eingewöhnungskind.«**

Weder du noch dein Kind sind verantwortlich dafür, dass der Zeitplan der Kita funktioniert! Viele Fachkräfte können aber auch nur wenig daran ändern, wenn die Vorgaben von der Leitung oder dem Träger kommen. Hier hilft nur, offen ins Gespräch zu gehen, an das Tempo des Kindes zu appellieren und gemeinsam nach Wegen zu suchen, wie sich das Kind leichter lösen kann. Das Credo »Erst investieren, dann profitieren« zahlt sich hier besonders aus, denn der Fokus auf Bindung, Beziehung und Bedürfnisse ist die Basis für erfolgreiche Trennungssituationen, die das Vorankommen im Eingewöhnungsprozess unterstützen statt hemmen.

Stehst du vor der Herausforderung, dass du **gleichzeitig mit Zwillingen oder unterschiedlich alten Geschwisterkindern in die Eingewöhnung** startest, kann es sein, dass du zwischen beiden hin- und hergerissen bist, vor allem dann, wenn beide Kinder verschiedene Bedürfnisse zur gleichen Zeit haben oder unterschiedlich im Tempo sind, auch unabhängig davon, ob die Kinder in der gleichen oder in getrennten Gruppen eingewöhnt werden. Ich habe schon mehrere Familien erfolgreich auf diesem Weg begleitet, es ist ein Balanceakt und braucht individuelle Lösungen. Am meisten hilft es, wenn eine 1:1-Begleitung möglich ist: entweder zwei Fachkräfte, die sich auf den Beziehungsaufbau zu jeweils einem Kind fokussieren oder wenn beide Eltern zusammen oder Mama oder Papa plus Oma oder Opa die Eingewöhnung machen. Falls das nicht möglich ist, ist es ratsam, sich erst mal auf das Kind zu fokussieren, dem es leichter fällt und dem anderen Kind mehr Zeit zu lassen, anstatt beide gleichzeitig voranbringen zu wollen.

Und falls du dein **Baby in der Eingewöhnung dabeihast**, sorge dafür, dass es vorher gestillt, gefüttert, gewickelt, also bedürfnisbefriedigt ist, damit dein Baby dich möglichst wenig daran hindert, für dein Eingewöhnungskind da zu sein. Probiere aus, ob es besser ist, wenn dein Baby ausgeschlafen ist und rumkrabbeln darf, oder ob es müde (nicht übermüdet) sein kann, so dass es im Tragetuch oder in der Tragehilfe einschläft. Und lerne, wie du es auf dem Rücken trägst, damit du die Hände für dein großes kleines Kind frei hast.

### Die Betreuungsperson möchte bereits jetzt eine Trennungssituation

»Mir wurde dann am zweiten Tag gesagt, dass sie gerne am dritten Tag die erste Trennung machen möchten. Zu diesem Zeitpunkt hatte sich keine der Fachkräfte länger mit meinem Kind beschäftigt oder mit ihm gespielt. Ich habe gesagt, dass ich nicht sicher bin, ob mein Sohn schon so weit ist und das gerne heute spontan entscheiden möchte. Daraufhin wurde mir nur entgegnet, dass er das doch super macht (ja, weil ich da bin!).«

Vor allem bei Kindern, die sich schon am Anfang leicht lösen und den Raum erkunden, kommt bei Fachkräften und Eltern schnell der Eindruck auf, dass eine Trennung schon jetzt gut wäre. Doch wie du bereits gelesen hast, explorieren Kinder, wenn sie sich durch die Anwesenheit einer Bindungsperson sicher fühlen. Das erweckt den Anschein, sie wären schon bereit für eine Trennung, was stimmen kann, aber nicht muss.

Ich bin kein Fan von dogmatischen Trennungen an Tag X, aber nur weil viele Kinder mehr Zeit zum Ankommen brauchen und die erste Trennung nach hinten geschoben werden sollte, gibt es kein Verbot, eine Trennung nach vorn zu ziehen, wenn (und das ist der wirklich wichtige Part) das Kind auch bereit ist.

*Wenn sich ein Kind wohl und sicher fühlt UND aktiv auf die Frage sein Okay gibt, dass Mama oder Papa kurz den Raum verlässt, dann muss es nicht künstlich gebremst werden, nur weil laut Eingewöhnungsplan der Tag X noch nicht da ist. Aber Vorsicht: Kinder sind oft wie in einem Alles-ist-so-aufregend-und-toll-hier-Rausch, und kriegen die Verabschiedung nicht richtig mit oder wissen noch gar nicht, was das bedeutet.*

**So bleibst du in frühen Trennungssituationen bedürfnisorientiert im Tempo deines Kindes:**

- Achte gut auf die Reaktion deines Kindes und gehe nicht, wenn es dir zeigt, dass du doch lieber bleiben sollst.
- Wenn die Fachkraft eine frühe Trennung vorschlägt, weil es scheinbar so gut läuft, aber dein Kind (oder du) das noch nicht möchte(st), sage ihr, dass du dableiben willst.
- Du kannst als Alternative vorschlagen, dass sie probieren kann, ob dein Kind sich schon löst und freiwillig mit ihr gemeinsam aus dem Raum geht, um nebenan zu spielen oder etwas zu holen.

*Am sichersten ist, wenn du einfach an deinem Platz bleibst und dein Kind seinen Explorationsdrang ausleben kann. Wenn es dabei von sich aus den Raum verlässt, in den Spielflur oder das Gruppenzimmer nebenan: super! Lass es ziehen und bleib einfach sitzen. Go with the flow.*

## Dein Kind erlebt schwierige Situationen mit anderen Kindern

Konflikte unter Kindern gehören zum Betreuungsalltag dazu, und dein Kind wird lernen, sie zu lösen (nicht zu ertragen).

**»Während mein Kind versucht hat, anzukommen und mit der Azubine ein Buch angeschaut hat, haben die älteren Kinder einen größeren Turm zum Einsturz gebracht. Das war relativ laut, und mein Sohn ist direkt aufgesprungen und zu mir gekommen. Kurz danach wurde er von einem älteren Mädchen mit einem Besen gehauen und später nochmal geschubst. Er hat jedes Mal geweint und wollte getröstet werden.«**

Kommt dein Kind neu in die Kindergruppe, hat es mit der Konfliktlösung je nach Vorerfahrungen bereits hilfreiche Strategien oder auch noch nicht. Es braucht dich also am Anfang noch als Unterstützung und Trostspender*in. Erwarte nicht, dass es solche Situationen schon allein regelt, **sondern greife ein und schütze dein Kind, wenn es nötig ist. Sind ein paar Tage vergangen, wird die Fachkraft diese Aufgabe übernehmen.** Dein Job ist es dann, zu Hause mit deinem Kind Strategien zu üben, die es ihm ermöglichen, solche Situationen zu meistern. Mehr dazu liest du im Kapitel → »Konflikte meistern – »Geh weg. Lass mich in Ruhe.««

## Du beobachtest schwierige Situationen anderer Kinder

Auch wenn du weder dein Kind noch die Fachkräfte oder andere Kinder mit Argusaugen verfolgen sollst, kann es passieren, dass du Situationen beobachtest, die dir einen Schreck einjagen, dich verunsichern, vielleicht sogar ängstigen. Selbst wenn es nicht dein eigenes, sondern andere Kinder betrifft.

»Die Kinder wurden von ihren Eltern getrennt, obwohl sie offensichtlich keine Bindung zu den Fachkräften aufgebaut hatten. Die Kinder ließen sich auch nicht beruhigen. Die Eltern wurden trotzdem nicht geholt. Ein Kind lag 45 Minuten auf dem Boden und hat bitterlichst und völlig verzweifelt geweint. Es zog die Schultern hoch, wenn die Fachkräfte es berühren wollten, und lief davon. Ein anderes lief hilfesuchend durch den Raum, wollte immer wieder rauslaufen und wurde wieder eingefangen. Das Dritte weinte einfach kontinuierlich auf dem Arm einer Fachkraft. Am nächsten Tag wiederholte sich das ganze Szenario. Für mich war das kaum auszuhalten. Leider hörte ich nur, wie die Fachkräfte sagten: ›Das müssen die halt jetzt lernen.‹ Zu einem völlig aufgelösten Kind sagte eine Fachkraft: ›Wir können erst rausgehen und spielen, wenn du jetzt endlich aufhörst zu weinen. Ja, jetzt bist du müde gell, weil du die ganze Zeit so viel weinst. Jetzt hör halt mal auf.‹«

*Wenn du in der Eingewöhnung sitzt und Vertrauen zu den Fachkräften aufbauen sollst und dann solch eine Situation beobachtest, dann machst du dir nicht grundlos Sorgen, ob dein Kind von den Fachkräften angemessen in seinen Gefühlen begleitet und in seinen Bedürfnissen nach Sicherheit, Geborgenheit und Trost befriedigt wird. Hier fehlt es den Fachkräften an Einfühlungsvermögen für die Nöte der Kinder, denn selbst wenn andere Eltern ihre Kinder so abgeben und dalassen wollen (aus welchen Gründen auch immer), sollten Fachkräfte diese Kinder liebevoll trösten und ihre Gefühle ernst nehmen, statt sie zu erpressen, um das Weinen zu stoppen.*

**Das kannst du tun, wenn du schwierige Situationen in der Eingewöhnung beobachtet hast**

- Suche das Gespräch. Schildere sachlich deine Beobachtung (also das, was du sehen konntest, nicht was du dir dabei denkst).

- Frage, ob solche Situationen öfter auftreten und wie diese normalerweise gehandhabt werden.
- Gib der Fachkraft die Chance, sich zu erklären und selbst einzusehen, dass ihr Verhalten nicht okay war. Vielleicht hatte sie nur einen schlechten Tag oder zeigt dir, dass es eine Ausnahmesituation war, weil so viele Kinder weinten.
- Vielleicht bestätigt sich auch deine Vermutung, dass Bindung, Beziehung und Trösten keinen großen Stellenwert haben. In dem Fall kannst du entscheiden, wie es weitergeht:
- Setzt du die Eingewöhnung fort, dann mach deutlich, dass es dir absolut wichtig ist, dass dein Kind (und andere Kinder auch) getröstet werden. Dann wirst du in den kommenden Tagen und bei zukünftigen Trennungssituationen merken, ob das Trösten klappt oder nicht. Oder dein Kind wechselt in eine andere Gruppe, zu einer anderen Fachkraft innerhalb der Kita. Oder du suchst dir eine neue Betreuungseinrichtung.

# DEN BERG ERKLIMMEN – POSITIVE TRENNUNGS-ERFAHRUNGEN MACHEN

**Die erste Etappe ist geschafft, der Weg wird nun steiler und die Wandergruppe zieht sich zu einer Wanderlinie, denn jede*r hat ein eigenes Tempo. Manche Kinder sind hochmotiviert und rennen voraus, sie fühlen sich energiegeladen und bereit, und ihre Begleitperson bleibt stehen, staunt und freut sich, wie sicher sich ihr Kind fühlt. Andere Kinder sind weiterhin vorsichtig, trauen sich noch nicht voran, der Aufstieg fällt ihnen schwer, und einige Kinder wollen vielleicht sogar nach Hause und gar nicht mehr weiterwandern.**

**Jetzt kommt es ganz darauf an, wie Bergführer*innen (pädagogische Fachkräfte) oder du als Begleitperson reagieren: Versucht ihr zu motivieren, zu überreden oder gar zu drängen weiterzugehen? Oder findet ihr heraus, was dein Kind braucht, um freudig und freiwillig mitzuwandern? Wie kann dein Kind eine erste kurze Etappe mit den anderen Kindern und Bergführer*innen ohne dich meistern?**

**Was ist, wenn es regnet (dein Kind weint)? Was ist, wenn dein Kind plötzlich Höhenangst bekommt und panisch schreit? Geht ihr dann trotzdem weiter, macht eine Pause oder sogar einen Schritt zurück?**

**Was ist, wenn du als Begleitperson und die Bergführer*innen eine unterschiedliche Vorstellung vom Verlauf der Bergtour haben, wenn es dir oder deinem Kind zu schnell oder zu langsam geht? Wenn Druck von verschiedenen Seiten kommt? Was ist, wenn eine*r von euch hinfällt und sich verletzt? Wann wird der Rettungshubschrauber gerufen?**

**Dieses Kapitel ist dein Sicherheitsseil, damit du keine Angst vor dem Abgrund haben musst. Auch wenn der Berg steiler wird und dir (oder deinem Kind) schwindlig ist. Ihr braucht einen sicheren Tritt auf dem unwegsamen Gelände und schmalen Pfad. Damit dein Kind und du diese Etappe meistern könnt und positive Wandererfahrungen (Trennungserfahrungen) sammelt.**

## Wie laufen die ersten Trennungen meistens ab?

In den meisten Einrichtungen findet die erste Trennung bereits an Tag 4, also am Ende der ersten oder spätestens in der zweiten Eingewöhnungswoche statt. Das ist für einige Kinder passend, für viele noch zu früh. Zum Glück gibt es aber auch Fachkräfte, die keinem starren Plan folgen, sondern situationsangepasst und bedürfnisorientiert mit den Eltern entscheiden, wann alle für eine erste Trennung bereit sind. Denn klar ist: Kinder brauchen für eine Loslösung von ihren Eltern oder familiennahen Begleitpersonen nicht nur Orientierung im Alltag und entspanntem Spielen, sondern eine vertrauensvolle Beziehung zur Fachkraft. Wenn sich diese gut entwickelt hat, dann steht der ersten Trennung auch nichts im Weg. Aber das braucht mal mehr, mal weniger Zeit:

**Es geht nicht darum, Tage zu zählen, sondern Beziehungsmomente zu sammeln. Beziehungsqualität geht nicht ohne Zeit.** Wenige Tage reichen kaum, um eine stabile Beziehung zwischen Fachkraft und Kind aufzubauen, die durch eine Trennungssituation trägt. **Viel Zeit ist aber auch keine Garantie für Beziehungsqualität.** Nur weil du mit deinem Kind schon seit zwei oder drei Wochen in der Eingewöhnung bist, vielleicht sogar mit Unterbrechungen dazwischen, heißt das noch lange nicht, dass es genug beziehungsstärkende, vertrauensaufbauende Momente gab, die durch eine Trennungssituation tragen. Um das Risiko für zu frühe Trennungen und einer daraus folgenden Abwärtsspirale zu entgehen, nutze ich für positive Loslassmomente die »Happy Kita«-Explorationsmethode, die du gleich kennenlernen wirst. Doch zuvor zeige ich dir noch, welche Trennungsvarianten es sonst so gibt.

### Dein Kind schickt dich weg

**»Du kannst gehen, Mama/Papa. Tschüss. Bis später.«**

*Wahrscheinlich ist das die Traumvorstellung von allen: Das Kind sagt deutlich, es ist bereit, allein da zu bleiben, es fühlt sich sicher und schickt die Eltern weg. Keine Tränen, kein schlechtes Gewissen. Jackpot.*

Ist das realistisch? Ist das vielleicht sogar zu viel verlangt, und ein Kind kann diese Verantwortung gar nicht tragen? Was ist mit einem Kind, das noch nicht sprechen kann?

Es gibt Kinder, die sagen das genauso deutlich. Und es gibt Kinder, die zeigen, dass sie bereit sind, ohne es konkret auszusprechen. Es gibt Kinder, die sehr autonom sind und die Frage *»Ist es okay für dich, wenn ich kurz rausgehe?«* unbedingt brauchen. Und es gibt Kinder, die auf diese Frage grundsätzlich mit *»Nein!«* antworten würden, auch wenn sie bereit wären. Die Kunst ist, dein Kind so gut zu kennen, dass du in der Situation einschätzen kannst, ob du die Fragen stellst oder lieber nicht.

### Du verabschiedest dich und gehst

Wenn du in der Eingewöhnung sitzt, fragst du dich irgendwann nach dem passenden Zeitpunkt für eine Verabschiedung. Horche täglich in dich selbst hinein und prüfe, ob du schon bereit bist, oder ob du noch mehr Sicherheit und Vertrauen brauchst. Da deine Bewertung der Lage aber auch mit deinem Kind verbunden ist, habe ich dir eine Wetterkarte (S. 160 / 161) zusammengestellt. Mit ihrer Hilfe kannst du besser einschätzen, wann es Zeit für Trennungen ist, die dein Kind gut meistern kann, auch wenn die Initiative von dir ausgeht. Und sie hilft dir auch zu entscheiden, ob du einer von der Fachkraft vorgeschlagenen Trennung zustimmst oder nicht.

Eins noch vorweg, weil Worte auf uns wirken: **»Trennungssituationen« sollen Abschiedsmomente sein, die Loslassen, aber nicht Fallenlassen bedeuten.** Die Bindung und Beziehung zwischen dir und deinem Kind bleibt bestehen, auch wenn ihr Raum und Zeit gerade nicht miteinander teilt.

Eltern fragen mich oft, was sie zu ihrem Kind sagen können, wenn sie sich von ihm verabschieden. Denn eins ist klar: Worte können stärken und schwächen. Auch Kinder, die selbst noch nicht viel sprechen, verstehen uns schon gut. Deswegen achte auf die Botschaft, die du deinem Kind sendest.

**Das kannst du bei der Verabschiedung von deinem Kind sagen**

- *»Ich geh kurz auf die Toilette / telefonieren / etwas aus dem Rucksack in der Garderobe holen. Bin gleich wieder da.«* (Zeige die sehr kurze Zeitspanne.)
- *»Du kannst mit deiner Erzieherin jetzt einen groooßen Turm bauen, und wenn ich gleich zurück bin, schau ich ihn mir an.«* (Gib deinem Kind einen konkreten Auftrag für die Zeit, während du weg bist.)
- *»Ich bin da vorne im Elternzimmer, dein Erzieher passt jetzt gut auf dich auf.«* (Sag deinem Kind, wo du bist und wer während deiner Abwesenheit verantwortlich ist, so dass es sich nicht allein fühlt.)
- *»Ich erledige einen Erwachsenentermin / gehe arbeiten und du kannst hier mit der Tagesmutter und den Kindern spielen.*

*Ich wünsch dir viel Spaß.«* (Zeige, dass ihr beide einen eigenen Job habt.)

Überlege dir vor der Verabschiedung einen zu eurer Situation passenden Satz, damit du im Moment, wo es drauf ankommt, sicher bist. Zeige deinem Kind, dass gleich etwas Gutes passiert. Es gibt aber auch typische Sätze, die müssen nicht, können aber etwas ungünstig wirken.

**Das solltest du bei der Verabschiedung von deinem Kind lieber NICHT sagen**

- *»Sei schön lieb und weine nicht.«* (Das setzt dein Kind emotional unter Druck und könnte dazu führen, dass es seine Gefühle verleugnet.)
- *»Ich gehe einkaufen.«* (Falls dein Kind super gerne einkaufen geht, will es vermutlich mitkommen.)
- *»Ich geh zum Bäcker und bringe dir etwas mit.«* (Versprich deinem Kind keine Belohnung dafür, dass es eine Trennungssituation aushält, weil es ein Brötchen oder etwas Süßes bekommt.)
- *»Du brauchst keine Angst haben.«* (Angst kannst du nicht wegreden, der Satz hilft deinem Kind nicht, plötzlich keine Angst mehr zu haben.)
- *»Mama/Papa muss jetzt arbeiten.«* (Sprich nicht von dir in der dritten Person, so als würdest du neben dir stehen und noch dazu fremdbestimmt sein, weil du »musst«. Du hast entschieden zu arbeiten, also zeige deinem Kind, dass du eigenverantwortlich bist und sprich von dir in der Ich-Form: *»Ich möchte jetzt zur Arbeit. Was kann ich noch für dich tun, bevor ich losgehe?«*)

**»Dein Kind ist bereit für die Loslassen«-Wettervorhersage**

Anhand dieser Wettervorhersage erkennst du, ob dein Kind bereit fürs Loslassen ist:

| | | |
|---|---|---|
| Dein Kind nimmt von sich aus Körperkontakt zur Fachkraft auf, setzt sich z. B. freiwillig auf ihren Schoß, lässt sich von ihr hochnehmen und tragen oder möchte getragen werden. | Dein Kind nimmt von sich aus kaum Körperkontakt zur Fachkraft auf, akzeptiert ihn aber ohne Widerstand und lässt sich von ihr hochnehmen und tragen. | Dein Kind hatte noch keinen Körperkontakt zur Fachkraft oder wehrt sich dagegen, wenn es von ihr hochgenommen und getragen wird. |
| Die Fachkraft durfte dein Kind schon mal trösten, als es hingefallen ist oder ihm ein anderes Kind zu nah kam. | Die Fachkraft hat es versucht, aber nur kurz geschafft dein Kind zu trösten, als es hingefallen ist oder ihm ein anderes Kind zu nah kam. Es wollte dann doch nochmal zu dir. | Die Fachkraft hat es noch gar nicht versucht, oder es ist gescheitert, dein Kind zu trösten, als es hingefallen ist oder ihm ein anderes Kind zu nah kam. Es wollte schnell aus der Situation weg und sofort zu dir. |
| Dein Kind sucht öfter Schutz bei der Fachkraft und wendet sich bei Fragen an sie, statt an dich. Es brabbelt oder redet mit ihr und antwortet auf ihre Gesprächsangebote. | Dein Kind sucht gelegentlich Schutz bei der Fachkraft und wendet sich bei Fragen an sie, aber auch noch oft an dich. Es brabbelt oder redet mit ihr, aber antwortet zurückhaltend auf ihre Gesprächsangebote. | Dein Kind sucht keinen Schutz bei der Fachkraft und wendet sich bei Fragen an dich. Es brabbelt oder redet mit ihr selten und antwortet kaum auf ihre Gesprächsangebote, sondern schaut weg oder versteckt sich bei dir. |
| Die beiden haben schon mehrfach miteinander gespielt, ohne dass dein Kind ständig zu dir geschaut hat. | Die beiden haben schon ein paar Mal miteinander gespielt, aber dein Kind schaut dabei auch noch öfter zu dir. | Die beiden haben noch nicht oder selten miteinander gespielt, und dein Kind hat dabei sehr oft zu dir geschaut. |
| Wenn die Fachkraft etwas anderes macht, spielt dein Kind weiter. | Wenn die Fachkraft etwas anderes macht, kommt dein Kind zu dir zurück. | Wenn die Fachkraft etwas anderes macht, bleibt dein Kind in deiner Nähe. |
| Mit anderen Kindern spielt und kommuniziert dein Kind auch gern, und es bewegt sich selbstsicher frei im Raum zu den Spielmaterialien oder Büchern, die es gerne nutzen mag. | Mit anderen Kindern spielt und kommuniziert dein Kind mal mehr, mal weniger und es bewegt sich eher langsam und nicht lange allein im Raum zu den Spielmaterialien oder Büchern, die es gerne nutzen mag. | Mit anderen Kindern spielt und kommuniziert dein Kind gelegentlich bis kaum, und es bewegt sich selten bis gar nicht allein im Raum zu den Spielmaterialien oder Büchern, die es gerne nutzen mag. |

| Dein Kind weint kaum und fängt sich schnell wieder. | Dein Kind weint oder quengelt gelegentlich, aber fängt sich auch wieder. | Dein Kind weint oder schreit, es lässt sich auch von dir nur schwer beruhigen und will nach Hause. |
|---|---|---|
| Du siehst dein Kind lachen und wie es neugierig und offen die Welt entdeckt. | Du siehst dein Kind lachen, aber es braucht noch Anstupser, um neugierig und offen die Welt zu entdecken, das traut es sich manchmal noch nicht von allein. | Du siehst dein Kind wenig lachen, es schaut unsicher oder ängstlich und hat keinen Mut, ohne dich an der Hand die Welt zu entdecken. |
| Du merkst, dass sein Körper entspannt ist, nicht nur wenn es auf deinem Schoß sitzt. | Du merkst, dass sein Körper nicht gestresst, aber entspannter ist, wenn es auf deinem Schoß sitzt. | Du merkst, sein Körper ist gestresst und angespannt, es sitzt wie angewurzelt auf deinem Schoß. |
| Die Fachkraft durfte dein Kind auch schon wickeln oder auf die Toilette begleiten. | Die Fachkraft hat dein Kind schon gewickelt oder auf die Toilette begleitet, aber du musstest dabei sein. | Die Fachkraft hat dein Kind noch nie gewickelt oder auf die Toilette begleitet. |
| Es isst und trinkt, nuckelt oder stillt nur selten bis gar nicht, während ihr dort seid. | Es isst und trinkt nicht viel, nuckelt oder stillt gelegentlich, während ihr dort seid. | Es isst und trinkt nichts, nuckelt oder stillt sehr häufig, während ihr dort seid. |
| **Du spürst: Dein Kind hat Spaß und fühlt sich wohl.** | **Du spürst: Dein Kind hat schon Spaß, fühlt sich aber noch nicht hundertprozentig wohl.** | **Du spürst: Dein Kind hat keinen Spaß und fühlt sich gar nicht wohl.** |
| **Es ist dein Kind, so wie du es von zu Hause kennst. Die Voraussetzungen für positive Trennungserfahrungen sind sehr gut. Dein Kind ist bereit.** | **Es ist dein Kind, so wie du es aus ähnlichen Situationen kennst und weißt, es bräuchte noch etwas mehr Zeit. Die Voraussetzungen für positive Trennungserfahrungen sind noch nicht optimal. Dein Kind ist vielleicht bereit, wenn es gut begleitet wird.** | **Es ist nicht dein Kind, so wie du es kennst. Die Voraussetzungen für positive Trennungserfahrungen sind nicht gegeben. Dein Kind ist nicht bereit.** |

## Die pädagogische Fachkraft schickt dich weg

**»Komm, wir schicken die Mama mal weg.«**

Wenn die pädagogische Fachkraft mit deinem gut gelaunten Kind auf dich zukommt und dich wegschickt, kann das hilfreich sein und dir den nötigen Anstupser geben, dich zu lösen. Weil wir als Eltern manchmal nicht merken, wann unser Kind bereit ist und wir lieber auf Nummer sicher gehen wollen. Dabei geht es mehr um uns selbst als um unser Kind, und Fachkräfte meinen es gut und bringen den Loslöseprozess in Gang. Wenn die pädagogische Fachkraft feinfühlig ist und dich damit bestärkt, passt das auch.

*Manchmal kann diese Aussage aber auch übergriffig sein. Wenn die Fachkraft mit deinem Kind vor dir über dich spricht, verbünden sie sich gewissermaßen, und du kommst in eine Zwickmühle: Gibst du nach und stimmst der Trennung zu, obwohl du davon womöglich überrumpelt und nicht bereit dazu bist? Oder sagst du Nein zur pädagogischen Fachkraft und gibst deinem Kind damit das ungünstige Signal, dass du der Betreuungsperson beziehungsweise deinem Kind nicht vertraust, dass die beiden das schaffen.*
*Besser ist es, wenn die pädagogische Fachkraft direkt mit dir spricht und ihr gemeinsam entscheidet, dass jetzt ein guter Moment für einen Loslassversuch ist.*

**»Schauen Sie mal. Ihr Kind spielt grad so schön. Da können Sie sich jetzt kurz verabschieden und rausgehen.«**

Das ist der Klassiker: Das Kind ist vertieft ins Spiel, die pädagogische Fachkraft gibt ein Zeichen, Mama oder Papa kommt zum Kind, verabschiedet sich und geht zur Tür raus. Wie wird das Kind wohl reagieren?

## Kindliche Reaktion auf Trennungssituationen

- Kind sagt »Okay/Tschüss« und spielt weiter
- gute Verbindung zur Fachkraft

- Kind ist ins Spiel vertieft und bewertet Abschied erst später richtig; »Mama/Papa ist plötzlich weg« und weint dann, weil es sich unsicher fühlt
- Kind weint beim Abschied, lässt sich aber schnell und liebevoll beruhigen (nicht nur ablenken)

- Kind fängt sofort an stark zu weinen, es will mit oder will, dass Elternteil bleibt, oder rennt hinterher
- Kind muss zusehen, wie Elternteil trotzdem geht, und wird eventuell von Fachkraft festgehalten
- Kind fühlt sich verlassen, unsicher, ängstlich

Je stärker ein Kind auf die Trennungssituation mit Unwohlsein, Unsicherheit oder Überforderung reagiert, weil die Beziehung zur pädagogischen Fachkraft noch nicht stark genug ist oder die Art des elterlichen Verabschiedens nicht geeignet war, um diese Situation zu meistern, desto mehr Bindungsverhalten zeigt es. Kinder sind clever, sie sorgen dafür, dass ihre Bedürfnisse befriedigt werden und lernen schnell aus der Situation:

**»Immer, wenn ich entspannt spiele, geht mein Papa/meine Mama. Aber dann fühle ich mich unsicher. Also spiele ich morgen nicht mehr entspannt, sondern bleib lieber in der Nähe und pass auf, dass er/sie nicht mehr weggeht. Sicher ist sicher.«**

## Wie viel Weinen ist normal?

Nichts ist so sehr mit dem Begriff Eingewöhnung verbunden wie ein weinendes Kind. Und es vergeht keine Elternberatung oder Kita-Fortbildung, bei der ich nicht darüber spreche, wie viele Tränen sein dürfen. Nach so vielen Jahren intensiver Begleitung von Eingewöhnungsprozessen und sehr vielen Notfall-Beratungen ist meine Toleranzgrenze für weinende Kinder inzwischen extrem gesunken. **Die Anzahl gewaltvoller Abschieds- beziehungsweise eher (Ab)Trennungssituationen ist viel zu hoch!** Doch wie kann es so weit kommen?

**»Weinen gehört dazu. Tränen sind ganz normal. Es geht nicht ohne Trennungsschmerz. Tränen sind ja auch ein Zeichen einer sicheren Bindung. Und übers Trösten wird Vertrauen aufgebaut.«**

Puh, da muss ich echt Atmen, wenn ich das schreibe, weil es mir so oft begegnet – von Fachkräften und von Eltern. Und ich möchte das unbedingt aufdröseln:

**Weinen gehört NICHT zur Eingewöhnung dazu.** Zumindest nicht zwangsläufig, als würde es nicht anders gehen. Wir müssen endlich aufhören zu denken »Eingewöhnung = Trennung + Weinen«. Ein Kind, das bereit ist, loszulassen, das von Eltern und Fachkräften bindungssicher, bedürfnisorientiert und beziehungsstark begleitet wird, das hat keinen (oder nur wenig) Grund zu weinen.

**Tränen sind NICHT normal.** Also nicht im Sinne von »Ist normal, ist egal.« Normal im Sinne von »tritt häufig auf« ja, leider. Aber zu oft wird aus der Annahme, dass Tränen normal sind, ein Bagatellisieren: *»Geht schon vorbei, ist nicht so schlimm. Müssen wir nix ändern.«* Und das ist nicht okay, denn:

**Es geht OHNE TrennungsSCHMERZ.** Eingewöhnung muss nicht wehtun. Die Toleranzschwelle für emotionalen Schmerz ist nur leider wesentlich höher als für körperlichen Schmerz. Wie würden wir das Weinen von Kindern bewerten, wenn wir das, was sie fühlen, als äußere Verletzung sehen könnten? TrennungsKUMMER ist okay. Vermissen ist okay. Aber dafür braucht es eine beziehungsstarke Eingewöhnung.

**Auch FEHLENDE Tränen sind ein Zeichen einer sicheren Bindung.** Kinder können je nach Alter, Temperament, kultureller Prägung und Kita-Bereitschaft nach kurzer Zeit ohne Eltern/Begleitperson in der Betreuung bleiben, dabei nicht weinen und trotzdem sicher gebunden sein. Zweifle nicht an der sicheren Bindung zu deinem Kind, nur weil es nicht weint. Freu dich darüber. (Und falls wirklich der Verdacht auf eine unsichere Bindung besteht, lass es professionell abklären.)

**Vertrauen soll VOR dem Trösten aufgebaut werden.** »*Nicht das Weinen, der Schmerz und die Hilflosigkeit schaffen Vertrauen*«, sondern die Erlebnisse des Kindes, dass es bei der Betreuungsperson sicher ist. Dafür braucht es Zeit, um eine beziehungsstarke Verbindung einzugehen, bevor es zur Trennungssituationen kommt. »*Vertrauen wird nicht dadurch aufgebaut, dass Kinder in eine hilflose Situation gebracht werden, in der ihnen keine Wahl bleibt, als sich aus der Not heraus an die ihnen zur Verfügung stehende [Betreuungs]Person zu wenden.*«[28]

Vielleicht hast du beim Lesen jetzt erleichtert aufgeatmet, weil es das ist, was du auch so fühlst. Vielleicht hast du aber auch ein »*Ja, aber …*« im Kopf (dann lies unbedingt weiter).

Möglicherweise denkst du jetzt auch Folgendes:

### »Ich geb mein Kind niemals weinend ab!«

Dann möchte ich dir sagen: Nein. Nimm dir das nicht vor. So eine pauschale Aussage ist genauso schwierig wie »*Weinen gehört dazu*«. Es kann echt viel Druck auslösen, wenn du krampfhaft versuchst,

Weinen zu vermeiden. Ich selbst habe meine Kinder auch schon weinend abgegeben (als es Kummer, aber kein Schmerz war). Auch eine Eingewöhnung, bei der dein Kind mal weint, kann eine gute Eingewöhnung sein. Mein Motto lautet: **Keine Angst vor Tränen. Aber jede Träne ist ein Signal.**

Es ist also wichtig, diese Signale genau zu analysieren und dann die richtigen Schlüsse daraus zu ziehen. Das ist das, was ich jede Woche im *Happy Kita Start Begleitprogramm* mache. Eltern schildern mir die Situation in der Eingewöhnung und stellen ihre Fragen. Und ich drösle die Situation auseinander, reagiere mit konkreten Kommunikationstipps für die Gespräche mit pädagogischen Fachkräften oder praktischen Tipps für den Umgang mit dem Kind. Ich interveniere, bevor die Eingewöhnung in die Abwärtsspirale rutscht, und zeige Wege, wie es gut weitergehen kann. Und ich begleite die Gefühle der Eltern, denn Eingewöhnung ist so ein abenteuerlicher Prozess! Wichtig ist, dass du deinem Kind MitGEFÜHL zeigst, ohne dabei ins MitLEID(en) abzurutschen. Dein Kind braucht dich liebevoll zugewandt und emotional stark an seiner Seite.

## Was Tränen dir sagen wollen

**»Schau mal hierhin, Mama/Papa. Ich hab Gefühle in meinem Bauch, die ich grad nur mit Weinen ausdrücken kann. Ich brauche deine Hilfe.«**

Kinder sind mit ihren Gefühlen viel besser befreundet als die meisten Erwachsenen. **Kinder spüren mehr, als wir denken. Weil wir mehr denken, als wir spüren.** Dabei haben Gefühle so eine große Aufgabe: Sie sind Impulsgeberinnen, die uns mitteilen welche Bedürfnisse gerade (un)erfüllt sind und welche hilfreichen (*»Ein Schritt nach dem anderen bis zum Ziel. Tschakka!«*) oder hemmenden (*»Boah, der Berg ist sooo steil, das schaffen wir niemals!«*) Gedanken uns im Kopf herumschwirren. Gefühle verpacken ihre Botschaften in Verhaltensweisen (wie z. B. Weinen), so dass wir sie sehen können. Frage dich also: Was will mir mein Verhalten oder das meines Kindes mitteilen? Wie geht's mir oder meinem Kind gerade wirklich?

Die Verhaltensweisen, die dein Kind bei einer Verabschiedungssituation zeigt, sind das, was du auch von Weitem sehen kannst (die Bergspitze). Darunter (unter der Baumgrenze) verbergen sich die Gefühle, die (Bäume) sind nur bei genauem Hinschauen einzeln erkennbar. Und wenn du noch näher kommst, dann erkennst du auch den Grund und Boden (das Gestein), die Bedürfnisse und Gedanken, die den Berg so geformt haben, wie er da steht.

## Kindliche Reaktion auf Trennungssituationen

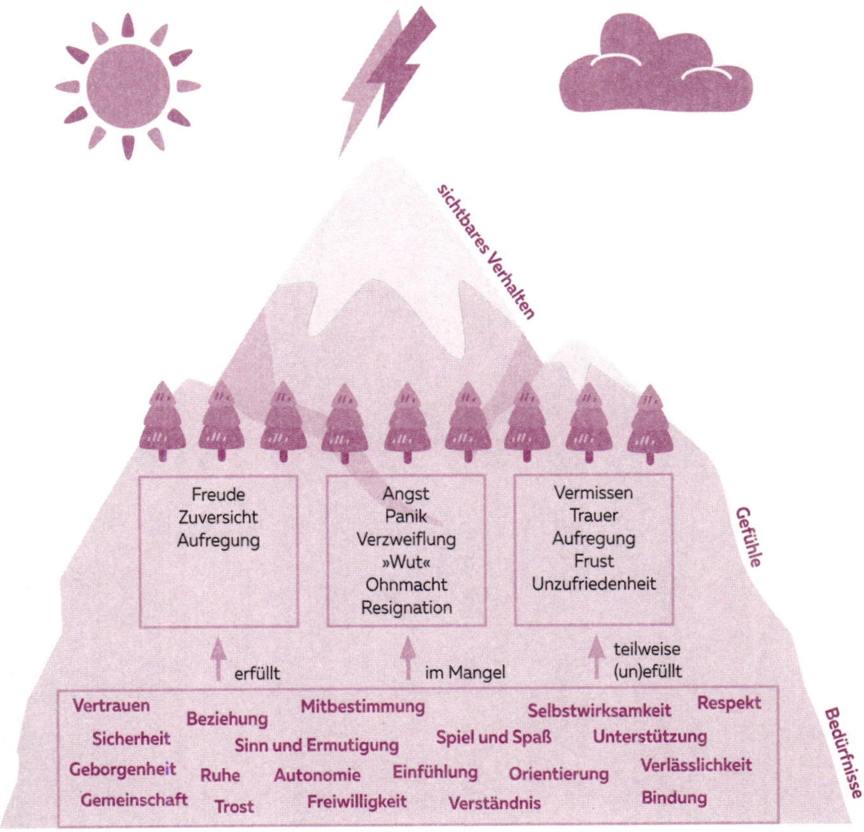

**Die Weinen-Wetterkarte**
Lies dazu die Erklärung auf S. 170.

| Sonne | Wolke | Blitz |
|---|---|---|
| Dein Kind spaziert freudig in die Einrichtung, lässt sich in der Garderobe entspannt umziehen oder will es »alleine machen«.<br>Es trappelt eigenständig in die Gruppe, begrüßt seine Bezugsperson, fängt an zu spielen. | Dein Kind spaziert freudig in die Einrichtung, lässt sich in der Garderobe umziehen oder will es »alleine machen«.<br>Es trappelt eigenständig in die Gruppe, stoppt aber an der Türschwelle. Du redest mit der Fachkraft, und dein Kind hat Zeit zum Ankommen. | Dein Kind will überhaupt nicht in die Einrichtung und weint schon vorher.<br>Es lässt sich in der Garderobe kaum umziehen.<br>Du versuchst es zu trösten, aber es weint lange, bis es dir gelingt.<br>Vielleicht rennt es sogar weg oder sträubt sich gegen Körperkontakt. |
| Beim Abschied winkt es dir fröhlich zu oder ruft ein kurzes Tschüss und ist schwupps wieder im Spielgeschehen verschwunden. Glücklich-verblüfft stehst du da und kannst zufrieden gehen. | Beim Abschied winkt es dir wehmütig/traurig zu oder sagt: *»Tschüss«*, vielleicht auch: *»Mama wiederkommt«*. Danach geht es mit seiner Bezugsperson ins Spielgeschehen, und du kannst gehen. | Du willst es auf den Arm seiner Bezugsperson übergeben, aber es weint oder schreit, klammert und krallt sich an dir fest. Mit erstickter Stimme sagt es: *»Nein, nein.«* Tränen füllen die Augen bis zum Überlaufen und strömen seine Wangen hinunter. |
| Du trägst dein gut gelauntes Kind oder es läuft selbstbewusst hinein. | Du trägst dein an dich angekuscheltes Kind, oder es läuft hinein, aber nur an deiner sicherheitsgebenden Hand. | Es fällt dir schwer, ruhig zu bleiben, und du drückst der Bezugsperson dein Kind schnell auf den Arm. Oder sie nimmt es von deinem Arm weg und pflückt es ab. |
| Dein Kind braucht vielleicht in der Garderobe noch einen Moment, um mit dir zu knuddeln, lässt sich dann aber ohne Widerstand von dir auf den Arm seiner Bezugsperson übergeben. Es streckt seine Ärmchen nach ihr aus und schmiegt sich an sie. Du gibst ihm noch einen dicken Kuss, verabschiedest dich und gehst. | Dein Kind braucht in der Garderobe etwas mehr Zeit, um mit dir zu knuddeln, und weint vielleicht auch. Du tröstest und willst es danach auf den Arm seiner Bezugsperson übergeben. Tränen kullern seine Wangen hinunter, es umarmt dich fest und mag lieber bei dir bleiben. Du bleibst ruhig und drückst es nochmal liebevoll, gibst ihm einen dicken Kuss, verabschiedest dich und gehst. | Dein Kind wehrt sich, strampelt, streckt sich durch, kreischt. Vielleicht haut oder tritt es nach dir oder der pädagogischen Fachkraft, rennt dir hinterher oder muss sich übergeben. |

<table>
<tr>
<td>Vielleicht bist du dabei ein bisschen wehmütig und aufgeregt, aber du freust dich über deine freie Zeit, die du jetzt hast.</td>
<td>Vielleicht bist du dabei ein bisschen traurig und aufgeregt, aber du weißt, dass es bei der pädagogischen Fachkraft gut aufgehoben ist. Dein Kind wird liebevoll von ihr getröstet (nicht bloß abgelenkt) und beruhigt sich nach wenigen Minuten. So lange bleibst du um die Ecke stehen und lauschst, bis du erleichtert gehst und dir vielleicht auch ein zwei Tränchen verdrückst, weil Loslassen gar nicht so leicht ist.</td>
<td>Vermutlich bist du dabei extrem gestresst, dein Bauchgefühl schreit »Nein, das ist nicht richtig!« oder »Anders geht's doch nicht!«, und du weißt, dass dein Kind bei der pädagogischen Fachkraft nicht gut aufgehoben ist. Sie kann dein Kind weder beruhigen noch ablenken.<br>Du wartest um die Ecke und dein Herz zerspringt in tausend Teile. Leise hörst du dein Kind nur noch wimmern, vielleicht ist es auch vor Erschöpfung und Resignation eingeschlafen. Schmerzerfüllt gehst du und weinst.</td>
</tr>
<tr>
<td>Dein Kind ist bereit für den Abschied, weil es in sich verankert hat, dass Trennungssituationen in der Betreuung okay sind. Es signalisiert, dass es sich sicher und geborgen fühlt.</td>
<td>Dein Kind kann den Abschied mit co-regulierenden Erwachsenen meistern, wünscht sich aber etwas anderes. Es signalisiert, dass es dich vermisst und traurig ist, wenn du weg bist. Dass es aber auch klarkommt, seine Bezugsperson mag, von ihr getröstet wird und Spaß hat.</td>
<td>Dein Kind kann den Abschied nicht schaffen, es ist nicht wütend, weil du weg bist, und will auch nicht seinen Willen durchsetzen, damit du wiederkommst. Es signalisiert, dass es Angst hat und sich nicht sicher fühlt. Dass es nicht klarkommt, weil es nicht weiß, ob du wiederkommst. Dass es der Bezugsperson nicht vertrauen kann und sich verloren fühlt.</td>
</tr>
<tr>
<td colspan="2">Mit diesen beiden Varianten kann ich gut mitgehen, denn sie beschützen die Bindung, befriedigen die Bedürfnisse und bestärken die Beziehung</td>
<td>Hier können negative bis traumatische Trennungserfahrungen ausgelöst werden. Dafür müssen nicht alle Signale gleichzeitig auftreten! In diesem Fall solltest du den Trennungsversuch gar nicht erst versuchen oder sofort abbrechen. Es ist auch okay, dein Kind wieder mit nach Hause zu nehmen!</td>
</tr>
</table>

### »Dein Kind weint«-Wettervorhersage

In meiner Arbeit ist eins meiner wichtigsten Ziele, dass die ersten Trennungssituationen freiwillig und tränenfrei ablaufen. Denn nur so kann sich eine positive Erfahrung mit Abschied und Wiedersehen in deinem Kind (und dir) abspeichern. Du hast vorhin schon gelesen, dass Weinen und Vermissen in Ordnung sind, und dazu stehe ich auch, doch: **Je früher ein Kind in der Eingewöhnung weint, desto schwerer kann man das »Ist-okay-Weinen« (Trennungskummer) vom »Ist-nicht-mehr-ok-Weinen« (Trennungsschmerz) unterscheiden.**

Zu einem späteren Zeitpunkt, wenn die Fachkraft das Kind besser kennt, eine starke Beziehung aufgebaut hat und dein Kind erste positive Trennungserfahrungen gemacht hat, dann darf Weinen auch mal sein.

Wie viel Weinen okay ist, dafür gibt es keine pauschale Antwort oder allgemeingültige Checkliste, weil das hochgradig individuell ist und von sehr vielen Faktoren abhängt, die ich mir in der Beratung immer genau anschaue. Wie du es möglichst lange tränenfrei schaffst, liest du im nachfolgenden Kapitel. Jetzt möchte ich dir mit der »Dein Kind weint«-Wettervorhersage eine erste Orientierung geben, was dich erwarten kann (und wie warm du dich in Abschiedssituationen anziehen musst). Blättere dazu auf die vorherige Doppelseite zurück.

Dein Kind wird dich im Blitz-Fall nicht manipulieren, sondern lernen, dass seine Gefühle ernst genommen werden. Natürlich kann das nur eine Notfall-Strategie sein, aber bevor dein Kind bereit ist loszulassen, muss erst wieder Bindungssicherheit hergestellt, Vertrauen und Beziehung zur Fachkraft aufgebaut werden.

**»Mama/Papa, ich habe Angst. Ich bin hier nicht sicher. Ich bin verzweifelt. Ich komm hier nicht allein klar, denn ich weiß nicht, ob du wiederkommst. Ich mag die Bezugsperson ein bisschen (oder gar nicht), und ich kann ihr noch nicht vertrauen. Ich bin hier verloren, keiner kümmert sich gut um mich. Ich habe Panik und kämpfe um mein Leben, bis ich nicht mehr kann.«**

»Ich weiß, dass sie an Tag 4 die erste Trennung vornehmen, um zu sehen, wie das Kind reagiert. Sollte mein Sohn sehr panisch weinen, wird abgebrochen und zurückgerudert. Dann bin ich wieder dabei. Doch wird die Trennung in regelmäßigen Abständen immer wieder aufs Neue ausprobiert.«

»Na dann weiß Ihr Kind jetzt wenigstens, dass Sie zurückkommen.«

**Kein Kind muss weinen, um zu lernen, dass Mama oder Papa wiederkommt! Es geht nicht darum, Trennung zu üben und das Kind an den Trennungsschmerz zu gewöhnen. Auch Rückschritte und Pausen in den Trennungszeiten sind erlaubt, um nicht in einer Abwärtsspirale zu landen.** Eingewöhnung ist ein Prozess, und bei diesem Teil des Weges eine steile Wanderung. Manchmal geht's zwei Schritte vor und drei zurück. Die Devise »Einmal Trennung heißt weiter dranbleiben zu müssen« erhöht den Druck und hemmt das Vorankommen. Verschnaufe auf der Alm, bis dein Kind weniger Bindungssignale zeigt und bereit ist, freiwillig loszulassen.

## So gestaltest du die Trennungssituation nach der »Happy Kita«-Explorationsmethode

Vor etwa zwanzig Jahren saß ich in meinem Sozialpädagogik-Studium in der Vorlesung *»Soziologie der Zweierbeziehungen«* von Prof. Karl Lenz. Und ich hätte nie gedacht, dass ich das, was er über die Auflösung von eben diesen Zweierbeziehungen (Paarbeziehungen) sagte, inzwischen in Verbindung mit Eingewöhnung bringe: **Die Person, die sich trennt, hat es in der Regel leichter als die Person, die verlassen wird.**

Vielleicht hast du schon mal mit einem geliebten Menschen Schluss gemacht und aus für dich guten Gründen die Beziehung beendet. Vermutlich hast du dich dabei aktiv und stark gefühlt, weil es deine eigene freie Entscheidung war (selbst wenn es dir nicht leichtgefallen ist). Vielleicht wurdest du auch schon mal verlassen und hast es entweder kommen sehen oder wurdest total davon überrascht und überrumpelt. Vermutlich hast du dich in diesem Fall eher hilflos und passiv gefühlt, weil es nicht deine freie Entscheidung war. Und dann kickte der Liebeskummer extra hart.

Wie das mit Eingewöhnung und dem Loslassprozess zusammenhängt, habe ich Jahre später mit meinem ersten Kind in der Kita-Eingewöhnung erlebt und bewusst mit meinem zweiten Kind bei der Tagesmutter-Eingewöhnung als Strategie eingesetzt. Danach habe ich die **»Happy Kita«-Explorationsmethode** (wie ich sie seitdem nenne) mit großem Erfolg in meine Arbeit mit Eltern und pädagogischen Fachkräften eingebaut.

Sie ist ganz einfach:

### Dein Kind verabschiedet sich und geht

Stell dir vor, du sitzt im Gruppenraum, und dein Kind löst sich aus deinem »Dunstkreis« und entdeckt den Raum. Neugierig erkundet es die Spielsachen und nimmt mit der pädagogischen Fachkraft fröhlich Kontakt auf. Die beiden verstehen sich gut. Aber sobald du dich verabschieden willst, klammert dein Kind an deinem Bein, will mit dir zur Toilette oder jammert, dass du dableiben sollst. Es sah doch so gut aus, aber irgendwie kommst du nicht los. Und auf die harte Tour einfach gehen, willst du nicht, weil es das sowieso nur schlimmer macht.

**Dreh die Trennungssituation einfach um. Nicht du verabschiedest dich und gehst. Sondern dein Kind lässt dich sitzen und geht.**

- Am Anfang entfernt es sich erst mal nur innerhalb des Raumes von dir, vielleicht steht ein Bücherregal zwischen euch, so dass es dich nicht sofort sehen kann, aber es weiß, du sitzt noch an deinem Platz.
- Der nächste Schritt ist vielleicht, dass dein Kind mit der Betreuungsperson in den Waschraum planschen geht oder mit ihr im

Nachbarzimmer ein Spielzeug holt und danach wieder zurückkommt.

- Fühlt es sich mit der pädagogischen Fachkraft immer wohler und vertrauter, kann es mit ihr und den anderen Kindern eine Viertel- bis Halbestunde im Nachbarzimmer, auf dem Flur oder im Sportraum verbringen, ohne dass es dich braucht. Du bleibst dann einfach im Gruppenraum sitzen, und dein Kind bewegt sich frei in den Räumen, die es vorher mit dir schon erkundet hat und nun weiß, dass es dort toll ist.
- Und wenn dein Kind gerne rausgeht, kannst du sagen: *»Geh schon mal mit (Name der Fachkraft) vor in den Garten, ich zieh mir noch die Schuhe an und komme gleich nach.«* Das kennt dein Kind auch von zu Hause, wenn es zum Beispiel mit Oma oder Opa schon mal die Treppe runterläuft, während du noch die Tür abschließt.
- Wenn dein Kind Lust auf Draußensein hat und vorher schon mal mit dir gemeinsam im Garten war, wird es sehr wahrscheinlich mit dem Strom der Kindergruppe mitfließen. Und du kannst ein paar Minuten später nachgehen und durchs Fenster nach draußen schauen, wie es deinem Kind geht.
- Und wenn es dich draußen gar nicht braucht, kannst du am nächsten Tag sagen: *»Ich bleib hier drinnen und lese was, du kannst draußen spielen, ich warte hier auf dich. Viel Spaß.«* Und schwupps zieht es los, weil es weiß, du bist als Backup in der Garderobe immer noch da.

All diese Beispiele haben eine Gemeinsamkeit: **Dein Kind entscheidet selbst, wann es wie lange wohin gehen will. Es handelt aktiv und fühlt sich stark. Es verlässt dich, und dadurch ergeben sich ruckzuck 15-, 30- oder 45-minütige Trennungssituationen, die sich nicht nach Trennung anfühlen, weil dein Kind sicher und mutig seinem ihm innewohnenden Entdeckerdrang folgt.** Es gibt keine klassische Verabschiedung, bei der dein Kind zurückgelassen wird und zusehen muss, wie du durch die Tür verschwindest, siehe S. 163. Sondern es ist genau andersrum:

**»Bleib du mal hier sitzen und langweile dich. Ich geh ein Abenteuer erleben. Weil ich es kann. Und weil ich es will.«**

Das ist ein Gamechanger! Dein Kind wird sich kraftvoll und königlich fühlen, weil es sich von dir löst. Aber im Gegensatz zu der Auflösung einer Zweierbeziehung wirst du happy darüber sein, sitzen gelassen zu werden, weil du merkst, dass dein Kind bereit ist.

## »Happy Kita«-Explorationsmethode nach Stefanie von Brück

Das Interessanteste daran ist, dass viele Fachkräfte und Eltern unbewusst auch so oder so ähnlich vorgehen. **Weil es schlichtweg dem natürlichen »Ich fühl mich sicher«-Bindungs- und »deswegen kann ich die Welt entdecken«-Explorationsverhalten entspricht.** Und einige praktizieren das auch in Verabschiedungssituationen, wenn Kinder ihre Eltern rausschubsen. Nur die wenigsten nutzen es bewusst von Anfang an als Strategie und vollziehen trotzdem die »klassische Abschiedssituation« (Elternteil trennt sich, Kind wird verlassen). Aber der Gewinn der Explorationsmethode ist: **Das Kind erlebt POSITIVE**

**Trennungserfahrungen, die sich tief in sein emotionales Gedächtnis einspeichern. Auf diesen bindungssicheren, bedürfnisorientierten und beziehungsstarken Loslassmomenten lassen sich die »normalen Verabschiedungen« (die irgendwann folgen) viel besser aufbauen.**

### Auf das Timing kommt es an

Wenn du mit deinem Kind die »Happy Kita«-Explorationsmethode mehrere Tage lang erfolgreich erlebst und die »Trennungszeit« beispielsweise wiederholt bis auf rund sechzig Minuten ausgedehnt werden konnte, wächst in dieser Zeit das Vertrauen im Beziehungsdreieck enorm:

- Das Vertrauen des Kindes in sich selbst wächst, weil es merkt: Ich komme hier ohne meine Mama/meinen Papa klar.
- Das Vertrauen deines Kindes in die Fachkraft wächst, weil es merkt: Die Betreuungsperson kann genauso gut wie meine Eltern auf mich aufpassen und sie ist für mich da.
- Dein Vertrauen in dein Kind wächst, weil du merkst: Mein Kind ist gerne in der Kita und fühlt sich wohl.
- Dein Vertrauen in die Fachkraft wächst, weil du merkst: Die Fachkraft kümmert sich gut um mein Kind.
- Das Vertrauen der Fachkraft in sich selbst und das Kind wächst, weil sie merkt: Ich kenne das Kind inzwischen gut und kann es emotional auffangen, wenn es nun zur Abschiedssituation kommt.
- Das Vertrauen der Fachkraft in dich wächst, weil sie merkt: Das Kind löst sich, die Bindungsperson rennt nicht hinterher und kontrolliert, sie vertraut mir ihr Kind an.

Zugegeben, der letzte Punkt wird leider nicht immer so gesehen, vielen (nicht allen!) pädagogischen Fachkräften geht es darum, die Eltern lieber schnell loszuwerden, und sie wollen nicht, dass die Eltern so lange dabeibleiben.

*»Ein Kind darf sich nicht daran gewöhnen, dass die Eltern lange dabei sind«* ist ein typischer Mythos rund um Eingewöhnung. Aber es geht auch anders! Die Leiterin einer Kita in der Nähe von Salzburg schrieb mir, nachdem ich ihr Team fortgebildet hatte:

»Obwohl wir am Anfang mehr Zeit investiert haben, ohne Loslass-Versuche, waren die meisten Eingewöhnungen dann schneller abgeschlossen als gewöhnlich. Unser Fazit ist, dass die Eingewöhnung dieses Jahr besonders gut verlaufen ist. Es gab sehr wenige Tränen und wenn, dann ließen sich die meisten Kinder sehr schnell beruhigen, da einfach bereits viel Vertrauen zu den neuen Bezugspersonen da war. Wir sind alle begeistert, wie viel Mehrwert diese eine Kennenlern-Woche allen Beteiligten bietet und wie schnell sich dann die noch sehr jungen Kinder (achtzehn Monate bis drei Jahre) bei uns eingewöhnt haben.«

Dieses Vertrauen ist die beste Voraussetzung für eine »richtige« Abschiedssituation, die irgendwann nötig wird, damit du auch die Betreuungseinrichtung verlassen kannst. Und dabei kommt es ganz auf das Timing an:

**Das kannst du in der Abschiedssituation tun**

- Verabschiede dich nicht, wenn dein Kind mitten ins Spiel vertieft ist. Es könnte dadurch aus seinem Flow herausgerissen werden, und der entspannte Moment geht eventuell kaputt. Oder es bekommt die Verabschiedung nicht richtig mit.
- Suche den Zeitpunkt, in dem es deinem Kind am leichtesten fällt, dich gehen zu lassen. Wenn es dein Kind zum Beispiel lieber ruhiger mag, kommt morgens früher und verabschiedet euch, bevor die »Alle Kinder werden gebracht«-Rushhour beginnt.
- Nutze eine (in der Pädagogik nennt sich das) **Mikrotransition** für die Verabschiedung. Zum Beispiel bleibst du noch bis zum

Frühstück oder Morgenkreis (weil dein Kind diese Zeit zum Ankommen braucht). Danach wird dein Kind von seiner Vorfreude, gleich spielen zu können, magnetisch angezogen und kann's kaum erwarten. Du verabschiedest dich, bevor es mit der Fachkraft zum Spielen geht.

- Eine andere Möglichkeit ist, dass du noch während der Drinnen-Spielzeit bleibst und wenn dein Draußen-Kind sich auf den Garten freut, bleibst du diesmal nicht in der Garderobe sitzen, sondern kannst deiner Wege gehen: *»Ich wünsch dir viel Spaß im Garten. Ich geh eine Runde spazieren, und hole dich wieder ab. Erzähl mir dann, wie oft du gerutscht bist.«*
- Wähle einen Zeitpunkt, bei dem die Fachkraft bereit ist und Zeit hat, sich um dein Kind zu kümmern, nicht nur falls es getröstet werden muss, sondern um der Anker für dein Kind zu sein, wenn du als Anker weg bist.
- Arbeite mit der Fachkraft zusammen! Dein-50-Prozent-Anteil an der Situation ist die emotional starke, klare Verabschiedung deines Kindes. Die anderen 50 Prozent sind das empathische Auffangen deines Kindes durch die Betreuungsperson.
- Erwarte nicht von deinem Kind, dass es von sich aus in den Raum geht oder dableibt. Einige Kinder machen das, andere brauchen eine liebevolle Arm-zu-Arm-Übergabe.
- Übergib dein Kind bewusst in die Arme der Fachkraft (und lass dir dein Kind nicht vom Arm nehmen). Wenn du selbst aktiv bist, sendest du deinem Kind das Signal »Ich bin bereit, dich in die vertrauensvollen Hände deiner Betreuungsperson zu geben.«

### »Kurz und schmerzlos«

»Die Verabschiedung ist besser kurz und schmerzlos. Sie machen es Ihrem Kind sonst nur schwerer.«

Das ist einer der häufigsten Sätze, die Eltern im Rahmen der Eingewöhnung hören, und er ist so weit verbreitet, dass nicht nur pädagogische Fachkräfte, sondern auch Eltern daran glauben, aber:

*Die »kurz und schmerzlos«-Annahme ist falsch und gefährlich. Denn sie bedeutet in den allermeisten Fällen* **schmerzvoll.** *Zu oft wird eine Trennung gewaltvoll erzwungen, Kinder werden weinend und klammernd, mitunter schreiend und strampelnd vom Arm gepflückt. Eltern wird mit »Sie gehen jetzt!« die Tür vor der Nase zugeschlagen, oft gepaart mit der Begründung, nur die Eltern hätten ein Problem mit dem Loslassen, und sie sollen doch einfach vertrauen, weil »Wir machen das schon«. Wenn Kind und Eltern von der Trennungssituation überrumpelt werden, entsteht Stress, und es kann keine entspannte Loslösung stattfinden. Aber auch Eltern denken, wenn sie ihr Kind schnell abgeben, dann weint es weniger. Sie schieben es deshalb schnell ins Gruppenzimmer hinein oder übergeben es fix auf den Arm der Fachkraft und flüchten. Das Kind hat kaum eine Chance, diese Situation emotional stark zu meistern, sondern wird ins kalte Wasser geworfen und muss zusehen, wie es klarkommt. Wenn es noch keine starke Beziehung zur Fachkraft aufgebaut hat und von ihr nicht angemessen getröstet, sondern nur abgelenkt werden kann, sind negative bis traumatische Trennungserfahrungen möglich.*

Uff. Das klingt beunruhigend, oder? An dieser Stelle habe ich lange überlegt, ob ich zusätzlich Fallbeispiele aus meinen Notfall-Beratungen einfüge. Es gibt so gruselige Erfahrungen, die belegen, dass ich mir das hier nicht alles ausdenke! Aber ich möchte dich nicht verunsichern und verängstigen. Sondern zeigen, wie kurz und schmerzlos wirklich gelingen kann.

**Das kannst du tun, wenn der Abschied »kurz und schmerzlos« sein soll**

- Zuerst solltest du verstehen: Es gibt einen Unterschied zwischen »Zeit lassen« und »Zeit schinden«.
- Es ist absolut gut, dir selbst und deinem Kind **Zeit zu lassen**, bis ihr beide bereit seid für den Abschiedsmoment. Denn eine Übergabe ohne Stress ist die beste Voraussetzung für positive Trennungserfahrungen.
- Wenn du allerdings merkst, dass dein Herz anfängt, wild zu klopfen, deine Hände anfangen zu schwitzen und du ein flaues Gefühl im Bauch hast, dann hast du sehr wahrscheinlich Angst vor der Übergabe. Wenn du unsicher bist und auf das passende Timing wartest, dann versuchst du vermutlich **Zeit zu schinden**. Und es ist egal, ob du zehn, fünfzehn oder zwanzig Minuten wartest und den Abschied hinauszögerst, es wird dir und sehr wahrscheinlich auch deinem Kind schwerfallen und die Tränen werden fließen. Dein Kind merkt, wenn du nicht bereit bist, genauso wie du merkst, wenn dein Kind nicht bereit ist.
- Es hilft allerdings nicht dagegen anzukämpfen, dass du grad noch nicht loslassen kannst, also hilft auch eine schnelle »Hauruck«-Aktion nicht. Finde heraus, was dich bremst und daran hindert, dich von deinem Kind zu verabschieden. Deine Bedürfnisse (in der Regel sind Vertrauen, Sicherheit, Mitbestimmung, Klarheit ... unerfüllt) müssen zuerst befriedigt sein, und dann kannst du auch entspannt(er) loslassen.

## Schlecht-Wetter-Lage und Erste-Hilfe-Maßnahmen

Vor allem in dieser emotional sensiblen und extrem störanfälligen Phase der Trennungssituationen kann es zu einigen Problemen kommen. Eingewöhnung muss nicht wehtun, aber wenn nicht ein, zwei

Tränchen fließen, sondern ein Wasserfall das Gesicht deines Kindes hinabstürzt, fühlt sich das Loslassen müssen plötzlich ganz anders an. In den folgenden Kapiteln findest du praktische Tipps für diese »Regenwettertage«.

### Schon wieder jemand krank

**Kinder, die in den ersten drei Tagen keine Trennungssituation erlebt haben, werden vier Mal weniger oft krank**, das konnten Studien der Transitionsforschung feststellen. Neben Viren und Bakterien, die sich in Kinderbetreuungseinrichtungen nur zu gern tummeln und gegen die sich dein Kind ab Beginn der Eingewöhnung immunisieren wird, **kann also auch Überforderung emotionalen Stress verursachen und »krank machen«.**[29] Aber nicht nur dein Kind, auch du oder die Bezugsperson kann während der geplanten Trennungsphase krank werden. Oder ihr könnt aufgrund von starkem Personalmangel nicht kommen, was leider eine große Herausforderung für alle ist.

**Das kannst du tun, wenn schon wieder jemand krank ist**

- **Ist dein Kind krank, lass ihm Zeit zum Auskurieren,** und geht erst wieder in die Einrichtung, wenn es fit genug ist. Dein Kind braucht emotionale Kraft, um Trennungen zu meistern.
- Bist du krank, kann eine andere Bindungsperson die Eingewöhnung fortsetzen, es sollten dann aber nicht sofort Trennungssituationen stattfinden.
- Ist die pädagogische Fachkraft krank, könnt ihr entweder pausieren oder die Eingewöhnung fortsetzen, jedoch ohne Trennungssituation. Falls die Bezugsperson längere Zeit ausfallen sollte, muss erst eine andere pädagogische Fachkraft zur Bezugsperson werden, bevor bindungssichere, beziehungsstarke Trennungen stattfinden können.

- Nach einer Unterbrechung während der Loslassphase muss vor einer erneuten Trennung erst wieder das Vertrauen zwischen Kind und Fachkraft reaktiviert werden. Weder du noch die Fachkraft sollten erwarten, dass ihr einfach da ansetzt, wo ihr aufgehört habt. Das kann funktionieren, viele Kinder brauchen aber (abhängig von ihrem Temperament, der Dauer der Unterbrechung und der Beziehungsstärke zur Fachkraft) ein bis zwei Tage, bis sie wieder im Flow und bereit für eine weitere Trennungssituation sind. Druck auszuüben ist dabei sehr kontraproduktiv, folge daher dem Motto: **Erst (wieder) verbinden, dann lösen.**

### Die Eingewöhnung geht zu langsam voran, und du musst bald wieder arbeiten

Wenn ich Eltern bei der Eingewöhnung begleite, habe ich natürlich auch deren Arbeitsbeginn im Blick, und manchmal gehen wir vertretbar schneller zum Ziel, auch wenn es langsamer noch sicherer und entspannter wäre. Es ist ein wohl überlegter Balanceakt zwischen dem Tempo des Kindes und dem näher rückenden Arbeitsstart. Aber grundsätzlich gilt, auch wenn dich das jetzt frustrieren könnte: **Gras wächst nicht schneller, wenn man daran zieht.** Dein Kind braucht Zeit und eine stabile Beziehung zur Bezugsperson! Es gewöhnt sich nicht schneller ein, nur wenn du oder die pädagogische Fachkraft es eilig haben. Im Gegenteil.

Wenn du bemerkst, dass es am Himmel dunkel wird und die Deadline Arbeitsstart näher rückt, gehe rechtzeitig mit Partner*innen, Großeltern, Arbeitgeber*innen ins Gespräch und entwickle einen Plan B. Wer kann die Eingewöhnung fortführen? Oder dein Kind mittags abholen, falls es noch nicht die vollen Betreuungsstunden bleibt. Kannst du Urlaub nehmen? Im Homeoffice arbeiten? Die Elternzeit um ein zwei Monate verlängern?

### Für dich geht die Eingewöhnung zu schnell, laut Fachkraft kannst du nicht loslassen

Zwei der **Hauptgründe, warum Eingewöhnungen scheitern**: Erstens: **Sie gehen viel zu schnell.** Zweitens: **Der schwarze Peter (die Schuld) wird den Eltern, hauptsächlich Müttern zugeschoben, die nicht loslassen können.** Kaja Kesselhut schreibt in ihrer Forschungsarbeit, dass Fachkräfte das *»Narrativ der leidenden Familie (Mutter)«* fördern: Die erhöhte Aufmerksamkeit auf die Trennung (die bei Kind und Mutter mit Abschiedsschmerz verbunden ist) bestärkt die Vorstellung, dass Kleinkind und Mutter natürlicherweise zusammengehören. Das voneinander Separieren erzeugt also eine Problemsituation und ein schlechtes Gewissen. Gleichzeitig legen die Fachkräfte entsprechend ihrer Machtposition (zum Teil mit moralisierenden Ansagen) fest, in welcher Form, zu welchem Zeitpunkt und wie lange Trennungssituationen stattfinden sollen. Der Dilemma-artige Trennungskonflikt in Müttern wird also produziert und zugleich kritisiert, wenn sie sich dem regulären Ablaufplan entziehen.[30]

Dabei sind die Ursachen meist komplex ineinander verwoben, ich nenne dir hier einige Beispiele wie ich sie tagtäglich in meinem Beratungsalltag erlebe:

*»Bald kommt das nächste Eingewöhnungskind. Ihr Kind sollte sich nicht an Ihre Anwesenheit gewöhnen, Eltern sind nicht zum Spielen da. Einmal Trennung heißt Weitermachen, Rückschritte sind nicht vorgesehen. Am Anfang wehren sich alle Kinder. Wir sind nicht 1:1 nur für Ihr Kind zuständig, hier gibt's noch zwanzig andere Kinder. Wir kommen nicht an Ihr Kind ran, wenn Sie die ganze Zeit da sind. Gehen Sie jetzt, Sie müssen auch mal loslassen. Sie müssen uns schon vertrauen. Es liegt nur an Ihnen, die Bindung zu Ihrem Kind ist zu stark. Und das Stillen ist auch schlecht, denn wir können nicht stillen. Sie müssen Ihr Kind abgeben, auch wenn es weint oder schreit. Weinen gehört dazu. Machen Sie es Ihrem Kind nicht noch schwerer, Sie müssen auch klar sein. Wollen Sie das überhaupt? Sie dürfen nicht*

*so schnell wieder zurückkommen und müssen uns schon eine Chance geben, Ihr Kind zu beruhigen. Gehen Sie am besten raus, dann hören Sie Ihr Kind nicht. Morgen machen wir weiter mit der Trennung, wir müssen da jetzt dranbleiben.«*

Ich könnte diese Beispiele ewig fortführen, und es würde nicht besser werden. Der Zeitdruck in Eingewöhnungen ist enorm hoch. (Wenn es nicht die Fachkräfte sind, dann machen Eltern Stress, weil es nicht schnell genug vorangeht. Siehe dazu das vorherige Kapitel.) Ich wiederhole mich an dieser Stelle nochmal: **Eingewöhnung braucht Zeit und eine bindungssichere, bedürfnisorientierte und beziehungsstarke Begleitung durch pädagogische Fachkräfte und Eltern.**

Wenn dir die Eingewöhnung deines Kindes zu schnell geht, dann nützt es aus meiner Erfahrung heraus selten etwas, mit *»Ich habe alle Zeit der Welt«* zu argumentieren. Viele bereits bedürfnisorientierte Fachkräfte werden froh darüber sein, wenn es keinen Zeitdruck gibt, viele andere denken sich aber: *»Oh nein, wollen diese Eltern noch drei Monate hier sitzen?«* Sie wollen dich dann eventuell noch schneller loswerden.

Wenn dir als Mama (seltener als Papa), der zu engen Bindung oder dem Stillen die Schuld zugeschoben wird, brauchst du auch nicht mit Bindungs- und Beziehungsaufbau argumentieren. Wenn seitens der Fachkräfte sowieso schon Druck gemacht wird und scheinbar kein Fokus darauf liegt, dass vor dem Loslassen Vertrauen und Sicherheit aufgebaut werden müssen, dann helfen auch pädagogische Argumente nicht. Selbst wenn du recht hast und dich durch mein Buch bestärkt fühlst.

**Vermeide es, dich zu rechtfertigen. Und vermeide ein Argumentations-Ping-Pong mit den pädagogischen Fachkräften.** Erkläre dich nicht, um sie zu überzeugen. Belehre sie nicht, weil du es besser weißt. Du willst ihnen nicht vorschreiben, wie sie ihre Arbeit zu machen haben, aber manche Fachkräfte fühlen sich trotzdem in ihrem Selbstbild und Selbstwert bedroht, wenn Eltern vom geplanten Schema F abweichen wollen. Gegen ein »*Das haben wir immer schon so gemacht. Und wir sind die Profis*« hast du kaum eine Chance.

**Es ist in Ordnung unterschiedlicher Meinung zu sein. Einsicht macht die Lösungsfindung zwar wesentlich leichter, sie ist dafür aber nicht zwingend notwendig.**

**Das kannst du bei Konflikten mit der pädagogischen Fachkraft tun**

- Mache deutlich, dass du die Eingewöhnung wirklich willst (du musst es aber auch ernst meinen, sonst ist es unglaubwürdig).
- Sei dabei zuversichtlich und souverän.
- Ziehe klar deine Grenzen und bleibe gleichzeitig kooperativ: *»Ich möchte, dass mein Kind hier in der Gruppe betreut wird. Und ich bin hundertprozentig davon überzeugt, dass mein Kind sich lösen wird, wenn der richtige Zeitpunkt gekommen ist. Dass mein Kind gestern bei der Trennung so stark geweint hat, das hat mich sehr besorgt. Weil es mir absolut wichtig ist, dass mein Kind sich hier sicher fühlt und Vertrauen gefasst hat. Ich möchte heute nochmal dabeibleiben. Lassen Sie uns jetzt gemeinsam daraufhin arbeiten, dass eine Trennung morgen wieder möglich ist.«*

Solche und ähnliche Sätze formuliere ich im *Happy Kita Start Begleitprogramm* oder dem *Happy Kita Fokusgespräch* immer wieder, natürlich jedes Mal angepasst auf die individuelle Situation von Kind, Familie, Fachkraft und Betreuungseinrichtung. Kommunikation zwischen Eltern und pädagogischen Fachkräften ist ein entscheidender Erfolgsfaktor für die Eingewöhnung, und ich übe das mit Eltern in den Beratungen genauso wie mit Fachkräften in der Fortbildung. Weil es mir absolut wichtig ist, dass **Eltern und Fachkräfte miteinander statt gegeneinander arbeiten**.

### Dein Kind weint beim Verabschieden

**Gehen oder bleiben** – das ist hier die Frage! Zumindest wenn dein Kind anfängt zu weinen, sobald du dich verabschieden oder es auf den Arm der Fachkraft übergeben willst. Zugegeben, das ist keine leichte Frage, denn was genau für dein Kind, mit dir als Begleitperson, mit der Fachkraft als Bezugsperson, in diesem Moment das Richtige ist, das ist hochgradig individuell und extrem abhängig vom bisherigen Eingewöhnungsverlauf. Deswegen begleite ich Eltern auch dabei, weil der fachliche Blick von außen leichter ist und ich schon vorher Tendenzen erkenne, wohin sich das (weniger) gut entwickeln könnte.

Was ich dir in diesem Buch mitgeben möchte, ist ein Kompass, den du an der Stelle, an der du grad stehst, benutzen kannst. Das Grundprinzip lautet: **Erst stehen, dann gehen.**

Denn um einen Kompass richtig zu verwenden, ist es besser, ruhig stehen zu bleiben, damit sich die Nadel ausrichten kann, dann abzulesen und danach die Richtung zu wählen, in die du weitergehen willst.

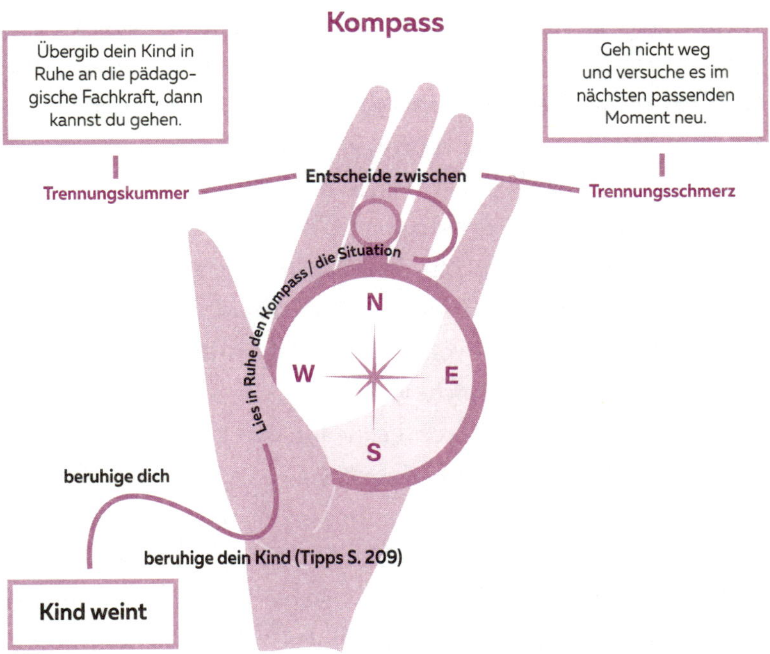

Das, was Abschiedsmomente zu dramatischen Trennungen macht, ist, neben der körperlichen Übergriffigkeit, der emotionale Stress, den das Kind und oft die Eltern, manchmal auch die pädagogische Fachkraft erlebt. »Husch, husch« is nich!« **Nimm dir Zeit, dich selbst zu beruhigen**, denn nur so kannst du deinem Kind ein überzeugendes *»Ich bin bereit und vertraue dich der Fachkraft an«*-Signal geben. **Nimm dir Zeit, dein Kind zu beruhigen**, weil es dadurch erlebt: *»Meine Gefühle sind wichtig, sie werden gehört und nicht einfach schnell übergangen. Ich kann nochmal kuscheln und mein Bedürfnis nach Nähe befriedigen, und dann bin ich bereit.«*

Eine Arm-zu-Arm-Übergabe deines Kindes aus dieser Ruhe heraus ist ein Gamechanger und kann und darf trotzdem im zweiten Anlauf zu Tränen führen.

> **»Ich habe ihn mit Energie aufgetankt und gekuschelt, ihm Empathie geschenkt, dass es okay ist, dass er nicht alleine bleiben möchte. Habe ihm gesagt, dass ich gehe und seine Fachkraft gut auf ihn aufpasst. Ich habe ihn ruhig auf den Arm der Fachkraft gegeben und bin gegangen. Er hat dann wohl circa zwei Minuten geweint, sich aber in die Arme seiner Betreuerin geworfen und von ihr trösten lassen. Als ich ihn abgeholt habe, war alles super und er hatte Spaß.«**

Durch die ruhige Abschiedssituation hat dein Kind kein beängstigendes Ohnmachtsgefühl, weil ihm die Trennung übergestülpt wird und es sich nicht wehren kann. Es braucht keine Panik zu haben, wenn es der Fachkraft vertraut und von ihr liebevoll getröstet wird.

Und du wirst dich auch nicht so unter Druck gesetzt fühlen, weder durch die Fachkraft noch durch dich selbst, weil du denkst, du musst jetzt dein Kind abgeben und gehen. **Ruhe verhindert gewaltvolle, potenziell traumatisierende Trennungserfahrungen.** In dem kurzen Moment, wo du dich und dein Kind emotional regulierst, weil du die geplante Trennung so lange wie nötig unterbrichst, kannst du viel besser entscheiden, was in diesem Moment richtig ist und was sich falsch anfühlt. Denn wenn unser Nervensystem Alarm schlägt, handeln wir selten so, wie wir wollen.

**»Sie weint und schreit panisch und will zu mir. Ich versuche ganz ruhig zu bleiben, obwohl ich am liebsten auch weinen und sie wieder mitnehmen würde – bin total unsicher innerlich, versuche es aber nicht zu zeigen. Ich drücke sie nochmal, aber es wird nicht besser. Gebe mein Kind der Fachkraft auf den Arm, und sie streckt die Arme zu mir, weint und schreit. Ich lausche draußen, und sie beruhigt sich innerhalb von dreißig Sekunden. Es fühlt sich so falsch an. Ich will mein weinendes Kind, was deutlich Nein sagt, nicht so abgeben und tue es trotzdem. Die Zeit zu Hause sitze ich dann wie auf Kohlen, bis ich wieder los kann, sie holen.«**

An beiden Beispielen merkst du, es geht nicht um die Dauer des Weinens (zwei Minuten, dreißig Sekunden), sondern um den emotionalen Stress, den dein Kind und du empfinden.

Du musst dich zu nichts drängen lassen und dich auch selbst nicht drängen, etwas zu tun, was du nicht willst. **Du darfst eine geplante Verabschiedung unterbrechen und in Ruhe neu starten oder unterbrechen und gar nicht weitermachen** (statt einmal angefangen, unbedingt durchzuziehen). **Ein Kind muss nicht erst weinen, um zu lernen, dass Mama und Papa wiederkommen.** Schaffe positive Trennungserfahrungen, bis du sicher bist, dass sich eine starke Beziehung zwischen deinem Kind und der Fachkraft entwickelt hat, die ein liebevolles Trösten (nicht nur Ablenken) zulässt.

**»Nach einer Weile habe ich mich von ihr verabschiedet. Sie hat sich direkt an mich geklammert und geweint. Ich hab sie dann trotzdem in den Arm der Tagesmutter übergeben und bin gegangen. Ich habe aber gehört, wie sie die ganzen zehn Minuten an der Tür stand und geweint hat. Irgendwann hat sie sogar dagegen geklopft und Mama gerufen.«**

**Du darfst auch nach der Verabschiedung früher wieder zurückgehen, selbst wenn die abgesprochene Trennungszeit noch nicht zu Ende ist.** Wenn du merkst, dein Kind lässt sich von der Fachkraft nicht in einer für dich persönlich akzeptablen Zeit beruhigen, dann darfst du die **Trennung abbrechen**.

### Dein Kind weint beim Wiederkommen

Die Devise lautet: **Wiederkommen, bevor die Stimmung kippt,** damit die Trennungszeit mit einem positiven Eindruck endet. Doch manchmal nimmt ein anderes Kind die Schaufel weg oder drängelt im Waschraum, und schon weint dein Kind, obwohl bis grad eben alles gut war. Dein Kind vollbringt während der Trennungszeit **eine emotionale Höchstleistung**. Meistert es diese gut, triffst du auf ein freudiges, spielendes Kind. Vielleicht sitzt es auch viel bei der Fachkraft auf dem Schoß oder hat sogar mehrmals geweint zwischendurch, konnte sich nur halbwegs beruhigen lassen.

Wenn es dich dann wieder sieht, öffnet sich die Schleuse, wie bei einer Talsperre, die Wasser angestaut hat. Die Tränen rauschen los, dein Kind rennt auf dich zu oder fällt dir in die Arme. In der Pädagogik nennt sich das **Entlastungsweinen. Das sind Tränen, die Kinder zum Stressabbau weinen.** Die emotionale Anspannung löst sich, dein Kind findet Halt und Trost bei dir als Bindungsperson. Wenn das ein oder zwei Mal auftritt, ist das okay. Kommt es häufiger vor, verkürze die Trennungszeit und hole dein Kind früher ab, oder mach einen Tag Trennungspause, damit die »Ich halte durch bis Mama oder Papa kommt«-Anspannung nicht zu groß ist. Sobald die Trennungszeit für dein Kind wieder leichter wird, kannst du die Zeit wieder verlängern.

### Dein Kind ist anhänglich und will plötzlich nicht mehr zu Papa, Oma oder Opa

Viele Eltern berichten mir, dass ihr Kind während der Eingewöhnung auch zu Hause sehr anhänglich ist, weint, wenn die Eltern aus dem Raum gehen, oder sehr auf eine Bindungsperson fixiert ist und die andere ablehnt. Einige Kinder fremdeln verstärkt, und Kinder, die vorher regelmäßig bei Oma und Opa waren, wollen dort nicht mehr hin oder nicht mehr allein bei ihnen bleiben.

Du ahnst schon, was die Pädagogik dazu sagt: Auch das sind Bindungssignale, nur eben nicht in der Betreuungseinrichtung, sondern daheim.

**Das kannst du tun, wenn dein Kind zuhause anhänglich ist**

- **Gib deinem Kind so viel Nähe, wie es braucht.** Auch wenn es anstrengend ist. Entstresse dein Nachmittagsprogramm, lass den Haushalt links liegen, lümmelt euch aufs Sofa, lest oder schaut Bücher oder einen Trickfilm an, kuschelt viel, singt und tanzt, habt Zeit und Spaß miteinander.
- Der Fokus sollte jetzt auf der Eingewöhnung liegen (denn das ist dein Ziel), und die Trennungszeit am Vormittag füllst du beim gemeinsamen Mittagsschlaf, nachmittags, abends und nachts wieder auf.
- Wenn dein Kind nicht zum anderen Elternteil oder Oma oder Opa will, ist das in Ordnung. Die Zeit kommt wieder, und die abgelehnten Personen sollen es nicht persönlich nehmen. Dein Kind wird sich ihnen wieder öffnen, wenn die Eingewöhnung stabiler ist.

### Dein Kind schläft schlechter, stillt öfter oder wacht nachts weinend auf

Wie eben erwähnt, sind manche Kinder tagsüber sehr anhänglich, andere holen sich ihre Portion Mama oder Papa nachts. Sie schlafen schlechter ein oder nicht mehr ruhig durch, viele Kinder stillen nachts wieder häufiger. Das alles ist okay, wenn es im Rahmen bleibt. Dein Kind verarbeitet die Reize des Tages und auch die Trennungssituationen.

Wenn dein Kind nachts schreiend aufwacht, Albträume hat, *»Nein, nein«*, *»Nicht Kita«* oder *»Nicht Arbeit gehn«* ruft, dann sind das Alarmsignale, die eine genaue Analyse der Situation benötigen, sodass wahrscheinlich das Tempo der Eingewöhnung gedrosselt werden muss.

### Papa oder Oma soll die Eingewöhnung weitermachen

Manchmal gerät eine Eingewöhnung ins Stocken, und es kann hilfreich sein, die Begleitperson zu wechseln. Am häufigsten wird von Fachkräften vorgeschlagen, die Eingewöhnung mit dem Papa weiterzumachen, wenn die Mutter in ihren Augen »nicht loslassen kann«. Im Kapitel → »Dürfen Eltern sich bei der Eingewöhnung abwechseln?« habe ich bereits geschrieben, was du bei einem Wechsel der Begleitperson beachten solltest. Hinzufügen möchte ich noch, dass du genau prüfst, was die Gründe sind und ob die erhoffte Wirkung eintreffen wird:

- Wie geht es mir mit dem Gedanken, die Eingewöhnung an den Papa oder die Oma abzugeben?
- Möchte ich vor der Trennungssituation davonlaufen, weil ich mich nicht wohlfühle?
- Wird mir vorgeworfen, ich sei schuld und kann nicht loslassen, und ärgert es mich, dass ich ausgetauscht werden soll?
- Kann ich gut mit der anderen Begleitperson reden, und sind wir uns grundsätzlich einig, wie wir mit der Eingewöhnung vorgehen?

- **Kann und will ich die Verantwortung abgeben oder doch lieber selbst die Eingewöhnung weiterführen?**
- **Wer ist die in dieser Phase passende Begleitperson für mein Kind?**
- **Hilft es meinem Kind, mit Papa oder Oma die Eingewöhnung zu machen oder wäre das auch nicht besser?**

Ich habe schon viele Familien begleitet, bei denen ein Wechsel auf den Papa gezeigt hat, dass sich das Kind genauso »klammerig« verhält wie im Beisein der Mutter. Das war für die Fachkräfte ein Aha-Erlebnis, dass es nicht an der Frau liegt, die nicht loslassen kann. Es gibt auch viele Kinder, die tun sich mit Papa wirklich leichter, und die Eingewöhnung bekommt neuen Schwung. Und es gab auch Situationen, da wurde es ausgenutzt, dass eine andere Begleitperson weitergemacht hat, sie wurde mit plötzlichen Trennungsversuchen überrumpelt, war schlecht auf das Nein-Sagen vorbereitet, und es entstand dann eine dramatische Abschiedsszene. **Also legt gemeinsam vor dem Wechsel der Begleitperson die Werte-Wetterkarte (s. Seite 113) fest und besprecht die »Dein Kind weint«-Wettervorhersage (s. Seite 170).**

## Die Eingewöhnung droht zu scheitern

Du hast es beim Lesen schon gemerkt, Eingewöhnung kann gelingen, aber sie ist kein Selbstläufer. Sie klappt in der Regel nicht »einfach so«, denn Eingewöhnung ist ein störanfälliger, sensibler Prozess. Und manchmal gibt es kein Happy End.

***Die drei Hauptgründe, eine Eingewöhnung zu beenden:***

**1. Das Kind ist noch nicht so weit.** Es schafft es noch nicht, von den Eltern getrennt zu sein (unabhängig vom Alter), oder es befindet sich gerade mitten in einer rasanten Entwicklungsphase oder einem familiären Veränderungsprozess, der das Kind genug herausfordert. Es braucht einfach nochmal ein halbes oder ganzes Jahr Zeit. Manchmal verstärken sich auch im Kindergruppenkontext Verhaltensweisen, die innerhalb der Familie noch nicht so offensichtlich waren, die nun einer Diagnostik bedürfen. Oder die Rahmenbedingungen in den Betreuungseinrichtungen passen nicht zum Kind, weil es zum Beispiel kleinere Gruppen oder Tagespflege oder ein anderes pädagogisches Konzept (offene oder geschlossene Arbeit) braucht.

**2. Die Eltern sind nicht bereit.** Sie merken während der Eingewöhnung, dass sie ihr Kind lieber selbst betreuen und aktuell nicht loslassen möchten. Oder dass sie die Art und Weise der Betreuung in der jeweiligen Einrichtung oder generell außerfamiliäre Betreuung nicht gut finden. Sie beugen sich nicht vor dem Ultimatum durch Kita oder Arbeitsstart und wollen ihr Kind nicht um jeden Preis eingewöhnen.

**3. Die pädagogischen Fachkräfte sind nicht bereit.** Sie können oder wollen das Tempo der Eingewöhnung nicht anpassen, den Bedürfnissen des Kindes und seiner Eltern nicht gerecht werden. Sie können oder wollen den Fokus nicht auf Bindung und Beziehung vor Trennung legen. Sie wissen selbst nicht weiter oder bekommen Druck von Kolleg*innen, Leitung oder vom Träger.

Ich habe inzwischen sehr viele knifflige Eingewöhnungsprozesse begleitet, die am Ende gut ausgegangen sind. Aber manchmal kommen Eltern erst sehr spät zu mir in die Notfall-Beratung, wenn das »Kind schon in den Brunnen gefallen« ist. Für Familien ist es besser, wenn ich sie von Anfang an bei der Eingewöhnung unterstütze. So kann ich präventiv agieren und schnell intervenieren, bevor die Abwärtsspirale losgeht. Aber auch ich rate mit gründlichem Blick auf alle Beteiligten vom Weiterführen einer Eingewöhnung ab, wenn die Betreuungssituation nicht verantwortbar ist. Eine Eingewöhnung abzubrechen, fühlt sich für Eltern und Fachkräfte und manchmal auch für Kinder wie Scheitern an. Aber eine **Eingewöhnung aus guten Gründen zu beenden, ist kein Versagen!**

# DIE LETZTE ETAPPE – DIE BETREUUNGSZEIT VERLÄNGERN

**Der steile Anstieg ist geschafft, jetzt kannst du dir erst mal auf die Schulter klopfen, ins Tal zurückblicken und stolz auf dich und dein Kind sein: Es hat die erste Hürde gemeistert und ist kurze Strecken des Weges ohne dich gelaufen.**

**Jetzt heißt es Dranbleiben, denn bis zum Gipfel ist es noch ein Stück zu gehen. Die Etappen, die dein Kind nur mit der Wandergruppe und den Bergführer*innen läuft, werden länger, du gehst zeitweise eine andere Route, bis ihr euch auf dem Weg wieder trefft. Die Herausforderung ist jetzt, die Kraft gut einzuteilen, zu entscheiden wie viel dein Kind schon allein schaffen kann und ab wann es dich gar nicht mehr braucht. Die letzten Meter ziehen sich manchmal, und die Beine werden schwer oder sie gehen leicht, das ist ganz abhängig davon, wie der steile Anstieg zuvor gemeistert wurde. Je stärker sich dein Kind und du fühlen, umso schneller geht es jetzt die letzte Etappe bergauf. Ihr kommt in den Wander-Flow, ein Schritt nach dem anderen setzt ihr voran – ein Stück geht ihr zusammen, dann wieder jede*r für sich.**

**Je höher ihr den Berg erklimmt, desto mehr kann sich auch das Wetter ändern – prasselnde Sonne und sengende Hitze können sich mit Wind, Regen oder Gewitter abwechseln. Auch jetzt kann die Höhenangst noch richtig kicken. Vielleicht gab es vorher so viel Ablenkung, dass euch gar nicht aufgefallen ist, wie hoch der Berg wirklich ist (wie sich Trennung wirklich anfühlt). Wenn das deinem Kind jetzt bewusster wird, kann das schon mal erschrecken, und es wird viel-**

**leicht mehr deine Nähe suchen, will nicht mehr ohne dich sein oder gar nicht mehr weitergehen.**

**Dieses Kapitel hilft dir, die letzte Etappe zu meistern und den Gipfel des Berges zu erreichen. Bald ist eure Eingewöhnung geschafft.**

## Wie schnell können wir die Trennungszeit steigern?

Wenn dein Kind die ersten Abschiedssituationen gut gemeistert hat, wird sich die Trennungszeit fast von allein verlängern. Manchmal gibt dir die Fachkraft aus ihrer Erfahrung heraus eine Art Zeitplan vor, manchmal merkst du selbst, ob dein Kind es schon länger ohne dich schafft oder nicht. Aber worauf kommt es wirklich an?

### Langsam, aber sicher voran

Oft werde ich gefragt, wie viele Minuten die Trennungszeit jeweils gesteigert werden kann, damit es nicht zu schnell geht. Ich empfehle als Orientierung, keine großen Sprünge zu machen, also zum Beispiel nicht von fünfzehn oder dreißig Minuten direkt auf sechzig bis neunzig Minuten zu verlängern. **Aber das Wichtigste ist nicht, in welchen Minutenschritten du die Zeit steigerst, sondern welchen Takt dein Kind vorgibt.** Die Uhrzeit kann maximal eine Richtlinie sein. Geht es deinem Kind gut, während es ohne dich mit den Fachkräften und Kindern zusammen ist, dann kann auch die Zeit schrittweise verlängert werden bis zu einem **Wiedersehen, bevor (!) die Stimmung kippt**. Es ist ideal, wenn du zu deinem Kind zurückgeholt wirst oder es zu dir ins Elternzimmer oder auf das Sofa im Eingangsbereich gebracht wird, bevor es dich richtig arg braucht und das auch stark zeigt. Kinder senden ja zuerst leise Signale und nur, wenn diese nicht gehört werden, werden sie lauter.

Die Fachkräfte haben in der Regel ein gutes Gespür dafür, wann die Trennungszeit für heute reicht. Kinder fragen dann zum Beispiel öfter nach »*Mama?*« oder schauen häufiger zur Tür, sie spielen nicht mehr allein und suchen mehr die Nähe der Bezugsperson. Wenn sich dein Kind mit einem »*Papa kommt gleich wieder*« zufriedengibt und immer wieder ins Spiel findet, dann passt das mit der Trennungszeit, und ihr könnt sie ausdehnen. Hat dein Kind jedoch mehr zu kämpfen, fängt zwischendurch immer wieder an zu weinen, ist sehr anhänglich, braucht viel körperliche Nähe zur Bezugsperson oder kommt ohne drei Kuscheltiere überhaupt nicht klar, spielt wenig oder gar nicht oder lässt sich nicht absetzen, dann solltest du die Trennungszeit so lassen oder sogar nochmal verkürzen, bis es ihm leichter fällt und besser damit geht. **Ein zu schnelles Steigern wäre dann nur kontraproduktiv, weil es das Unwohlsein des Kindes und damit auch die Bindungssignale verstärkt.** Dein Kind braucht Zeit, um sich mit der Umstellung von »*Mama und Papa sind immer für mich da*« auf »*Meine Bezugsperson passt jetzt auf mich auf*« zurechtzufinden. Einigen Kindern gelingt das schneller, anderen langsamer. Das hängt ein bisschen vom Alter und dem kindlichen Temperament, aber ganz viel vom bisherigen Eingewöhnungsprozess ab. Also davon, wie gut Bindung und Beziehung schon aufgebaut sind. Bei Ab-ins-Getümmel-Kindern klappt es oft am Anfang so gut, dass die Zeit zu schnell gesteigert wird und die Stimmung kippt, sobald die Kinder merken, was Sache ist. Wenn Beobachten-und-Abwarten-Kinder am Anfang genug Zeit bekommen, schaffen sie auch die Verlängerung der Trennungszeit emotional gut. Bei allen Kindern ist es wichtig, auf ihre Signale zu achten, ihnen zwischendurch Zeit zu geben, um zu integrieren, **lieber mal zwei drei Tage die gleiche Trennungsdauer beibehalten und dann erst wieder zu steigern**. Das hält die Kooperationsbereitschaft der Kinder wesentlich länger aufrecht, und die Eingewöhnung kommt langsam, aber dafür sicher voran. Rückschritte, weil zu viel in zu kurzer Zeit vom Kind verlangt wird, sind dann weniger nötig. Aber letztlich ist auch diese Phase, so wie die gesamte Eingewöhnung, individuell. Und wann du das erste Mal die Einrichtung verlässt, kannst du nicht nach einem Plan vorhersagen. **Vertraue dem Prozess und entscheide von Tag zu Tag.**

Falls dein Kind beim Abgeben weint und du nach gründlicher Überlegung und Überzeugung gehst, dann hörst du wahrscheinlich diesen Satz (oder sagst ihn selbst).

**»Wir sagen Bescheid, wenn's nicht klappt, und holen Sie dann oder rufen an.«**

Viele Fachkräfte rufen an oder schicken Fotos und Videos, wenn sich das Kind nach der Verabschiedung gefangen hat und spielt. Eltern sind dann oft erleichtert und atmen auf. Und das ist gut so. Auch die Absprache, dass angerufen wird, wenn sich das Kind nicht beruhigt und die Eltern geholt werden müssen, wird oft mit beiderseitigem Kopfnicken abgesegnet. Hier passieren aber oft Missverständnisse, deswegen gebe ich dir drei Tipps mit auf dem Weg, um diese zu vermeiden:

**1. Halte dich an die Absprachen mit der Fachkraft.** Wenn ihr ausmacht, dass du nach dreißig Minuten oder einer Stunde wieder da sein sollst, sei auch da. Die Fachkraft und dein Kind müssen sich auf dich verlassen können.

**2. Verlasse die Betreuungseinrichtung nur, wenn es vereinbart ist,** schalte dein Telefon auf laut und gehe auch ran, wenn es klingelt. Einige Fachkräfte haben mir in meinen Fortbildungen schon berichtet, dass Eltern nicht erreichbar sind und sie dann mit den verzweifelt weinenden Kindern die Zeit überbrücken müssen.

**3. Kläre mit der Fachkraft, was »es klappt nicht« konkret bedeutet.** Die Vorstellung davon kann sehr unterschiedlich sein. Vielleicht möchtest du nach zehn Minuten, in denen sich dein Kind nicht beruhigt, angerufen werden, aber die Fachkraft würde es noch länger versuchen? Vielleicht denkst du, dass dein Kind die eine Stunde schon schaffen wird, auch wenn dein Kind zwischendurch weint, aber die Fachkraft möchte dein Kind nicht so lange »durchziehen«? Besprecht gemeinsam, welche Kriterien auftreten müssen, damit ein Anruf erfolgt und du dein Kind abholst.

**»Wenn Sie Ihr Kind abholen, müssen Sie auch sofort gehen. Damit ihr Kind lernt, dass Abholen nach Hause gehen bedeutet.«**

Ein Satz, der sehr oft fällt, den ich nicht dramatisch, aber schade finde. Denn so verpassen das Kind und die Fachkraft die Chance, Zeit miteinander zu verbringen und ihre Beziehung weiter zu stärken. Stell dir vor, die Trennungsdauer ist bei dreißig Minuten, und länger schafft dein Kind noch nicht. Müsst ihr sofort gehen, sobald du dein Kind abholen kommst, ist der Tag ziemlich kurz, und die Möglichkeit, dass dein Kind mehr Vertrauen und Sicherheit aufbaut, ist gering. So viele Kinder entspannen sich, sobald die Eltern wieder da sind und wollen dann auch nochmal spielen. Müssen sie gehen, wird ihr Entdeckerdrang verhindert, und der Kita-Frust steigt zunehmend. Ich hatte schon einige Eltern in der Beratung, deren Kinder dann einfach keine Lust mehr hatten und am nächsten Tag nicht mehr in die Kita wollten. Das lässt sich vermeiden.

Kinder sind außerdem nicht doof. Sie wissen durch ihre Eltern und vielleicht auch durch ältere Geschwister, dass sie nicht ewig in der Einrichtung bleiben können und dass nach Hause gehen zu einem Betreuungstag dazugehört. Sie müssen das nicht erst lernen.

## Wann ist die Eingewöhnung abgeschlossen?

Steigere die Trennungszeit schrittweise im Tempo deines Kindes (Wie gut schafft es die Betreuungszeit ohne dich?) und mit Blick auf deinen Zeitplan (falls du wieder arbeiten gehst oder andere Verpflichtungen hast). Bedenke, dass eine Eingewöhnung nicht automatisch abgeschlossen ist, nur weil dein Kind ein paar Tage den vollen Betreuungsumfang, den du laut Vertrag gebucht hast, in der Einrichtung verbringt. **Eine Eingewöhnung ist auch nicht abgeschlossen, nur weil du oder die Fachkräfte festlegen, dass die Zeit rum ist.** Eingewöhnung dauert plus minus sechs Monate, bis dein Kind so richtig, richtig angekommen ist. Die Phase, in der du noch aktiv auf Abruf sein musst, ist zwar bald vorbei, aber es gibt wesentlich mehr Faktoren als *»schön gespielt, gegessen, geschlafen«*.

Entsprechend der am Anfang erwähnten Dimensionen kindlichen Wohlbefindens sind die Tatsachen, wie frei und losgelöst dein Kind mit anderen Kindern spielt, ob es isst, trinkt, sich wickeln lässt oder mittags schläft usw. Zeichen dafür, wie weit die Eingewöhnung schon ist. Aber wenn es das alles noch nicht macht, läuft deswegen nicht zwangsläufig die Eingewöhnung komplett schlecht. Dein Kind braucht aber noch mehr Zeit. Wenn es die Trennungsdauer emotional besser meistert, werden auch mehr Kapazitäten für die anderen Aufgaben frei. Die Fachkraft und du solltet das im Auge haben und dein Kind unterstützen, aber nicht drängen.

### Anzeichen für eine abgeschlossene Eingewöhnung

Die folgende Checkliste hilft dir einzuschätzen, wie gut dein Kind schon eingewöhnt ist: Mache ein Kreuz bei Sonne (trifft voll zu), Wolke (trifft meistens zu) oder Blitz (trifft selten zu). **Je mehr Anzeichen zutreffen (Sonnen), desto abgeschlossener ist die Eingewöhnung.** Bitte bedenke, es ist ein Prozess, nicht alle aufgelisteten Anzeichen treten sofort ein. Jedes Kind braucht seine Zeit.

| Anzeichen | ☀ | ☁ | ⚡ |
|---|---|---|---|
| Dein Kind geht gerne und freiwillig morgens los oder akzeptiert es, mitzukommen, ohne in Stress zu geraten. | | | |
| Es ist entspannt und vorfreudig beim Ankommen in der Betreuungseinrichtung oder akzeptiert es ohne Angst. | | | |
| In der Abschiedssituation wird dein Kind von dir einfühlsam begleitet, ihr fühlt euch beide sicher und seid nicht gestresst. | | | |
| Die Abgabe deines Kindes erfolgt individuell, z. B. Arm-zu-Arm oder mit einem Ritual. | | | |
| Dein Kind wird von der pädagogischen Fachkraft willkommen geheißen (Begrüßung!) und bei Bedarf getröstet, und es beruhigt sich innerhalb kurzer Zeit. | | | |
| Zwischendurch weint dein Kind nicht (mehr) und »hängt« auch nicht die meiste Zeit an seiner Bezugsperson. | | | |
| Es spielt frei, für sich allein und mit anderen Kindern und sitzt seine Zeit nicht nur ab und wartet auf deine Rückkehr. | | | |
| Es meistert Mikrotransitionen sowie Konfliktsituationen ohne größere Probleme. | | | |
| Dein Kind isst, trinkt und geht auf die Toilette oder lässt sich wickeln. | | | |
| Es schläft entspannt mit oder ohne Hilfe der pädagogischen Fachkraft ein und wacht ausgeschlafen auf bzw. wird sanft geweckt. | | | |
| Dein Kind kennt die Tagesabläufe und Regeln. | | | |
| Es hat Übergangsobjekte (Kuscheltier, Nuckel, Schnuffeltuch …) oder andere Kinder/Freund*innen als emotionale Unterstützung, ist aber nicht so stark abhängig von ihnen, dass sie sein einziger emotionaler Halt sind. | | | |

| Dein Kind hat vor Ort eine, besser mehrere erwachsene Bezugspersonen, die ihm die emotionale Sicherheit geben, die es braucht. | | | |
|---|---|---|---|
| Es traut sich auch, für sich einzustehen gegenüber anderen Kindern und Betreuungspersonen, sagt z. B. selbstsicher ***»Nein!«***, ***»Stopp!«*** oder gibt »Widerworte«. | | | |
| Beim Abholen ist dein Kind stabil und meistens gut drauf. Müde sein ist okay, aber nicht »vollkommen neben sich«. Es sollte nicht zusammenbrechen, wenn es den Tag endlich geschafft hat. | | | |

***Wenn dich dein Kind nach drei Monaten immer noch anbettelt, dass es nicht in die Kita gehen oder nicht dort bleiben will, wenn es heftig weint und sich an dich klammert, so dass du nur mit Müh' und Not seinen festen Griff lösen und es von dir wegnehmen kannst, dann ist die Eingewöhnung nicht abgeschlossen! Ganz egal, ob die Eingewöhnungszeit offiziell für beendet erklärt wurde.***

## So klappt es mit dem Mittagessen

Je nachdem, wann ihr morgens in der Betreuungseinrichtung ankommt, kann sich die Trennungszeit nach hinten in Richtung Mittagessen verlängern oder nach vorn in Richtung eurer zukünftigen Bringzeit, wenn du zum Beispiel wieder arbeiten gehst. Das kommt ein bisschen darauf an, ob du ein »Seit-sechs-Uhr-wach-Kind« (Lerche) oder ein »Muss-um-acht-Uhr-dreißig-geweckt-werden-Kind« (Eule) hast. Es hängt auch davon ab, ob dein Kind vormittags nochmal schläft und wie weit der Weg bis zur Einrichtung ist und so weiter. Irgendwann kommt der Moment, an dem dein Kind am Frühstück und/oder Mittagessen teilnehmen wird. Daran hängen nochmal mehr (in der Pädagogik nennt sich das) **Mikrotransitionen**: Alle Umziehsituationen in der Garderobe, wenn's in den Garten raus oder von dort wieder reingeht, Aufräumen nach der Freispielzeit, eventuell ein Morgenkreis und auch Händewaschen rund um die Mahlzeiten sind solche Momente, in denen Kinder oft übergangssensibel reagieren und die ihnen schwerfallen können. Wenn viele Kinder auf engem Raum alle das Gleiche machen sollen (An-/Ausziehen, Händewaschen, Toilettengang) und die Fachkräfte, die jeweils nur zwei Arme haben, nicht allen gleichzeitig helfen können, wird es oft laut und stressig. Auch die Essenssituationen selbst sind nicht immer ruhig. Einige Kinder kommen gut mit solchen Mikrotransitionen klar, anderen macht das mehr zu schaffen, und sie weinen dann aus Überforderung und Hilflosigkeit und vermissen ihre Eltern stärker.

Es ist empfehlenswert, dein Kind am Anfang kurz vor solchen Mikrotransitionen abzuholen, bis es die Trennungszeit emotional besser meistern kann. Der Vorteil liegt auch darin, dass du dein Kind nicht nach Zeit X mitten im Spiel abholst und es dann aus seinem Flow rausgerissen wird. Es kann die Freispielzeit drinnen oder draußen mit den Kindern gemeinsam beenden, wird dann abgeholt, wenn es »fertig« gespielt hat, und sieht aber auch, dass noch weitere gemeinsame Tagespunkte kommen. **Starte den ersten Mittagessen-Versuch am besten an dem Tag, an dem es etwas Leckeres gibt, was deinem Kind sehr wahrscheinlich schmecken wird.** Wenn dein Kind neugierig ist und die Fachkraft Vorfreude weckt und deinem Kind das Mittagessen schmackhaft macht, dann empfehle ich dir die **Variante, dass du dein Kind abholst, es aber noch bis zum Essen bleibt und du im Flur sitzt und wartest**. Klappt es mit dem Essen, super, weiter so. Klappt es noch nicht, war es einen Versuch wert, und ihr könnt gehen, ohne dass es stressig ist. Denn während der Essenssituation kann die Fachkraft nicht so gut trösten, weil sie auch die anderen Kinder versorgen muss. Ihr könnt das Mittagessen ein paar Mal üben, und sobald dein Kind diesen Punkt im Tagesablauf ebenfalls meistert, kannst du auch später kommen und es nach dem Mittagessen abholen.

## So klappt es auch mit dem Mittagsschlaf

**»Nachdem alles so gut läuft, denke ich über den Mittagsschlaf in der Kita nach. Aktuell schläft mein Kind nur beim Stillen ein, oder mal im Kinderwagen oder Fahrradanhänger, wenn er sehr müde ist. Ein Übergangsobjekt habe ich vor Monaten eingeführt, das wird allerdings nur mäßig angenommen. Ich habe das Gefühl, dass mein Kind sich sehr wohl in der Kita fühlt. Was meinst du, wie lange sollten wir noch warten, bis wir das Schlafen in der Kita angehen? Hast du Tipps, wie das Schlafen in der Kita auch ohne mich (stillen) klappen kann? Ich hoffe hier auf die Gruppendynamik.«**

Eine der häufigsten Fragen, um die sich Gedanken von Eltern im Kreis drehen, ist die nach dem Mittagsschlaf in der Betreuungssituation. Und eigentlich ist es ganz einfach, denn Mittagsschlaf in Krippe, Kita, Kindertagespflege ist fast wie zu Hause. Eigentlich … Fast …

***Was brauchen Kinder, um gut einschlafen zu können?***
Es müssen laut dem Kinderarzt Herbert Renz-Polster drei Voraussetzungen stimmen, damit dein Kind (auch außerhalb von zu Hause) gut einschlafen kann.[31]

1. **Müdigkeit – Ein Kind, das nicht müde ist, schläft nicht.** Ganz unabhängig davon, ob es sich um den Tag- oder Nachtschlaf handelt und ob das Kind zu Hause oder in der Betreuung schläft, ohne ein gewisses Maß an Müdigkeit wird das nichts. Und ein Kind wird durch den Betreuungsalltag automatisch müde, weil der wirklich anstrengend ist. Das ist wie ein Job! Auch energiegeladene Kinder und Langschläfer*innen werden irgendwann müde, vielleicht nur etwas später als die anderen. Das Timing ist also eine wichtige Voraussetzung für das Einschlafen, das jedoch oft mit dem routinierten Tagesablauf in Betreuungseinrichtungen kollidiert, der einen Takt vorgibt für Freispiel, Essen und Schlafenszeit. Gute Einrichtungen ermög-

lichen Kindern, zu schlafen oder sich auszuruhen, wenn sie müde sind. Die meisten Kleinkinder schlafen vormittags noch, bis sie es ganz bis zum Mittagsschlaf durchhalten. Deswegen gibt es übrigens in vielen Krippen und bei Tagespflegeeltern oft schon um elf Uhr oder um halb zwölf Mittagessen. Die ersten Schlafversuche meines damals zweijährigen Kindes bei seiner Tagesmutter waren nach langen Ausflügen am Vormittag. Die Kinder haben draußen oder im Indoorspielplatz richtig viel rumgetobt, hatten jede Menge Spaß und waren dann glücklich-müde, so dass der Körper dazu beigetragen hat, dass das Einschlafen leichter gelingt.

2. **Sicherheit – Ein Kind, das nicht sicher ist, schläft nicht.** Der Schlaf ist der gefährlichste Zustand des Menschen, im Schlaf sind wir angreifbar und verletzlich. *»Zu 99,99 Prozent der Menschheitsgeschichte hätte ein allein schlafendes [Kleinkind] den nächsten Morgen nicht erlebt – es wäre von Hyänen verschleppt, von Schlangen angeknabbert oder von einer plötzlichen Kaltfront unterkühlt worden.«*[32] Also wurde in unser »Betriebssystem« einprogrammiert, dass wir am besten nur in sicherer Umgebung schlafen, von Menschen umgeben, denen wir vertrauen. Erleben Babys und Kleinkinder immer wieder die liebevolle Einschlafbegleitung durch ihre Eltern, bildet sich in ihnen laut Kinderarzt Herbert Renz-Polster eine »Schlafheimat« aus, also ein inneres Sicherheitsgefühl, dass vertraute Menschen über ihren Schlaf wachen. Es ist also ein Vorteil, wenn dein Kind durch deine monate- bis jahrelange Einschlafbegleitung und/oder das gemeinsame Schlafen im Familienbett diese wohltuende Erfahrung in sich abgespeichert hat.

Wenn nun der Mittagsschlaf in Krippe, Kita oder Kindertagespflege ansteht, braucht dein Kind natürlich Vertrauen zur pädagogischen Fachkraft, damit es sich sicher fühlt, und dann kann es dank seiner eigenen Schlafheimat auch in der Betreuungseinrichtung zur Ruhe kommen. Meine beiden Kinder haben zum Beispiel erst nach etwa zweieinhalb Monaten Eingewöhnung das erste Mal in der

Betreuung geschlafen. Als klar war, die Beziehung zwischen den Fachkräften und ihnen ist so stark, dass sie das meistern können. Die Erzieherin hat meinem Kind zwanzig Minuten lang in Dauerschleife »Kommt ein Vogel geflogen« vorgesungen und es sanft gestreichelt. In den ersten Tagen bekam es von ihr eine 1:1-Begleitung noch außerhalb des Schlafraumes, später schlief mein Kind bei den anderen Kindern und nochmal später schlief es mit seiner Matratze unter dem Tisch in einer aus Decken gebauten Höhle. So konnte es rausschauen und im sicheren Versteck einschlafen. Bei meinem anderen Kind war so eine 1:1 Begleitung durch die Tagesmutter nicht möglich, da hat es ein paar mehr Anläufe gebraucht, bis es mit dem Schlafen geklappt hat.

Förderlich für das Sicherheitsgefühl ist neben dem Vertrauen zur Fachkraft auch die Gruppendynamik, denn wenn viele Kinder zusammen in einem Raum schlafen, bestärkt das das WIR-Gefühl. Der Mensch ist ein soziales Wesen, das in Gruppen (über-)lebt, und ein Schlafraum mit Wohlfühlatmosphäre und liebevoller Einschlafbegleitung durch die pädagogischen Fachkräfte ist wie das gemeinsame Sitzen und Einschlafen am Lagerfeuer, wärmend und beschützend zugleich, solange ein Mensch (Schlaf-)Wache hält.

3. **Mitbestimmung – Ein Kind, das nicht schlafen will, schläft nicht.**
Eltern kennen das: Ihr Kind ist knallmüde, alle Anzeichen sind auf Anschlag, von Augenreiben bis Zusammenzucken und wieder Aufwachen, ihr Kind kommt nicht runter, es kann nicht einschlafen. Es will nicht einschlafen. Waaah! Was in familiärer Umgebung schon anstrengend, aber nicht unmöglich, zu händeln ist, wird in Kinderbetreuungseinrichtungen zur Zerreißprobe. Viele Kinder sollen sich zur gleichen Zeit hinlegen und zur Ruhe kommen. Es stehen wenige Fachkräfte als Einschlafbegleiter*innen zur Verfügung, und das eine Kind braucht dies, das andere Kind braucht das. Willensstarke, autonome Kinder sind wunderbar, und Schlafen gehört zur Eigenverantwortung des Menschen, also wollen und sollen auch schon junge Kinder selbst bestimmen, ob, wann, wie lange sie schlafen oder nicht

(auch wenn Eltern sowie Fachkräfte das gerne anders hätten). Die einfachste Lösung für individuelles Schlafen in der Betreuung ist es, wenn es eine Schlaf-, eine Ruhe- und eine Wachgruppe gibt. Nicht nur, aber vor allem, wenn Kinder älter werden und sich ihr Schlafbedarf und ihre Schlafbereitschaft verändert, kann es nicht die Lösung sein, dass alle Kinder mittags liegen oder abends ins Bett müssen, nur damit Ruhe ist und Fachkräfte sowie Eltern ihre Pause machen können. Pausen sind definitiv wichtig, für Fachkräfte, Eltern und für Kinder, daraus darf aber kein Mittagsruhe- oder Schlafzwang abgeleitet werden. Es gibt viele Kitas und Familien, die das sehr gut lösen und Kindern ihre Eigenverantwortung (nicht nur beim Schlafen) lassen! Diese gilt auch für den Fall, dass ein Kind mittags schlafen möchte, weil es das noch braucht – auch mit der Konsequenz, dass es abends nicht feierabendpünktlich um zwanzig Uhr im Bett liegt, weil es noch nicht schlafen kann oder will. Das Dilemma »müde Eltern – Kind 22 Uhr topfit« ist trotzdem real, und damit du nicht im Einschlafkampf landest, findest du ein paar Tipps in einem Blogartikel.

https://stefanievonbrueck.de/mittagsschlaf-kita-kind-abends-topfit-tipps/

***Verschiedene Hinweise dafür, dass dein Kind und du für den Mittagsschlaf in der Betreuung bereit seid:***

- Dein Kind ist vormittags emotional stabil und kommt mit der Trennungszeit gut zurecht. Es hat mit der Fachkraft eine starke Beziehung aufgebaut, auch das Trösten klappt gut.
- Du traust deinem Kind zu, dass es dort schlafen kann, und bist bereit, wieder ein Stück loszulassen.
- Du traust auch der pädagogischen Fachkraft zu, dass sie die passende Strategie findet, damit dein Kind schläft. Ihr habt darüber gesprochen, welche Einschlafbegleitung zu Hause funktioniert und

welche in der Betreuung möglich ist, wie beispielsweise auf dem Arm tragen, auf den Schoß nehmen, den Kopf streicheln, singen, sich danebenlegen, daneben sitzen, sanft die Hand auf den Rücken legen, vorlesen, Kuscheltier, Schnuffeltuch, Schnuller, T-Shirt von Mama oder Papa, zusätzliches Kissen und Decke von zu Hause usw. Viele Fachkräfte lassen die Kinder auch am Anfang im eigenen Kinderwagen schlafen oder nutzen Tragehilfen.
- Dein Kind ist mittags müde, es zeigt Interesse und ist neugierig, was nach dem Mittagessen passiert. Es nimmt die Einladung der Fachkraft an, die beiden schauen sich den Schlafraum an, es kann sich einen Schlafplatz aussuchen.
- Du hast dein Kind eine Zeit lang mittags abgeholt und zu Hause schlafen gelegt. Doch es wird zunehmend schwieriger, weil es durch den Nach-Hause-Weg oder das Ankommen daheim nochmal wach wird, vielleicht aufdreht und spielen will und dann nur schwer oder spät in den Mittagsschlaf findet. Die ganze Aktion wird stressiger, als dein Kind in der Betreuung schlafen zu lassen.

Die ersten Versuche startet ihr, indem dein Kind nach dem Mittagessen das Händewaschen, eventuell auch Zähneputzen und Vorlesen mitmacht, während du schon in der Einrichtung bist, aber noch im Flur (nicht sichtbar für dein Kind) wartest. Wenn das Einschlafen klappt: super. Wenn nicht: auch okay, dann bist du schnell da und kannst es mitnehmen. So hat die Fachkraft keinen Stress, dich erst anrufen zu müssen, denn sie muss ja zurück zu den anderen Kindern. Stehen die Chancen gut, dass dein Kind einschläft, aber noch nicht so lange schläft wie zu Hause, kannst du in der Einrichtung warten oder dich in der Nähe aufhalten. Oft sind Kinder weinerlich, wenn sie unausgeschlafen in neuer Umgebung aufwachen, und dann ist es gut, wenn du schnell zum Abholen da bist. Plane auch ein, dass das Einschlafen ein, zwei Mal klappen kann und dann wieder nicht. Das ist okay. Macht einen oder zwei Tage Pause und probiert es dann nochmal. **Bleib geduldig, bis sich dein Kind in der neuen Schlafumge-**

**bung fallen lassen kann, das braucht Zeit.** Je besser die Eingewöhnung bisher war und je liebevoller die Einschlafbegleitung durch die pädagogische Fachkraft ist, umso leichter wird es deinem Kind gelingen, in den Schlaf zu finden.

## Schlecht-Wetter-Lage und Erste-Hilfe-Maßnahmen

Auch wenn das Ziel der Eingewöhnung immer näher rückt und du mit deinem Kind schon viel geschafft hast, können auf dem letzten Wegstück noch ein paar Stolpersteine liegen. Damit du jetzt nicht mehr hinfällst, sondern sicher auftreten und mit deinem Kind weitergehen kannst, findest du in den folgenden Kapiteln hilfreiche Tipps.

### Urlaub und andere Unterbrechungen

Neben dem Krankwerden sind Urlaub oder Fortbildungs- und Feiertage eine der häufigsten Störquellen für flüssige Eingewöhnungsprozesse. Es ist keine hilfreiche Planung, weder von pädagogischen Fachkräften noch von Eltern, wenn Urlaub während der Eingewöhnung stattfindet, denn alle sollten immer mit Verzögerungen rechnen.

Deinen Urlaub kannst du selbst planen, aber was ist, wenn die Fachkraft nicht da ist? Besprich mit der Bezugsperson deines Kindes, wann der Urlaub stattfindet, damit du dein Kind darauf vorbereiten kannst. Hilfreich ist hier zum Beispiel ein Wochenplan oder Rollenspiele. Und frage, was die Fachkräfte dafür tun, damit dein Kind die Abwesenheit der Bezugsperson meistern kann. Es darf kein Druck aufgebaut werden, dein Kind ist nicht verantwortlich dafür, dass der Laden läuft. Es ist die Aufgabe der pädagogischen Fachkräfte, während der Betreuungszeit den Weg zu ebnen, in dem eine zweite Betreuungsperson genug Zeit mit deinem Kind verbringt und eine Beziehung aufbaut.

### Am Anfang lief es gut, jetzt will dein Kind nicht (mehr) in die Kita

Es gibt zwei mögliche Gründe, warum dein Kind nicht mehr in die Kita will. Erstens: **Dein Kind erkennt, dass Betreuung jetzt sein neuer Job ist.** Zweitens: **Dein Kind fühlt sich noch nicht oder nicht mehr sicher genug**. Mit beiden Situationen wirst du dank der folgenden Impulse und Tipps leichter umgehen können.

»Boah, was?! Kita ist jetzt jeden Tag? Also am Anfang war das ja alles super spannend hier, aber ich hab alles schon bespielt, mir reicht das auch. Das ist schon ganz schön hier, aber wir können trotzdem zu Hause bleiben. Ich merk auch jetzt erst so richtig, wie sich das anfühlt, wenn du immer weggehst. Ich vermiss dich dann echt doll. Und die Zeit, bis du wiederkommst, wird immer länger, das gefällt mir nicht. Ich finde das doof. Du sollst dableiben. Oder ich will nicht dahin gehen.«

Diese erste Art von *»Ich will nicht in die Kita«* bringt die meisten Eltern morgens ins Schwitzen. Ein Blick auf die Uhr, der Puls schlägt schneller, die Hände werden feucht, der Stress kriecht durch den Bauch, und du hörst dich selbst die typischen Sätze sagen:

»Ach komm schon, es ist doch so schön in der Kita (bei der Tagesmutter). Dir gefällt es doch dort. Die Kinder warten schon auf dich. Du kannst da ganz toll spielen. Du weißt doch, die Mama und der Papa müssen zur Arbeit. Wir müssen jetzt auch mal los, sonst kommen wir zu spät. Bitte zieh dich an. Du brauchst keine Angst zu haben, die sind alle ganz lieb. Wir machen danach auch was Schönes.«

Wenn wir Eltern hilflos sind, weil unser Kind sein vehementes Nein noch mit Tränen doppelt unterstreicht, dann ist das Dilemma groß. Und wir fangen an zu reden, in der Hoffnung, das Argument zu erwischen, das unser Kind überzeugt. So sehr ich das allen Eltern wünsche, so selten trifft das zu.

**Du kannst dein Kind nicht überreden in die Kita zu gehen, nur damit es, ohne zu murren, mitkommt oder damit du selbst vielleicht nicht so ein schlechtes Gewissen haben musst, weil du etwas von deinem Kind möchtest, was es offenkundig nicht will.**

**Das kannst du tun, wenn dein Kind nicht in die Kita will**

- Weniger reden. Mehr zuhören. Mehr in dein Kind hineinspüren.
- Auf *»Ich will nicht in die Kita!«* antwortest du nicht (!) mit deinem Eltern-Standard-Text. Mit Worten erreichst du nur den Verstand, aber **Gefühle lassen sich nicht wegargumentieren.** Antworte mit einem weichen *»Aha«* oder brumme ein leises *»Hmmm …«* und mach eine Pause.
- Sei still. Höre, was dein Kind dir sagen will. Gib ihm das Signal, dass seine Botschaft bei dir angekommen ist, ohne dass sie dich in Panik versetzt.
- Bleibe ruhig, öffne deine Arme, biete deinem Kind an zu kuscheln. So kannst du (sofern es das möchte) sein Bedürfnis nach Nähe, Trost, Geborgenheit und Verbindung befriedigen.
- Wenn du merkst, es ist fertig mit Weinen und sein Körper entspannt sich, dann kannst du sagen: *»Ich möchte jetzt mit dir zur Kita gehen. Was brauchst du noch, damit du mitkommen kannst?«* Vielleicht hat dein Kind eine Idee, vielleicht auch nicht, aber die Frage ist wichtig. Es erlebt: Meine Gefühle (Angst, Unsicherheit, Trauer …) sind wichtig und ich werde gehört. Meine Bedürfnisse (Nähe, Geborgenheit …) werden befriedigt, aber meine Wünsche (zu Hause zu bleiben) werden nicht jeden Tag erfüllt. Ich kann aber mitbestimmen, wie wir das zusammen lösen, so dass es mir leichter fällt. Mama und Papa nehmen sich Zeit für mich und dann schaffen wir das gemeinsam.
- Nachdem sich dein Kind durch deine Co-Regulation beruhigt hat und ihr gut in Verbindung seid, kannst du konkrete Vor-

schläge machen, die das Losgehen erleichtern: *»Komm, ich drück dich noch dreimal ganz fest, und dann gehen wir los«* oder *»Komm, ich lese dir noch das Pixie-Buch vor, und dann gehen wir los.«* Noch mehr praktische Beispiele findest du im Kapitel → »Abschiedsrituale«.

Wichtige Voraussetzung dafür ist jedoch (neben der Tatsache, dass du ruhig bleibst), dass sich dein Kind grundsätzlich sicher in der Betreuungseinrichtung fühlt und eine Beziehung zur Fachkraft aufgebaut hat. **(Tür)Schwellenangst kann dein Kind mit dir und einer liebevoll tröstenden Fachkraft gemeinsam meistern.**

Aber manchmal steckt auch mehr dahinter. Dann waren die ersten Trennungen vielleicht noch gut, aber dann kippte die Stimmung, und dein Kind fühlte sich zunehmend unsicherer und unwohler, aus Trennungskummer wurde Trennungsschmerz. **Diese zweite Art von »Ich will nicht in die Kita!« zeigt Panik und Verzweiflung.** Und in diesem

### Abwärtsspirale

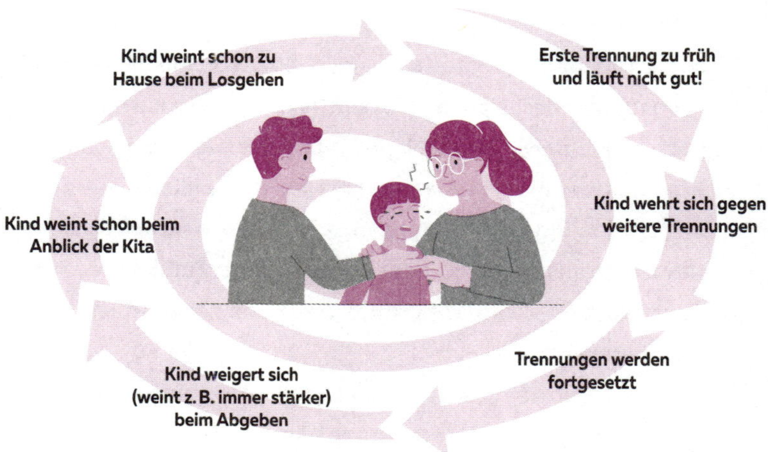

Fall muss die Eingewöhnung unbedingt individuell angepasst werden, es müssen Gespräche mit der Fachkraft folgen, kleine oder größere Rückschritte gemacht und Lösungen gefunden werden. Damit alle bisherigen Fortschritte nicht wie eine Steinlawine den Berg hinabrollen und den Eingewöhnungsprozesses komplett zunichte machen, ist es wichtig, rechtzeitig aus der Abwärtsspirale auszusteigen!

### Dein Kind lässt sich nur bei einer bestimmten Betreuungsperson abgeben oder klammert tagsüber sehr an ihr

Einer der Gründe, warum Fachkräfte keine so engen Beziehungen zu Eingewöhnungskindern aufbauen wollen, ist die Angst, sie könnten sich zu sehr an sie binden. Und vor dem Hintergrund von Urlaub, Krankheitsausfall, Personalmangel und -fluktuation ist das auch nachvollziehbar. Ein Kind, das keinen Liebling hat und sich von allen Fachkräften gleichermaßen gut morgens in Empfang nehmen lässt, das bietet natürlich wesentlich mehr Flexibilität – für die Fachkräfte und auch für die Eltern.

**»Wir sind alle für alle Kinder zuständig.«**

Aber wenn wir mal genauer hinschauen, dann kommen die Kinder mit der Bindungsbeziehung zu ihren Eltern im Rucksack in die Betreuungseinrichtung, suchen sich dort meistens erst mal eine Person aus und bauen mit ihr eine Bindung und Beziehung auf. Auf dieser Grundlage dürfen dann die Eltern als Bindungspersonen gehen (Loslassen und Trennungszeit funktionieren). Die Fachkraft ist nun der Anker, von dem aus das Kind exploriert und wieder neue Bindungen und Beziehungen eingeht – zu anderen Fachkräften und den Kindern. Es gibt auch Kinder, die bauen gleichzeitig zu mehreren Fachkräften und auch parallel zu den Kindern enge Beziehungen auf, aber viele machen es eben lieber nacheinander und brauchen eine feste Bezugsperson am Anfang.

Wenn diese Fachkraft dann den Raum verlässt, um zum Beispiel in die Pause zu gehen, fangen viele Kinder an zu weinen, krabbeln oder laufen hinterher; sie haben Stress. In den Kindern ist ja immer noch das Bindungs- und damit das Sicherheitsbedürfnis einprogrammiert und das schlägt Alarm, wenn ihr Anker plötzlich fehlt. Viel getragen werden wollen, nicht abgesetzt werden können, auf dem Schoß sitzen und klammern sind bei jüngeren Kindern deutliche Bindungssignale. Aber auch ältere Kinder zeigen Signale, reden beispielsweise nur mit dieser einen Fachkraft, wollen immer neben ihr sitzen, verfolgen sie auf Schritt und Tritt. Das ist eine große Herausforderung, gar keine Frage! **Die Antwort darf jedoch nicht sein, keine oder zu wenig Bindung zwischen Kind und Bezugsperson zuzulassen. Sondern alle müssen das Kind aktiv dabei unterstützen, auch Beziehungen zu den anderen Fachkräften aufzubauen. Das braucht Zeit.** Und so lange ist es okay, wenn du morgens nur der Lieblingsfachkraft dein Kind auf den Arm gibst. Baue trotzdem Beziehungen zu den anderen Fachkräften auf, rede mit deinem Kind über alle Betreuungspersonen der Gruppe und bitte die Fachkräfte, geduldig zu sein. Je schneller die anderen eine Beziehung zu deinem Kind aufbauen, desto leichter wird das Abgeben, unabhängig davon, wer morgens an der Tür steht.

### Dein Kind isst und trinkt (noch) nichts

Dass Kinder phasenweise weniger vielfältig essen und eine Zeit lang nicht so gern Neues probieren, ist entwicklungsbedingt und vergeht in der Regel wieder. Unabhängig davon gibt es aber auch Kinder, die essen grundsätzlich richtig gerne und viel, und es gibt Kinder, die sind vom Typ her sehr wählerisch und essen wenig oder weniger vielfältig (»Picky Eater«). Im Zusammenhang mit Eingewöhnung ist es ein gutes Zeichen für emotionales Wohlbefinden, wenn dein Kind in der Betreuungseinrichtung essen und trinken mag. Und umgekehrt ein Alarmzeichen, wenn nicht. Deswegen beobachte ich das mit den

Eltern während des Eingewöhnungsprozesses sehr genau, damit wir rechtzeitig intervenieren können. Braucht es einfach noch mehr Zeit oder steckt mehr dahinter? Tritt das Verhalten nur in der Kita auf oder auch zu Hause? Wie können Fachkräfte und Eltern ohne Druck unterstützen, damit sich das Kind auf das Essen einlassen kann? Mehr Impulse, wenn dein Kind noch nicht essen/trinken mag, plus Tipps für »Picky Eater« findest du im Blogartikel.

https://stefanievonbrueck.de/kind-isst-trinkt-nicht-kita-eingewoehnung/

### Dein Kind lässt sich nicht wickeln oder geht nicht auf die Toilette

Genauso wie Essen und Trinken, freies Spiel mit oder ohne andere Kinder oder der Aufbau starker Beziehungen zu einer oder mehreren Fachkräften ist der unproblematische Toilettengang und das Wickeln ein Signal dafür, ob es dem Kind mit der Trennungs- und Betreuungszeit gut geht oder noch nicht. Anfangs solltest du dein Kind selbst in der Einrichtung wickeln, dann im Beisein der Fachkraft und dann tauscht ihr: Sie wickelt und du schaust zu. Das fördert nicht nur das Vertrauen zwischen Fachkraft und Kind, sondern ist auch ein wichtiges Signal an dein Kind. Es geht dabei um Prävention vor sexuellen Übergriffen, wenn du deinem Kind erklärst, dass die Fachkraft wickeln darf, während du gleichzeitig durch deine Anwesenheit aufpasst, ob dein Kind in seiner Intimzone berührt werden möchte oder Nein sagen darf. Gleiches gilt auch für das Begleiten auf die Kindertoilette. Nur weil es zu den Aufgaben einer Fachkraft dazugehört, muss sich dein Kind nicht sofort damit wohlfühlen. **Das braucht Zeit, und wenn es anfangs nicht gewickelt werden will oder nicht mit der Fachkraft auf die Toilette geht,**

**dann ist das okay und muss respektiert werden.** Solange dein Kind nur kurz betreut wird, ist es noch eine Möglichkeit, diese Situationen einfach zu vermeiden. Sobald dein Kind aber mehrere Stunden in der Betreuung bleiben soll, muss **intensiv daran gearbeitet werden, dass seine Ängste und Unsicherheiten abgebaut und Vertrauen zur Fachkraft aufgebaut werden, um die Pflegesituation zu ermöglichen (ohne sie zu erzwingen).** Bei Bedarf werden die Eltern angerufen, wenn die Windel oder Hose gewechselt werden muss, sich das Kind aber weigert. Denn nur weil ein Kind noch nicht bereit ist, sich wickeln zu lassen, heißt es nicht, dass es wund werden darf.

### Dein Kind hat es schwer mit dem Mittagsschlaf

»Die Tagesmutter unseres Sohnes hat uns schon mehrfach darauf angesprochen, dass wir ihn an sein Bett gewöhnen sollen, damit er es bei ihr einfacher hat mit dem Einschlafen mittags. Er schläft bei ihr wohl nur unter Protest … Jetzt wollen wir eigentlich an unserer Schlafsituation zu Hause nichts ändern, weil wir ganz gut damit fahren. Wir brauchen Strategien, wie wir ihm den Mittagsschlaf bei der Tagesmutter angenehmer machen können. Die Tagesmutter weiß anscheinend nichts mehr …«

Es gibt keinen Ausschaltknopf, der das Kind mit einem Klick in den Tiefschlaf versetzt, so funktioniert das weder zu Hause noch in Krippe, Kita oder Tagespflege. **Damit dein Kind in der Betreuung mittags schläft, braucht es Müdigkeit, Sicherheit und Mitbestimmung.** Vor allem der Sicherheitsaspekt wird am meisten unterschätzt. Denn auch wenn Kinder müde sind: Solange ihnen das Vertrauen in die Fachkraft fehlt und sie sich in der Einrichtung nicht wohlfühlen, ist es schwer. **Die Lösung für das Einschlafen in der Betreuungseinrichtung liegt bei den pädagogischen Fachkräften und nicht in deiner Verantwortung.** Unterstütze die Fachkraft, indem du dein Kind auf die Schlafsituation vorbereitest, ihm zum Beispiel durch Rollenspiele hilfst, sich darauf einzulassen oder herauszufinden, was ihm noch fehlt. Aber es ist die Aufgabe der Fachkraft sich auf dein Kind einzustellen und es geduldig und liebevoll in den Schlaf zu begleiten. **Du musst nichts an eurer Schlafsituation zu Hause ändern, solange ihr als Familie zufrieden seid.** Es gibt deinem Kind sogar eine extra Portion Sicherheit, wenn zu Hause alles so bleibt, wie es ist, denn durch die Eingewöhnung ändert sich ohnehin schon genug.

# AM ZIEL DIE AUSSICHT GENIESSEN – DER NEUE ALLTAG BEGINNT

**Wow, jetzt seid ihr ganz oben! Ihr habt die Bergwanderung geschafft. Was für ein berauschendes Gefühl – deine Beine sind müde, denn der Weg war kein fluffiger Spaziergang, sondern eine richtige Bergtour. Aber in deiner Brust platzt dein Herz vor lauter Stolz und Erleichterung. Dein Kind steht neben dir, du nimmst es hoch und drückst es ganz fest. Kuschlig, glücklich und stark steht ihr auf dem Berg und schaut in die Ferne.**

**Die Aussicht ist atemberaubend und ihr genießt den freien Blick über das Land. Jetzt beginnt ein neuer Lebensabschnitt. In den nächsten Jahren werdet ihr Meister*innen im Wandern (regelmäßig in die Betreuung gehen). Dann sind die Berge nicht mehr jeden Tag so steil und hoch wie bei dieser ersten Tour.**

**Nun kommt es darauf an, wie dein Kind langfristig glücklich und gut betreut bleibt, wie es die kleinen Wanderungen mit seiner Gruppe und den Bergführer*innen regelmäßig schafft, Freundschaften schließt und immer mehr eigene Wege ohne dich geht.**

**Es kommt auch drauf an, wie du den neuen Alltag meisterst, ohne morgens gestresst loszuhetzen, dich auf deinen Touren völlig zu verausgaben und abends todmüde ins Bett zu kippen.**

**Dieses letzte Kapitel bereitet dich auf die Zeit nach der Eingewöhnung vor und soll dir einen Ausblick auf die kommenden Kita-Jahre geben.**

## Was erwartet dein Kind, wenn es regelmäßig in die Betreuung geht?

**Nach der Eingewöhnung ist vor vielen Kita-Jahren.** Jetzt geht der Spaß erst richtig los und – schwupps – bald fängt der »Ernst des Lebens an« und dein Kind kommt in die Schule. Ab jetzt erlebt dein Kind den bunten Alltag in Krippe, Kita, Kindergarten oder Tagespflege regelmäßig. Und das bringt weitere Entwicklungsaufgaben mit sich, die du nicht unterschätzen solltest. Die drei wichtigsten findest du in den folgenden Kapiteln.

### Regeln einhalten – Strafen sind nicht erlaubt

In der Eingewöhnungszeit haben neue Kinder oft noch eine Art »Welpenschutz«. Viele pädagogische Fachkräfte drücken ein Auge zu und lassen dem Kind etwas »durchgehen«, was die anderen Kinder, die schon länger in die Betreuung gehen, nicht dürfen. Denn in Kita & Co gibt es (wie in Familien auch) gewisse Regeln, die das Zusammenleben erleichtern sollen. Regeln strukturieren und organisieren unseren Alltag, weil allen Beteiligten klar ist, wie das Zusammensein in der Gruppe funktionieren kann, so dass sich alle wohlfühlen. Der Knackpunkt ist: **Regeln sind oft gut gemeint, aber nicht immer gut gemacht.** Wenn Regeln von Erwachsenen vorgedacht und den Kindern vorgegeben oder gar verordnet werden, sind es **Anordnungen** oder sogar **Befehle**. Die Art und Weise wie Eltern und pädagogische Fachkräfte mit Kindern über Regeln sprechen, spielt eine entscheidende Rolle, ob Kinder diese Regeln auch einhalten. Kinder haben ein Recht auf die freie Entfaltung ihrer Persönlichkeit, sie wollen und sollen mitbestimmen und für sich selbst und andere Verantwortung übernehmen. Regeln, die zwischen Eltern und Kindern oder pädagogischen Fachkräften und Kindern verhandelt werden, sind **Vereinbarungen**, die wesentlich vielversprechender sind. Aus der Resilienzforschung wissen wir, dass wir Regeln wesentlich besser einhalten, wenn:

- Regeln **sinnvoll** sind (Auf den Wanderwegen zu bleiben schützt die Natur, weil wir nichts zertrampeln; schützt die Tiere, weil wir sie nicht stören; schützt uns, weil wir uns nicht verlaufen oder abstürzen.)
- Regeln **verständlich** sind (*»Ich möchte, dass du nur auf dem Wanderweg läufst«* ist viel klarer als ein »Lauf nicht rum«).
- Regeln **umsetzbar** sind (Die Erwartung an Kinder, dass sie ihre Bewegungen so koordinieren, dass sie nicht vom Weg abweichen, ist ziemlich hoch, wenn sie schon müde sind und Mühe haben, mit den Erwachsenen Schritt zu halten. Dann nützt es nichts, dreimal an die Regel zu erinnern. Stattdessen muss man sie an die Hand oder ein stückweit auf die Schultern nehmen: Wir müssen Kinder unterstützen, die Regeleinhaltung zu bewältigen, sonst verlieren sie den Glauben an sich oder an die Regel.)[33]

Kinder müssen in Betreuungseinrichtungen eine Vielzahl an Regeln befolgen, denn die Kindergruppe ist gemeinsam mit den pädagogischen Fachkräften eine »Gesellschaft im Kleinen« (John Dewey). Es ist nicht ungewöhnlich, dass es in Kita & Co wesentlich mehr Regeln gibt als zu Hause. Im kleinen Familienkreis ist es leichter, aufeinander Rücksicht zu nehmen, und wir nehmen uns mehr Zeit, um kreative Lösungen zu finden. Kinder können lernen, mit gleichen und auch mit verschiedenen Regeln im System Familie und im System Kita umzugehen. Zu Hause läuft das so und in der Kita ist es anders. Sich an die Regeln in der Kita zu halten, kann für ein Kind aber am Anfang der Betreuungszeit, oder auch später in der Autonomiephase (zwischen zwei bis vier Jahren) oder der Wackelzahnpubertät (ab fünf Jahren) eine Herausforderung sein.

Boykott gegen die Regeln kann erst mal als gutes Zeichen gesehen werden, weil sich ein Kind sicher genug fühlt und sich traut zu widersprechen. Es ist wichtig, dass Kinder Nein sagen dürfen! Und wir Erwachsenen sollten den Widerstand von Kindern respektieren und ihn als Einladung betrachten, die Sinnhaftigkeit, Verständlichkeit und Umsetzbarkeit von Regeln zu prüfen, anstatt uns davon geärgert zu fühlen. Denn die meisten Regeln in Familie und Kita sind von und für die Erwachsenen gemacht, damit es ihnen leichter fällt. **Meine Regel lautet: Regeln regelmäßig hinterfragen**. Einige Regeln wird dein Kind lernen einzuhalten, weil sie wichtig sind, aber viele Regeln in Kinderbetreuungseinrichtungen sind längst nicht mehr zeitgemäß, dürfen hinterfragt und müssen abgeschafft werden, wenn sie zum Beispiel die Integrität des Kindes verletzen.

*Die Existenz von Regeln ist kein Freifahrtschein für (un)denkbare Konsequenzen.* **Strafen und Gewalt sind nicht erlaubt!** *Ein Kind darf nicht auf Toilette gezwungen werden, nur weil alle Kinder vor dem Waldspaziergang noch mal gehen sollen. Ein Kind darf nicht gegen seinen Willen an- oder ausgezogen werden, nur weil alle Kinder zum Mittagsschlaf einen Schlafanzug tragen sollen. Ein Kind darf nicht angeschrien, ausgeschimpft, abgelehnt, bloßgestellt, beschämt, bedroht (wenn-dann), ignoriert oder isoliert (Auszeit, stille Treppe) werden, weil es eine Regel missachtet hat.*

»*Kinder haben ein Recht auf gewaltfreie Erziehung. Körperliche Bestrafungen, seelische Verletzungen und andere entwürdigende Maßnahmen sind unzulässig*«, steht eindeutig im § 1631 BGB. Auch der Schutz des Kindeswohles (§ 1666 BGB) sowie verschiedene Straftatbestände, zum Beispiel Körperverletzung (§ 223 StGB), Nötigung (§ 240 StGB) oder Freiheitsberaubung (§ 239 StGB) sind klar gesetzlich geregelt.[34] Außerfamiliäre Betreuungseinrichtungen ergänzen und unterstützen Eltern, sie haben einen von ihnen »abgeleiteten Erziehungsauftrag«. Grundlage dafür ist der abgeschlossene Betreuungsvertrag. Eltern sind Auftraggeber und behalten ihren Erziehungsauftrag weiter. Sie delegieren diesen an die pädagogischen Fachkräfte, deswegen dürfen Fachkräfte auch nicht mehr als Eltern und müssen die Grenzen des elterlichen Sorgerechts einhalten.[35]

**Das kannst du tun, wenn dein Kind Probleme mit den Regeln hat**

- Geh ins Gespräch mit den pädagogischen Fachkräften, ohne sie vorzuverurteilen.
- Frage, warum ihnen die Regel so wichtig ist, bitte sie um eine Erklärung, um besser zu verstehen, warum die Regel ihrer Meinung nach sinnvoll ist.
- Bevor du antwortest, denke darüber nach, ob die Regel im Betreuungskontext Sinn macht, auch wenn du eine ähnliche Situation anders handhaben würdest.
- Beschreibe der Fachkraft sachlich, wie es deinem Kind geht, was es sagt, was ihm schwerfällt usw.
- Besprecht gemeinsam, wie die pädagogische Fachkraft deinem Kind helfen kann, die Regel zu lernen.
- Beziehe aber auch klare Position; wenn die Regeln mit Strafen durchgesetzt werden, ist es wichtig, Kinder zu schützen.

## Freund*innen finden – »Ich bin dir (n)immer gut.«

Je jünger Kinder sind, desto mehr entscheiden Eltern, wo und mit wem sie sich treffen und welche Kinder dabei sind. Geht dein Kind nun regelmäßig in die Betreuung, kann es sich selbstständig in einer größeren Kindergruppe bewegen und frei über die gewünschten Spielpartner*innen entscheiden. Das ist eine große Chance und Herausforderung zugleich. Dein Kind muss seinen eigenen Platz in der Gruppe finden, sich selbst und die anderen Kinder kennenlernen, herausfinden, mit wem es gern spielt. Daraus können sich dicke Sandkasten-Freundschaften entwickeln, die jahrelang halten können (aber nicht müssen). *»Freundschaften sind wichtig für das Wohlbefinden, die Entwicklung und Resilienz eines Menschen. Freund*innen geben uns Kraft, machen Mut, fühlen mit, schwimmen auf einer Wellenlänge, halten zu uns und verzeihen auch einen Streit. Gute Freund*innen sind für uns da und nehmen uns so an, wie wir sind. Was für ein wertvoller*

*Schatz ist so eine Beziehungserfahrung außerhalb der eigenen Familie«*, sagte ich 2021 in einem Interview im *Eltern*-Magazin. Ich wurde gefragt, ob Eltern es unterstützen sollten, dass ihre Kinder intensive, enge Kita-Freundschaften finden, denn es schwebt eine latente Angst mit, dass Kinder sehr aufeinander fixiert sind und zum Beispiel nicht in die Kita gehen wollen, nur weil die beste Freundin oder der beste Freund nicht da sind. Meine Empfehlung ist zuallererst, den Kindern zu vertrauen und ihnen Zeit zu lassen, sich in eine Gruppe einzufügen. Die einen finden schneller Anschluss, die anderen brauchen etwas länger, um Kontakte zu Kindern zu knüpfen. Eltern und pädagogische Fachkräfte sollten ein Kind gezielt darin unterstützen, auf Kinder zuzugehen, wenn sie merken, es geht ihm mit dem Allein-Spielen nicht gut. Nicht selten entwickeln Kinder destruktive Strategien (Ärgern, Bauwerke umwerfen, Spielzeug wegnehmen …), um auf ihre unbeholfene Art zu sagen: *»Ich möchte mitspielen, aber ich trau mich nicht zu fragen und habe Angst, ihr sagt Nein, ich darf nicht mitmachen.«* Kinder brauchen also Erwachsene, die ihr Verhalten übersetzen und Kontakte zu den anderen Kindern vermitteln.

**Das kannst du tun, wenn es deinem Kind schwerfällt, auf andere Kinder zuzugehen**

- Du kannst mit deinem Kindergartenkind darüber sprechen, was es sich wünscht und wie es das ausdrücken kann.
- Oder deinem Kleinkind zeigen, dass es winken oder das andere Kind antippen statt das Spielzeug wegnehmen soll.
- Du kannst auch die Fachkraft fragen, mit wem dein Kind öfter spielt, und dich dann mit der anderen Familie zu einem Spieltreffen am Nachmittag oder am Wochenende verabreden.
- Wenn dein Kind in unbekannten Umgebungen nicht so schnell auftaut, trefft euch bei euch im sicheren Zuhause.
- Falls dein Kind nicht so gern seine Spielsachen teilt, was entwicklungsbedingt völlig okay ist, dann trefft euch auf neu-

tralem Boden auf dem Spielplatz oder bei der anderen Familie oder bei euch, und die Eltern bringen extra Spielsachen für ihr Kind mit. So könnt ihr Streit und Besitzansprüche vermeiden.

- Kindern, die eher zurückhaltend sind, hilft es auch, wenn sie morgens früher ankommen und in der Kita einen sicheren »Heimvorteil« aufbauen, bevor die Rushhour losgeht und alle Kinder gebracht werden.
- Bewusst initiierte Patenschaften zwischen älteren und jüngeren Kindern sind ebenfalls wertvoll, um im neuen Alltag zurechtzukommen und Freund*innen zu finden.
- Dein Kind braucht auch nicht besonders viele Spielpartner*innen, nur um »integriert« zu sein. Es darf wenige, enge Freund*innen über einen längeren Zeitraum haben und genauso auch beschließen, nicht mehr befreundet sein zu wollen. Geht eine Freundschaft auseinander oder will ein anderes Kind ein paar Mal nicht mit deinem Kind spielen, ist das okay. Tröste es! Und wenn dein Kind neue Spielpartner*innen wählt, darf es von »alten« Freund*innen genauso wenig unter Druck gesetzt werden und darf Nein sagen.

Im ELTERN Interview sagte ich dazu: Es ist wichtig darüber zu sprechen, dass *»Freundschaften freiwillig sind und sich verändern können und dass man eine eigenständige, von anderen unabhängige Person bleibt. Dann schließen sich eine starke Freundschaft und Offenheit für andere Menschen nicht aus.«*

## Konflikte meistern – »Geh weg. Lass mich in Ruhe.«

Wo Menschen zusammen sind, bleiben Konflikte nicht aus – das ist bei Kindern nicht anders als bei Erwachsenen. Und je früher wir lernen, Konflikte konstruktiv zu lösen, umso besser! Dabei brauchen Kinder unbedingt unsere Hilfe, wir leben ihnen vor, wie gesundes

Streiten und wieder Versöhnen funktioniert. Und geben ihnen Strategien an die Hand, wie sie Konflikte selbst lösen können. Das ist eine komplexe Aufgabe.

**Die drei wichtigsten Regeln für Eltern zum Umgang mit Kinder-Konflikten in der Kita:**

**1. STOPP.** Bringe deinem Kind bei, mit flacher, nach oben angewinkelter Hand und ausgestrecktem Arm vor seinem Körper selbstbewusst zu zeigen: Stopp. Bis hierhin und nicht weiter! Sobald dein Kind sprechen kann, soll es zusätzlich laut und selbstbewusst *»Stopp!«* oder *»Geh weg!«* sagen. Es darf auch energisch schreien, um seine Grenze zu zeigen.

**2. Hilfe holen ist kein Petzen.** Kann dein Kind den Konflikt nicht selbst lösen, das andere Kind hört zum Beispiel nicht auf das Stopp oder beide Kinder streiten sich um dasselbe Spielzeug, dann bringe deinem Kind bei, dass es zu den Fachkräften gehen soll. Um Hilfe zu bitten ist eine extrem wichtige Fähigkeit. Wir müssen nicht alles allein schaffen, und es ist außerdem die Aufgabe der Betreuer*innen, diese sozial-emotionalen Lernprozesse der Kinder empathisch, ergebnisoffen und engagiert zu begleiten.

**3. Keine Selbstjustiz.** Auch wenn du dein Kind beschützen möchtest wie ein Löwe oder eine Löwin, kannst du nicht einfach eingreifen, wie du willst. Erzählt dir dein Kind von Konflikten in der Kita, kläre mit ihm die Situation und stärke es, diese Konflikte mit Worten, nicht mit Fäusten zu klären. Beißen, Kratzen, Hauen und Schubsen sind in dieser Altersspanne noch ziemlich häufige Verhaltensweisen, weil den Kindern die Impulskontrolle und die sprachlichen Fähigkeiten für andere Lösungen noch fehlen. Aber die Aufforderung an dein Kind, sich so zu wehren, ist bedenklich. Wie soll ein Kind lernen, dass Beißen, Kratzen, Hauen, Schubsen nicht in Ordnung ist, wenn ihm gesagt wird, dass es das tun soll? Ein Kind muss sich auf keinen Fall ärgern lassen. Wenn es nicht hilft, Stopp zu sagen oder zu zeigen, wenn lautes Anschreien nicht hilft, dann wird es sich in Notwehr auch verteidigen oder wegrennen. »Gewalt erzeugt Gegengewalt« haben schon *Die Ärzte* gesungen, und wir brauchen zukünftig friedliche Lösungen. Besprich solche Vorfälle unbedingt mit den Betreuungspersonen, frage, ob sie die Situation beobachtet haben und lass dir den Ablauf schildern. Berichte ihnen, was dein Kind gesagt hat, wie es ihm geht. **Die Fachkräfte können nicht alles sehen und nicht überall gleichzeitig sein, aber es ist ihre Aufgabe, solche Situationen bestmöglich zu verhindern.** Sie sollten mit den Kindern Strategien üben und Lösungen finden, ohne in die Täter-Opfer-Falle zu tappen. Bestrafungen für das Kind oder Anschuldigungen an die Eltern sind keine Lösung. Hier braucht es Zusammenarbeit. In vielen Kitas gibt es auch Selbstsicherheitstraining, leider oft erst für Vorschulkinder. Aber du kannst dich dafür einsetzen, ähnliche Projekte frühzeitig in die Kitas zu holen.

## Was erwartet dich, wenn dein Kind regelmäßig in die Betreuung geht?

Nicht nur für dein Kind sind die Jahre nach der Eingewöhnung eine spannende und mit Entwicklungsaufgaben verbundene Zeit. Auch für dich gibt es einige Herausforderung im Familien- und Kita-Alltag zu meistern. Die drei wichtigsten findest du in den folgenden Kapiteln.

### Dein Kind verändert sich ohne dich – Das hat es aus der Kita!

Etwas, was sich definitiv nicht wegreden lässt, ist die Tatsache, dass du ein Stück vom Leben deines Kindes verpassen wirst, manchmal dein Kind gefühlt kaum wiedererkennst und es plötzlich so schnell groß geworden ist. Vielleicht sind es die ersten Schritte oder ersten

Worte, das erste Mal auf dem Töpfchen oder der kleinen Kindertoilette, die du nicht miterlebst. Oder du wirst staunen, dass dein Kind bei der Tagesmutter total unkompliziert einschlafen kann, obwohl es zu Hause nur dich und nur dich akzeptiert. Dein Kind wird vielleicht in der Kita richtig gut »hören« und zu Hause redest du gefühlt gegen die Wand. Im Kindergarten singt, malt und bastelt dein Kind, während es sich zu Hause nur für Bücher, Bausteine oder dein Handy interessiert. All das kann dich traurig oder nachdenklich machen, und wenn dein Kind die Erzieherin mit Mama anspricht oder dich mit dem Namen der Tagesmutter, gibt dir das vielleicht einen kurzen Stich ins Herz und du zweifelst, ob dein Kind dich überhaupt noch mag. Mit diesen Gedanken bist du nicht allein. Das, was in dir wehtut, ist die **Erkenntnis, dass dein Kind ein eigenes Leben hat. Dass es ein freier Mensch ist und dass dieses verflixte Loslassen nach der Eingewöhnung nicht aufhört, sondern weitergeht. Doch sei dir sicher: Dein Kind liebt dich!** Und wenn es dir fehlt, verbringe mehr Zeit mit ihm und hol es ein zwei Tage in der Woche früher ab, wenn dir das möglich ist. Lass ihm seinen Frei-Raum und nutze die Zeit am Nachmittag für vollen Fokus auf dein Kind. So dass ihr zusammen beziehungsstärkende Momente genießen könnt. Denn je älter dein Kind wird, umso mehr wird es sich an anderen orientieren, und Freund*innen bekommen eine einflussreiche Bedeutung.

Dabei bringen Kinder dann manchmal auch Ausdrücke nach Hause, die »man« eigentlich nicht gerne hört.

### »Du Asloch!« »Dummkopf!« »Knackwurst, Kackwurst!«

Während Pipi- und Kacka-Witze für Kinder unendlich lustig sind und sie sich fünfzehn Minuten lang kringelig lachen, können Eltern allenfalls schmunzeln. Aber spätestens, wenn Schimpfwörter zu Hause Einzug halten, verfinstert sich die Miene. Kopf schütteln. Hilfloses Seufzen. Oder doch Meckern, weil *»das sagt man nicht«*.

**Das kannst du bei Schimpfwortalarm tun**

- Mit Schimpfwörtern überschreiten Kinder sprachliche Grenzen, sie spielen mit Worten und testen Reaktionen. Fühlen sich stark und mit der Gruppe verbunden. Lass dich davon nicht auf die Palme bringen, nimm es nicht persönlich, atme.
- Schimpfwörter sind auch ein Vertrauensbeweis, weil dein Kind sich sicher genug fühlt, dass du es immer noch liebst, auch wenn es dir *»Du blöde Scheiß-Kack-Mama«* an den Kopf knallt. Es ist sogar hilfreich, weil du dadurch schnell merkst, dass dein Kind grad so aufgewühlt ist, dass ihm nur Schimpfwörter einfallen, um seinem Ärger Ausdruck zu verleihen. *»Ich spüre, dass du ganz schön sauer auf mich bist, kann das sein? Magst du mir erzählen, was los ist und wie ich dir helfen kann? Ich bin da und höre dir zu.«*
- **Fluchen ist erlaubt.** Besprich mit deinem Kind, dass es okay ist, seinen eigenen Gefühlen Luft zu machen, statt sie in sich hineinzufressen. Findet kreative Kraftausdrücke, die Wumms haben, aber niemandem wehtun.
- **Denn andere zu beleidigen ist nicht in Ordnung.** *»Weißt du, Schimpfwörter können andere Menschen verletzen. Nicht körperlich, aber in ihrem Herzen.«* Die andere Person kann traurig sein oder wütend werden, will vielleicht nicht mehr befreundet sein oder mag nicht mehr reden. Kläre dein Kind auf, was Worte bedeuten (z. B. bei sexualisierten Schimpfwörtern).
- Vermeide es zu sagen: *»Das sagt man nicht, nimm das sofort zurück!«* Damit steigst du nur in einen Machtkampf ein. Am Abend, wenn du mit deinem Kind kuschelst, kannst du nochmal aufgreifen, was los war. Sprich dann ruhig mit ihm: *»Ich möchte nicht, dass du … zu mir sagst. Diese Worte tun mir weh, ich war echt traurig. Es ist okay, wenn du sauer auf mich bist. Sag es mir, ohne dieses Schimpfwort zu benutzen.«* Das wirkt grenzenziehend, klärend und beziehungsstärkend zugleich.[36]

## Zusammenarbeit mit den pädagogischen Fachkräften – Ohne Reden geht es nicht

Nicht nur wenn du wissen willst, wie es deinem Kind in der Betreuung geht, ist neben dem Beobachten deines Kindes die regelmäßige Kommunikation mit den pädagogischen Fachkräften das A und O. Auch für dich und die Fachkraft ist es beziehungsstärkend, miteinander zu reden. Leider fällt das im Alltag oft hinten runter. Bei einer meiner Kita-Fortbildungen sprach ich darüber, und eine Erzieherin sagte, dass sie sich jetzt vornimmt, öfter mit den Eltern zu reden, auch wenn »nichts vorgefallen ist«. Das ist toll.

In der Pädagogik nennen sich solche Situationen **Tür- und Angelgespräche**, also zwei- bis fünfminütige Gespräche beim Bringen und Abholen des Kindes. Meistens laufen sie darauf hinaus, zu klären, wer das Kind ausnahmsweise abholt, wie die Nacht war, welche Wechselsachen fehlen, ob das Kind »gut geschlafen, gegessen und schön gespielt« hat oder heute von der Rutsche gefallen ist. Aber es ist wichtig, dass du dich auch für den emotionalen Zustand deines Kindes interessierst und von den Fachkräften eine Auskunft bekommst. Ein »*Wie war's heute?*« geht nicht tief genug.

Für alle Eltern, die ich auch nach der Eingewöhnung weiter auf ihrem Weg begleite, habe ich einen Leitfaden entwickelt, damit sie nicht immer die gleichen Fragen stellen und die gleichen Antworten bekommen. Hier ist ein Auszug daraus. Suche dir einzelne Fragen aus, du brauchst nicht alle auf einmal stellen:

1. **Anknüpfen an der Beziehung zur Betreuungsperson**: »*Schön, Sie zu sehen. Wie war heute Ihr Tag? Worüber haben Sie sich gefreut?*«

2. **Anknüpfen am Betreuungsalltag**: »*Mein Kind singt zu Hause ein neues Lied und erzählt vom Morgenkreis. Es klang fröhlich, das ist echt toll. Können Sie mir kurz sagen, was Sie genau machen? Das interessiert mich.*«

**3. Konkrete Fragen über dein Kind**: *»Was hat mein Kind heute zum Lachen/Weinen gebracht?«, »Woran merken Sie, dass es ihm gut geht?«, »In welchem Moment ist mein Kind heute über sich hinausgewachsen oder war herausgefordert?«*

**4. Wertschätzung für die pädagogische Fachkraft**: *»Mein Kind hat gestern Abend erzählt, dass Sie getröstet/geholfen/… haben. Wollte nur mal Danke sagen.«, »Danke, dass Sie mir zugehört und meine Fragen beantwortet haben. Es tut gut zu wissen, dass Sie die Kinder im Blick haben.«*

Führe solche Tür- und Angelgespräche mit der pädagogischen Fachkraft gern ohne Kind, bevor es dich sieht. Falls das nicht geht, ist es so, dann halte es auf dem Arm. Wenn du aber merkst, dein Kind wird ungeduldig und quengelig, dann beende das Gespräch. Richte die Aufmerksamkeit auf dein Kind, von ihm bekommst du in solchen Momenten ziemlich gute Infos, wie es ihm geht. Mehr dazu liest du im Kapitel → »Na, wie war's in der Kita?«

Neben diesen alltäglichen Small Talks gibt es noch die jährlichen **Entwicklungsgespräche**, die meistens rund um den Geburtstag des Kindes stattfinden. Hier wirst du von der Bezugsperson deines Kindes über seine Entwicklung informiert, denn die pädagogischen Fachkräfte füllen Beobachtungsbögen aus, um zu dokumentieren, welche Fortschritte dein Kind in den jeweiligen Bildungsbereichen gemacht hat. Diese Gespräche finden einmal im Jahr statt und dauern meist 45 bis 60 Minuten. Dabei ist Zeit für Austausch, Fragen, Sorgen und Abklärung eventuell nötiger externer Unterstützung, falls es Auffälligkeiten oder Entwicklungsverzögerungen gibt. Das Portfolio deines Kindes mit Bildern und Basteleien, Fotos und kurzen Texten, vielleicht auch Lerngeschichten, kannst du dir jederzeit zwischendurch anschauen, dazu musst du nicht bis zum Entwicklungsgespräch warten. Nutze diesen Einblick in den Alltag deines Kindes, so kannst du mit ihm auch kinderleicht ins Gespräch kommen.

Nach der **Eingewöhnung** findet in der Regel ein **Abschlussgespräch** statt, wobei der Eingewöhnungsprozess noch einmal reflektiert wird. Hier kannst du die Gelegenheit nutzen, Danke zu sagen für das, was gut lief, und auch anzusprechen, was nicht gut lief.

**Konfliktgespräche und Elterngespräche** können jederzeit individuell vereinbart werden, ganz unabhängig vom Eingewöhnungs- oder Entwicklungsgespräch. Je nach Thema, das besprochen werden soll, wird dich die Fachkraft einladen, oder du kannst um ein Gespräch bitten, um in Ruhe zu klären, was in den Tür- und Angelgesprächen keinen Platz findet oder dort in der Kürze der Zeit nur zu Missverständnissen führen würde.

Unbeliebt sind meistens die **Elternabende** und die Mitarbeit im **Elternrat**, aber ich kann dich nur bestärken, daran teilzunehmen. Es ist nicht nur wertschätzend den Betreuer*innen und ihrer Arbeit gegenüber, wenn du dir die Zeit nimmst. Du bekommst meist viele Infos auf einmal und kannst direkt Rückfragen stellen, ohne dass ein Kind dabei ist und auch etwas sagen will. Du kannst dich mit anderen Eltern und den Fachkräften austauschen, mehr über den Betreuungsalltag, aber auch den Familienalltag der anderen erfahren. Einblicke in geplante oder vergangene Projekte, in die Kindergruppendynamik, in die Arbeit des Teams, eventuelle Änderungen in der Konzeption, Herausforderungen mit Personalmangel und Öffnungszeiten, Feste planen – all das ist mehr als »Hauptsache, das Kind ist betreut und spielt schön«. Eine gelebte Willkommenskultur zeigt sich auch an der Zusammenarbeit mit den Eltern über die Eingewöhnung hinaus, und du kannst aktiv etwas dazu beitragen, langfristig gute Beziehungen zu den Fachkräften zu pflegen. Sie werden dein Kind noch Jahre begleiten. Interessiere dich für sie! Genauso wie du möchtest, dass sie sich für dich und dein Kind interessieren.

## Vereinbarkeitsdilemma – Wie wir auf einem Weg bleiben

Es ist ein Irrglaube zu denken, wir hätten mehr Zeit, wenn die Fachkräfte die Betreuung des Kindes übernehmen. Kurzfristig mag das so stimmen, und vor allem Mütter, die die meiste Elternzeit lang das Kind versorgt haben, atmen auf und wissen am Anfang nichts mit ihrer freien Zeit anzufangen. Plötzlich ist ein verantwortungsvoller, unbezahlter Batzen Care-Arbeit an die Betreuungseinrichtung ausgelagert. Die Erleichterung, sich mal nicht kümmern zu müssen, mischt sich nicht selten mit Wehmut und Sehnsucht. Viele Eltern, gerade Mütter, meinen sich rechtfertigen zu müssen: *»Aber ich liebe mein Kind ja!«* Als ob diese Liebe infrage gestellt werden würde, nur weil sich Eltern eine Pause erlauben.

Zu schnell füllen sich die Stunden ohne Kind mit 1538 anderen Sachen, die Monate zuvor liegen geblieben sind und im Alltag tagtäglich neu anfallen. Und spätestens mit der Rückkehr in den Beruf, der bezahlten Arbeit in Teilzeit oder Vollzeit, wird klar: Der Tag hat zu wenig Stunden. **Wie eine endlos erscheinende Gebirgskette reihen sich das Kümmern um die Kinder, Arbeiten, Wege von A nach B, Haushalt und Wohnen, Einkaufen und Ernährung, Familienbesuche und Freund*innen treffen, Freizeitaktivitäten und Urlaub, vielleicht Haustiere oder Garten, Me-time beziehungsweise Selbstfürsorge und Partnerschaft aneinander.** Verantwortung und Aufgaben so weit das Auge blicken kann. Wenn du versuchst, diese hohe Anzahl an Aufgaben in einen Tag zu pressen, der nun durch deine Arbeitsstunden verkürzt wird, kann es eigentlich nur schiefgehen, oder?

**Vereinbarkeit ist eine Illusion.** Ich zumindest schaffe nie, alles gleichzeitig unter einen Hut zu kriegen, vieles bleibt auf der Strecke, dafür priorisiere ich inzwischen viel besser. Wir können beim Bergwandern nicht auf zwei, drei, vier oder mehr Wegen gleichzeitig schnell laufen. Es gibt den Weg, der vor uns liegt, und auf den fokussieren wir uns so lange, bis die nächste Abzweigung kommt. Dann halten wir inne, lesen den Wegweiser und überlegen, in welcher Richtung wir weiterlaufen möchten. Nur weil wir uns nach dem breiten

Wanderweg »Kinder« auf den Wanderweg »Arbeit« begeben, heißt das ja nicht, dass die anderen Wanderwege nicht mehr da sind. Wir gehen sie vielleicht in kleineren Touren, rund um den Hauptweg, für den wir uns für eine gewisse Zeit entschieden haben. Das entlastet uns vom Druck, alles schaffen und unter einen Hut bringen zu müssen, den wir uns selbst gern machen.

## So kommt ihr morgens pünktlich und gut gelaunt zu Hause los und in der Kita an

Als ich noch als Lehrerin gearbeitet und pädagogische Fachkräfte ausgebildet habe, war mein Unterrichtsbeginn morgens für alle Aufgaben (also ein Kleinkind und mich selbst fertig machen) gefühlt zwei Stunden zu früh, um entspannt aus dem Haus zu kommen. Ich erinnere mich an Tage, an denen die Krippenerzieherinnen mir schon entgegenkamen, weil sie an meinem Schritt gemerkt haben, dass ich schnell wieder los muss. Für unser Kind und mich waren besonders die ersten Kita- und Arbeitswochen morgens stressig und ein Wettlauf gegen die Uhr. Ein Jahr später haben wir durch einen Umzug unsere Lebensumstände geändert, mein Mann hörte auf, beruflich zu pendeln, und der kurze Arbeitsweg mit dem Fahrrad statt stundenlang Zug fahren war ein Gewinn für uns als Familie. Ich habe mich während der Elternzeit mit unserem zweiten Kind selbstständig gemacht, und wir haben beide jeweils ein Kind morgens erst gegen neun Uhr in den Kindergarten und zur Tagesmutter gebracht.

So richtig ausgefeilte Routinen und Strukturen, die auch mit pünktlich eingehaltener Deadline funktionieren, haben wir allerdings erst mit Schulkindern entwickelt. Falls du also in den nächsten Wochen mit deinem Kita-Kind morgens in Stress geraten solltest, schreib dir auf einen Zettel: **Ich gebe mein Bestes und bin gut genug. Ich übe jeden Tag.**

Wir haben als Eltern jedenfalls viel geübt und einige unserer Lieblingsstrategien habe ich hier zusammengetragen.

### Die Vorbereitung beginnt am Abend

Wir als Eltern teilen die Fürsorgearbeit untereinander auf, also haben wir einen fest-flexiblen Wochenplan, denn ohne regelmäßige Absprache geht es nicht. Wenn klar ist, wer an welchem Tag kocht, den Tisch deckt, wer mit den Kindern spielt oder nebenher Wäsche macht, wer die Küche aufräumt oder abends nochmal was arbeiten will, schafft all das Erleichterung im Kopf und senkt die mentale Last. Was du auch mal ausprobieren kannst:

- **Abendessen ohne Knatsch:** extra Kinder- und Elternessen zubereiten, am Tisch oder gemütlich auf dem Sofa essen, Erwachsenengespräche verschieben und stattdessen etwas Vorlesen.
- **Entspannt bettfertig machen:** Katzenwäsche im Bad, Zähne putzen im Bett (vor allem mit müden Kindern praktisch).
- **Einschlafbegleiten:** Zeit nehmen für Vorlesen und Gespräche, denn viele Kinder reden kurz vor dem Einschlafen über den Tag, Familien-Kissenschlacht für beziehungsstärkende Momente voller Lachen und als Energie-Blitzableiter. Ein Kind abwechselnd oder zwei Kinder zu zweit ins Bett bringen, um die abendliche Geschwisterdynamik einzufangen und damit jedes Kind 1:1 mit Mama oder Papa kuscheln kann.
- **Sachen für den nächsten Tag vorbereiten:** Arbeits- und Kita-Tasche packen, Klamotten rauslegen, Frühstückstisch bzw. Brotdose vorbereiten – das hilft, morgens nicht wie ein aufgescheuchtes Huhn durch die Wohnung zu rennen und irgendwas zu suchen.

### Vom Aufstehen bis zum Losgehen

Dein Kind erlebt während eines Tages unglaublich viele Mikrotransitionen, also lauter kleine Übergänge, auf die es sensibel reagieren kann. Nicht selten sind Eltern in der kurzen Zeit zwischen Aufstehen und Losgehen so durchgeschwitzt wie nach einer anstrengenden Bergwanderung. Ich jedenfalls bin keine Mama, die morgens extra vor den Kindern aufsteht und dann wie aus dem Ei gepellt an ihrem Kaffee nippt. Als Nachteule, die nie Kaffee trinkt und oft bis spät in die Nacht wach ist, drücke ich meinen Handywecker morgens dreimal auf Snooze. Mal stehe ich fit, mal verbimmelt auf oder kuschle die Kinder wach, falls mein früh aufstehender Mann das noch nicht gemacht hat.

Folgende Fragen haben wir uns immer wieder gestellt, um den Stress morgens zu lindern oder zu vermeiden:

- Welche Aufgaben/Abläufe müssen morgens wirklich sein und welche können wir weglassen oder besser aufteilen?
- Was brauche ich und was brauchst du, um morgens gut in den Tag zu starten?
- Wie kann ich mein Kind sanft wecken und ansprechen (Aufwachbegleitung), damit es nicht mit dem falschen Bein aufsteht?
- Welche Erwartungen habe ich an mein Kind und kann es diese in der verfügbaren Zeit erfüllen oder schrauben wir unsere Erwartungen zurück?
- Was möchte mein Kind morgens alles machen, bevor wir losgehen? Was ist ihm wichtig, um gut in den Tag zu starten?
- Wie viel früher muss ich aufstehen bzw. mein Kind wecken, damit uns genug Zeit bleibt? Gegen *»Zack, zack! Wir müssen los!«* hilft mehr Zeit(puffer)! Eltern planen meistens viel zu knapp.
- Wie viel Zeit verdaddeln wir unbemerkt am Handy?
- Wie behalten wir gute Laune und verfallen nicht in Stress?

Was ich den Eltern im *Happy Kita Start Begleitprogramm* immer wieder empfehle, ist, besonders den letzten Punkt zu beachten. **Gegen Hektik hilft Humor.** Mach Musik an und singt, tanzt, lacht, während ihr euch anzieht, so macht das viel mehr Spaß. Oder bereite kleine Zettelchen in Schachteln, Filmdosen oder Ü-Eiern vor mit kleinen Aufgaben wie zum Beispiel: *»Hüpfe erst auf einem Bein, dann schlüpfe in die Hose rein.«* oder *»Dreh dich einmal um dich rum, setz dich hin* *und mache bumm.«* Schon sitzt dein Kind lachend auf seinem (Windel)Po und du kannst ihm die Schuhe anziehen. Diese Zettelchen kannst du auch ohne Reime aufschreiben und dir jederzeit spontan neue Aufgaben ausdenken, die zu eurem Alltag passen. Halte es dabei ganz einfach. Die Idee ist, diese kurzen Aktivitäten mit deinem Kind auf dem Weg in die Kita als spielerische Überraschung fortzuführen. Es ist wie ein **Gute-Laune-Faden von zu Hause bis zur Kita-Tür**. Die letzte Schachtel mit einer Aufgabe kannst du in der Garderobe aufmachen oder an die Betreuungsperson übergeben. Einige meiner Beratungseltern haben das schon gemacht, und eine Fachkraft hat diese Idee für den Morgenkreis übernommen, weil die Kindergruppe so drauf abgefahren ist. Diese Mini-Überraschungen bringen ganz unkompliziert Freude in den Tag.

### Abschiedsrituale

Vielleicht hast du dich schon gefragt, warum ich erst jetzt, fast am Ende des Buches, über Abschiedsrituale schreibe, denn Rituale sind doch für Kinder so wichtig. Sie geben ihnen inneren Halt und durch den immer gleichen sich wiederholenden Ablauf eine gewisse Orientierung und Verlässlichkeit. Doch während der Eingewöhnung sind die typischen Abschiedsrituale nicht selten wie die Glocke einer auf der Alm grasenden Kuh. Fachkräfte und Eltern fokussieren sich zu sehr auf das Ritual, weil es wie die Glocke deutlich zu sehen und zu hören ist, aber ob es dem Kind wirklich gut geht, das wissen wir nicht. Ein Abschiedsritual ist zwar markant und kann für den Abschiedsmoment hilfreich sein, aber das Ritual allein reicht nicht aus, um den Abschied zu meistern, wenn sich ein Kind noch nicht sicher und geborgen fühlt. Die Voraussetzung für einen Abschied ist Vertrauen, und wenn diese Basis nicht da ist, helfen auch Abschiedsrituale nicht (oder nur wenig).

»Ich habe alles versucht, zum Beispiel Winken am Fenster, High Five, Herz auf die Hand malen, Kuscheltier ... wird alles abgelehnt. Mein Kind will nicht in die Kita.«

**Ein Ritual kann eine starke Beziehung zwischen Kind und Betreuungsperson nicht ersetzen.** Auf Beziehung sollte in den ersten Wochen der Eingewöhnung der Fokus liegen. Und wenn diese Basis stimmt, ergeben sich situationsbedingte Rituale meist von allein. Versuche es nicht zu verkomplizieren – drei Mal feste drücken, ein Küsschen und Tschüsschen – einfache Verabschiedungen sind vollkommen ausreichend. Deine emotionale Kraft und die Ruhe, die du ausstrahlst, sind wesentlich entscheidender. Es geht um die Verbindung zwischen dir und deinem Kind vor der Verabschiedung sowie um die Verbindung zwischen deinem Kind und seiner Bezugsperson nach der Verabschiedung. Damit dein Kind gut im Betreuungstag ankommt, braucht es bindungssicher, bedürfnisorientiert und beziehungsstark agierende Erwachsene. Andere Kinder und Abschiedsrituale können das nicht ersetzen, aber wie ein Katalysator unterstützen.

**Rituale, die sich in Abschiedssituationen als hilfreich erweisen können, wenn die Vertrauensbasis stimmt**

- Übergangsobjekte wie z. B. Kuscheltier, Spielzeug, der Schal von Mama, das T-Shirt von Papa, Nuckel/Schnuller, Schnuffeltuch
- Herz auf die Hand oder Mamas oder Papas Gesicht auf den Unterarm malen
- Zettel und Stift im Garderobenfach parat haben und Kind ein Wunsch-Bild malen
- Imaginäre Küsschen in die Hosentasche
- Freundschaftsarmbänder für Kind und Eltern
- High Five, Hand-Abklatsch-Spiele

- Winken und Luftküsse am Fenster
- »Mut-Zauber« (Wasser mit oder ohne Wohlfühlduftöl mit einer Sprühflasche aufsprühen, wie beim Anti-Monster-Spray)
- Unsichtbarer Superheld*innen-Schutz-Umhang
- Einlaminierte Fotos von der Familie (in vielen Kitas heißt das »Ich-Buch«)
- Einlaminierte Fotos oder gemalte Bilder vom Tagesablauf

Wenn du mit deinem Kind ein Ritual gefunden hast, behalte es bei, solange es euch dienlich ist. Rituale dürfen sich auch wieder ändern, es geht nicht um das tägliche konsequente Anwenden, sondern um den beziehungsstarken Moment. Und denk auch immer daran:

**Du bist nicht allein für die Abschiedssituation verantwortlich, die pädagogische Fachkraft ist genauso zu 50 Prozent an diesem Moment beteiligt.** Sie unterstützt dein Kind auf der anderen Seite der »Türschwelle«. Wenn Kinder regelmäßig in die Betreuung gehen, wird oft von ihnen erwartet, dass sie allein reinkommen, sich was zu spielen suchen und einfach »da« sind. Doch nicht selten stehen Kinder nach dem Abschied von ihren Eltern wie »bestellt und nicht abgeholt« im Raum und wissen nicht wohin mit sich. Niemand nimmt sie richtig in Empfang, die Fachkräfte sind mit anderen Kindern oder Aufgaben beschäftigt und schauen nicht oder nur flüchtig Richtung Tür oder rufen von Weitem ein *»Hallo«* durch den Raum. Wenn dein Kind damit nicht klarkommt, gehe aktiv auf die Fachkräfte zu (oder bitte sie zu dir), statt dich zu ärgern, dass sich keiner kümmert. Begrüße sie mit Augenkontakt und führe ein kurzes Tür- und Angelgespräch, so dass eine Verbindung hergestellt wird. Und dann übergib dein Kind bewusst an die Fachkraft, damit es bei ihr andocken kann. Trau dich zu sagen: *»Unser Abschiedsritual ist so und so, ich brauche Ihre Unterstützung dabei. Können Sie bitte das und das machen?«* oder ein *»Ich möchte, dass Sie mein Kind morgens begrüßen«*. Sorge höchst höflich, und hartnäckig dafür, dass dein Kind leichter ankommen kann, auch wenn es mal keine Lust auf Kita hat. Einige Kinder haben beispielsweise Kleidung als eine Art Schutzpanzer, und es ist wesentlich stressfreier und tränenfreier, wenn die Betreuungsperson das Kind auszieht, nachdem sich die Eltern verabschiedet haben und das Kind getröstet wurde.

Wenn du mehrere Kinder in die gleiche Einrichtung bringst, gib zuerst das Kind ab, dem es leichter fällt. Aber nur, wenn du danach auch genug Zeitpuffer hast, dein anderes Kind geduldig zu begleiten.

## So kommt ihr stressfrei von der Kita bis nach Hause

Spielen ist mehr als »nur spielen«. Dein Kind lernt jeden Tag etwas Neues über sich selbst, andere und die Welt. Und das ist vergleichbar mit unseren Erwachsenen-Jobs. Es kann schön und auch ganz schön anstrengend sein. Am Ende eines Kita-Tages sind viele Kinder eine bunte Mischung aus glücklich, müde, aufgedreht, erschöpft, erleichtert, froh, frustriert, überreizt, überfordert, weinerlich, wütend, uvm. **Beim Abholen ist der kindliche Kooperations-Akku oft ziemlich leer**, denn sie haben getobt, gelacht, gespielt und gelernt, aber auch Regeln befolgt, Bedürfnisse zurückgesteckt, Gefühle gespürt und reguliert, Konflikte erlebt, vielleicht keine Pause gemacht. Und das kann sich ziemlich heftig entladen: **Weinen, Wegschauen, Weglaufen, »Warum bist du schon da? Warum kommst du so spät?«-Beschwerden, die Weigerung sich anzuziehen oder zu gehen, Wutanfälle** – sind genauso okay wie freudestrahlend auf die Eltern zuzurennen und ihnen um den Hals zu fallen. Letzteres wünschen wir uns jedoch viel lieber als die anstrengenden Reaktionen, schließlich haben wir ja auch einen (Arbeits-)Tag hinter uns, und es wäre doch schön, wenn sich unser Kind einfach glücklich in unsere Arme stürzt und ohne großes Tamtam mit nach Hause kommt.

### Loslassen der Arbeit und Ankommen bei dir selbst

Die wichtigste Voraussetzung für stressfreies Abholen deines Kindes liegt nicht bei ihm, sondern bei dir. Wenn du einen Berg hochmarschiert bist, nimm dir Zeit und genieße die Aussicht, ohne sofort wieder runterzurennen. Statt im Eiltempo von der Arbeit zur Kita oder Tagespflege zu sprinten, um dein Kind nur ja nicht so lange warten zu lassen, fügst du einen Zwischenstopp ein: **drei bis fünf Minuten mit dir selbst, in denen du »nichts« machst,** außer deine Augen zu schließen und zu atmen, deine Gefühle wahrzunehmen und dich zu fragen, wie es dir geht, deine Gedanken (oder To-dos) durch den Kopf fließen zu lassen und sie in dein Journal oder Handy aufzuschreiben und loszulassen. Es ist egal, ob du für einen Moment im Auto sitzen bleibst und aus dem Fenster guckst, oder auf dem Weg zur Kita vom Fahrrad absteigst und der Welt zuhörst. Hauptsache du kommst bei dir an, bevor (!) du in deine Elternrolle schlüpfst.

**Rollenwechsel**

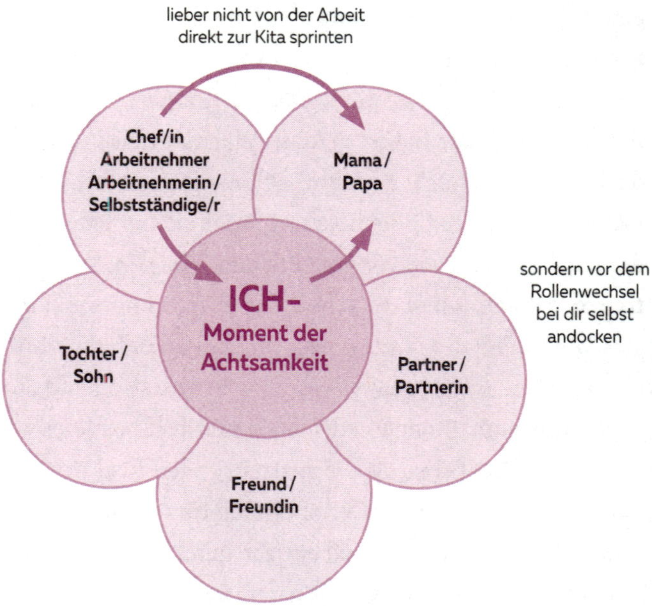

Auch Essen und Trinken oder auf die Toilette gehen vergessen viele Eltern während des (Arbeits-)Tages und wundern sich dann, warum sie ungeduldig sind, wenn ihr Kind beim Abholen nicht sofort mitwill, »trödelt« oder »bockig« ist. Sorge also gut für dich und deinen Körper, bevor du zu deinem Kind gehst. Du wirst merken, dass du viel entspannter bist, und das überträgt sich auf dein Kind.

### »Na, wie war's in der Kita?«

*»Gut.« – »Und was hast du gespielt?« – »Im Garten.« – »Und was gab's zu essen?« – »Nudeln. Kartoffeln.« –??*

Es ist verflixt. Da gibt es Kinder, die plappern nach der Kita wie ein Wasserfall ohne Punkt und Komma, das Gespräch grünt und sprießt bunte Blumen. Und es gibt Kinder, denen wir gefühlt jedes Wort aus der Nase ziehen müssen, und wir bekommen trotzdem nur Infos, die so aussehen wie trockene, knarzige Heuballen, die der Wind über staubige Straßen weht. Dabei wollen wir ja nur wissen, ob unser Kind einen schönen Tag hatte, ob es sich wohlgefühlt, gut gegessen und geschlafen hat, Und was machen überhaupt Eltern, deren Kind noch gar nicht sprechen kann?

**Weniger (Reden) ist mehr (Spüren):** Vermeide die standardisierte Frage »*Wie war's heute in der Kita?*« Denn meist kommt nur eine standardisierte Antwort. Du kannst dich auch ehrlich fragen, ob es dir vielleicht eher darum geht, ein »*Gut. Es war schön*« zu hören, damit dein schlechtes Gewissen beruhigt ist, weil du dein Kind in die Betreuung gebracht hast.

**Das kannst du tun, um mit deinem Kind in Verbindung zu kommen**

- Vermeide es, dein Handy in der Abholsituation zu benutzen, damit du nach der getrennt verbrachten Zeit wieder in Verbindung kommen kannst.

- Fokussiere deine Aufmerksamkeit auf dein Kind, statt dich vom Handy (oder anderen Gesprächen) ablenken zu lassen.
- Du kannst dein spielendes Kind, bevor es dich sieht, etwas versteckt beobachten. An seinem Gesicht, seinen Bewegungen oder Interaktionen mit anderen Kindern oder Fachkräften kannst du ablesen, wie es sich fühlt.
- Wenn es dich sieht oder wenn du zu ihm hingehst, umarme dein Kind innig und ganz bewusst. Spüre. Nimm seine Gefühle und Energie im Körper wahr. Tröste es, falls es weint. Kuschel es in deinen Armen, falls es sagt, es hat dich vermisst. Sei einfach jetzt da. Du musst das Vermissen nicht erwidern, wenn du tagsüber in deiner Arbeit aufgegangen bist und kaum an dein Kind gedacht hast, ist das okay.
- Sag ihm jeden Tag beim Abholen *»Schön, dich zu sehen. Ich freue mich auf den Nachmittag mit dir«*. Lächle über das ganze Gesicht. Den Arbeitsstress oder To-do-Listen-Frust hast du ja vorher losgelassen, ansonsten lies gern nochmal das vorige Kapitel und nimm dir regelmäßig eine Pause vor dem Abholen.
- Mach aus der Pause ein Ritual. Versprochen?! Gut, nun nochmal zurück zu deinem Kind.

**Anknüpfen am Betreuungsalltag:** Wenn dir dein Kind beim Abholen nicht überfreudig in die Arme stürzt, sondern dich ignoriert, dir nicht entgegen, sondern eher wegrennt, oder aber gar nicht losgehen will, dann nimm es bitte nicht persönlich. Dein Kind sendet eine wichtige Botschaft:

»Ich hatte keine Chance, mich auf das Abholen und Wiedersehen einzustimmen. Jetzt bist du plötzlich da und willst sofort los. Ich bin aber grad mitten im Spielen. So schnell kann ich mich nicht lösen. Ich hab dich den halben/ganzen Tag nicht gesehen und war hier mit den anderen Kindern und den Betreuer*innen verbunden. Nur weil du

**meine Mama/mein Papa bist, kann ich nicht per Fingerschnipp alles stehen und liegen lassen. Ich brauche einen Moment zum wieder andocken bei dir. Deswegen freu ich mich trotzdem, dich zu sehen. Gib mir bitte Zeit und interessiere dich für mich. Ich lade dich mit meinem Verhalten in meine Welt ein. Schau sie dir an.«**

Kinder sind (genauso wie morgens) auch in der Abholsituation übergangssensibel. Wir Erwachsenen sind meistens einfach zu schnell. Statt im Hier und Jetzt zu sein haben wir den Blick auf die Uhr und die Aufgaben in der Zukunft (am Nachmittag oder Abend) gerichtet. **Die Zauberwörter heißen Entschleunigung, Achtsamkeit und aufrichtiges Interesse.** Folgende Fragen kannst du deinem Kind stellen (nicht alle auf einmal und nicht jeden Tag):

- *»Ich sehe du bist noch mitten im Spielen/Basteln/Bauen/Erleben, was machst du gerade?«*
- *»Zeig mir mal, wo du überall heute gespielt hast. Weißt du das alles noch?«*
- *»So viele Kinder sind hier. Zeig mir mal, mit wem du heute gespielt hast. Und ich rate dann, wie das Kind heißt. Mal sehen, ob ich die Namen alle kenne.«*
- *»Magst du den Spielsachen noch Tschüss sagen? Zeig mal, wo ich mit dir kurz hingehen soll, und danach gehen wir los.«*

Auf etwas zeigen können auch schon junge Kinder, die noch nicht so viel sprechen. Und Kinder, die schon sprechen können, fangen in der Situation meist von allein an zu erzählen. So tauchst du in die Welt deines Kindes ein, es kann dir von seinem »Job« berichten, und ihr kommt über diese Brücke wieder in Verbindung. Danach klappt auch das Loslösen leichter, weil ihr gut »kontaktet« seid.

Manchmal machen auch die pädagogischen Fachkräfte Stress und wollen, dass die Eltern schnell gehen. Das liegt daran, dass die Abholsituation wie die Bringsituation eine Rushhour ist und viele Menschen gleichzeitig in der Einrichtung sind. Da wird es schnell unübersichtlich. Die Frage, welches Kind abgeholt ist und wer die Aufsicht hat, ist oft unklar, wenn Eltern noch dastehen und quatschen, während die Kinder weiterspielen. Das kannst du tatsächlich auch draußen vor dem Kita-Tor machen. Wenn du aber merkst, dein übergangssensibles Kind hat es beim Abholen etwas schwer oder es »dreht frei« (weil seine Kraft und der Kooperationsakku alle sind), dann bitte die Betreuer*innen um Unterstützung. Sag ihnen, wann du zum Abholen kommst, damit sie dein Kind darauf vorbereiten und schon mal sachte aus dem Spiel hinausbegleiten können. Auch das Umziehen (vor allem bei nervigen Matsch- und dicken Winterklamotten) gibt bei einigen Kindern Geschrei, wenn es die Eltern machen, und es klappt wesentlich besser, wenn die Fachkraft das Kind anzieht. Sie ist dazu natürlich nicht verpflichtet, aber wenn ihr eine gute Beziehung und Kommunikation habt und den Fachkräften wichtig ist, dass ihr zügig das Haus verlasst, dann findet ihr gemeinsame Lösungen.

### Heimweg und Ankommen zu Hause

Hast du es mit deinem Kind aus der Betreuungseinrichtung rausgeschafft, ist es, je nachdem wie sein Tag und das Abholen lief, gut möglich, dass dein Kind geerdet und mit dir »connected« ist. Oder aber auch nicht.

**»Den Vormittag über klappt es sehr gut bisher – er scheint Spaß zu haben. Beim Heimfahren verweigert er allerdings komplett, sich ins Auto setzen zu lassen.«**

**»Beim Abholen ist die Stimmung meist gut, dafür gibt es hier zu Hause heftige Gefühlsstürme von mindestens einer halben Stunde (egal, ob mein Kind im Auto geschlafen hat, oder nicht). Unser Kind ist danach teils schweißgebadet, ich versuche, so gut es geht, es zu begleiten, da auch unser Baby gleichzeitig zu versorgen ist.«**

Solche Situationen sind herausfordernd für das Kind und seine Eltern oder andere abholende Personen und gar nicht ungewöhnlich. So ein Betreuungstag ist echt anstrengend und eine emotionale Höchstleistung. Kein Wunder, dass die Stimmung kippt. Versuche auf dem Weg (zum Auto) Bewegung einzubauen, du kannst mit deinem Kind gemeinsam schnell rennen und oder mit ihm auf dem Arm dreimal hüpfen, dann kann sich angestaute Energie entladen und ihr könnt ordentlich kichern und lachen. Macht ein Spiel daraus, bevor es auf die Idee kommt wegzulaufen. Wenn dein Kind weint oder den Auto- bzw. Fahrradsitz verweigert, leg eine **Pause** ein, kuschelt erst mal oder inspiziert alle Teile, ob das Auto oder das Fahrrad überhaupt losfahren darf. Hilfreich ist auch, einen kleinen Snack und eine Trinkflasche parat zu haben oder dein Kind zu stillen. Nimm den Druck raus, und dann kommt ihr viel leichter ohne großes Geschrei nach Hause.

Zu Hause angekommen, darfst du **nachsichtig sein**. Mit dir selbst und deinem Kind. Erwarte nicht zu viel. Treppensteigen, Kita-Rucksack tragen, Jacke und Schuhe ausziehen und aufräumen, Hände waschen, das kann dein Kind überfordern, auch wenn es das sonst gut allein kann. Hilf ihm einfach. Du bist auch froh, wenn dir nach einem langen Arbeitstag jemand die Tasche abnimmt. Und wenn der Gefühlssturm dein Kind überrollt: Trösten ist wichtiger als Ausziehen oder Aufräumen. Mehr Tipps findest du auch im übernächsten Kapitel.

Wenn dein Kind nach der Betreuung gut drauf ist, kannst du den Weg nach Hause oder Alltagssituationen daheim nutzen, um mit ihm ins Gespräch zu kommen:

- *»Gibt es eigentlich auch Kinder, die grüne Hosen, Schnurrbart, Locken, Brille, … haben?«*
- *»Hat heute ein Kind/Erzieher*in was ganz Lustiges gemacht? Worüber hast du gelacht?«*
- *»Sag mal, gibt's bei euch Blubberwasser und Hexensuppe zum Mittagessen?«*

- *»Lass mich raten, heute bist du sieben Mal gerutscht/geklettert/ BobbyCar gefahren/…?«*
- *»Streiten sich manchmal Kinder in deiner Gruppe oder draußen im Garten?«*

Probiere verschiedene, gern kreative Fragen aus und teste, ob dein Kind darauf eingeht. Versuche es nicht wie eine Zitrone auszuquetschen, sonst wird es wahrscheinlich abblocken. Viele Kinder sind spielerisch viel leichter zu erreichen. Setzt euch zusammen aufs Sofa oder den Kinderzimmerfußboden und spielt mit Figuren oder Kuscheltieren Rollenspiele über den Tag in Krippe, Kita, Kindergarten, Kindertagespflege. Wenn dein Kind die Spielführung übernimmt, bekommst du vielfältige Einblicke in seine Gedanken- und Gefühlswelt. Lass dich darauf ein, beobachte, spiele mit. Mehr Tipps findest du auch im Buch »Kinderleicht ins Gespräch kommen« von Michèle Liussi.

Erzähle auch von dir: *»Mein Tag war heute …«* und zeige dich als Mensch. Sprich über das, was du erlebt hast und was dich glücklich, traurig oder sauer machte. Was heute leicht oder schwer war. Frage auch deine Partnerperson, wie es ihr geht. Also so wirklich, nicht nur als Floskel. Dein Kind lernt dadurch, dass es großartig ist, sich anderen anzuvertrauen, sich über Gedanken und Gefühle auszutauschen, sich für andere zu interessieren, einfach weil ihr in der Familie vorlebt, wie das geht. Und bedanke dich, wenn dir dein Kind oder deine Partnerperson etwas von sich erzählt hat. Es ist ein beziehungsstärkender Moment.

## Schlecht-Wetter-Lage und Erste-Hilfe-Maßnahmen

Die Kita-Krise mit all ihren Konsequenzen für Eltern ist Teil einer riesigen Care-Krise. Diese betrifft mehr als nur Kita, Schule, Pflege … und die mangelnde Vereinbarkeit zwischen Familie und Beruf. Immer mehr strukturelle Probleme spitzen sich zu und wir brauchen weitreichende Veränderungen. Diese lassen sich nicht durch dieses Buch, sondern nur gesamtgesellschaftlich und langfristig lösen. Trotzdem habe ich zum Abschluss noch drei von unzähligen Herausforderungen ausgewählt, die dich in den kommenden Betreuungsjahren wahrscheinlich betreffen werden.

### Dein Kind ist ständig krank

Ene, mene, muh und raus bist du! Nein, bitte nicht schon wieder Fieber, Husten, Schnupfen, Hand-Mund-Fuß, Scharlach, Windpocken, Läuse, Magen-Darm-Infekt, Mittelohrentzündung. Kita-Keime sind für unser Immunsystem wie Efeu an der Fassade. Ist sie intakt, kann der Efeu dem Haus nichts anhaben. Ist die Fassade rissig, können die Efeuranken die Öffnungen ausweiten und das Haus nachhaltig schädigen.

Ein krankes Kind ist für die meisten Eltern eine riesige Herausforderung, vor allem wenn sie berufstätig sind. Ich erinnere mich noch, als mein Kind keine zwei Wochen, nachdem ich angefangen hatte, wieder als Lehrerin zu arbeiten, krank wurde. Ich war total hin- und hergerissen zwischen *»Ich kann doch nicht direkt schon wieder ausfallen, was sollen denn die Kolleg*innen denken?«* und *»Mein Kind braucht mich«*. Am ersten Tag blieb mein Mann zu Hause, ab dem zweiten ich, am dritten Tag kam plötzlich ein Fieberkrampf, der uns beide ziemlich erschreckt hat. Nach diesem Erlebnis war mir klar, **dass die Gesundheit vor der Arbeit steht**. Und wir haben als Eltern in den letzten Jahren einerseits unsere beruflichen Bedingungen an unser Familienleben angepasst (dabei aber auch auf Einkommen verzichtet) und andererseits als Paar die unbezahlte Fürsorgearbeit (dank vieler Gespräche) so unter uns aufgeteilt, dass wir die Kinderkranktage bisher gut meistern konnten.

Aber klar, es gibt auch Kinder, die häufiger krank sind als die von Kinderärzt*innen als normal deklarierten rund zwölf Infekte pro Jahr. Für viele (alleinerziehende) Eltern sind es zu wenige Kinderkrankentage und die Hauptlast der Care-Arbeit tragen immer noch Frauen, auch weil sie es sind, die überwiegend in Teilzeit arbeiten. Für 2024 und 2025 wurde eine wiederholte Erhöhung der Kinderkrankengeldtage von zehn auf fünfzehn Arbeitstage pro Kind und Elternteil im Jahr (Alleinerziehende von zwanzig auf dreißig Tage) gesetzlich festgelegt. Bei stationärer Behandlung gibt einen zeitlich unbegrenzten Anspruch auf Kinderkrankengeld. Gezahlt werden in der Regel 90 Prozent des ausgefallenen Nettoarbeitsentgelts der Eltern von gesetzlich krankenversicherten unter zwölfjährigen Kindern.[37] Auch sollen Eltern durch telefonische Krankmeldungen entlastet werden.[38] Das ist für Familien sehr entscheidend, denn eins ist mir, bei allem Verständnis für die strukturellen Probleme von Eltern, trotzdem wichtig:

**Ein krankes Kind gehört NICHT in die Kita! Ein krankes Kind gehört nach Hause.** Pädagogische Fachkräfte berichten immer wieder, dass Kinder in die Betreuung gebracht werden und Eltern beiläufig erwähnen, dass es ihnen dank Fieberzäpfchen schon wieder besser geht. Das sind keine Einzelfälle und es hat fatale Folgen: Das kranke Kind kann nicht gesund werden, weil ihm die fürsorgliche Nähe und Ruhe fehlt, die es dafür braucht. Andere Kinder und auch die Fachkräfte können sich anstecken, so dass nicht selten die halbe Kita leer gefegt ist, weil wieder was rumgeht. Während weniger Kinder die Betreuungszeit zwar entspannter machen, wird es durch weniger Personal aber umso verheerender, weil die Betreuungsqualität sinkt oder die Öffnungszeiten verkürzt werden müssen. Es verlieren letztendlich alle, wenn kranke Kinder in die Betreuung müssen oder kranke Erwachsene so lange mit dem Kopf unter dem Arm arbeiten gehen, bis sie ganz ausfallen.

### Dein Kind ist nach der Betreuung gestresst, brüllt oder flippt aus

Wenn du an deinem Kind merkst, dass es nachmittags »neben der Spur« ist und du es vielleicht gar nicht wiedererkennst, weil es in der Betreuung total »lieb« ist und sich zu Hause so komplett anders verhält, dann weißt du inzwischen durchs Lesen, dass sich dein Kind in der Betreuungseinrichtung anpasst und sein Kooperations-Akku leer ist. Mit mehr Entschleunigung und mehr Empathie kannst du das schon gut auffangen:

**Dein Kind ist nach der Betreuung »durch« – Das kannst du tun**

Erwartungen runterschrauben, mehr Zeit einplanen und vor allem **weniger Termine am Nachmittag** machen.

- Keine oder nur wenige Playdates vereinbaren
- Einkäufe nicht nach dem Abholen, sondern später mit oder noch besser ohne Kind erledigen (oder den Einkauf liefern lassen)
- Kinderturnen und andere Kurse eine Zeit lang pausieren. Dadurch bleibt mehr Zeit für Bindung und Beziehung und das möchte dein Kind auftanken.
- Auch nachts zusammen im Familienbett schlafen ist eine gute Möglichkeit, die Trennungszeit am Tag wieder auszugleichen.

Reicht es nicht, nachmittags weniger (Freizeit-)Programm und mehr Familienzeit zu planen, weil dein Kind trotzdem sehr unausgeglichen, wütend und wild, vielleicht aber auch sehr still und verschlossen ist, lohnt sich ein genauerer Blick, dann braucht es mehr Zeit zum Regenerieren. **Kinder haben ein Recht auf freie Tage (Pausentage) und regelmäßigen Urlaub!**

Diese bindungssicheren und beziehungsstarken Momente gemeinsam und bewusst zu erleben ist so, als gießt du die Wurzeln eines Baumes, damit er wieder volle Kraft in seine Blätter leiten und wachsen kann. Dafür braucht er Platz nach oben, um sich zu entfalten. Es ist also genauso wichtig, dass dein Kind Freiraum hat und selbst bestimmen kann. **Befriedige auch das Autonomiebedürfnis deines Kindes**, stärke es, eigene Entscheidungen zu treffen und sich so die Kontrolle über sich selbst und sein Leben zurückzuholen. Wir leben in Familie und in Kita in Gemeinschaften und kooperieren alle miteinander, und gleichzeitig brauchen wir alle auch Freiheiten, damit es uns gut geht. Kinder wechseln zwischen dem System Familie und dem System Kita hin und her, und sowohl Eltern als auch pädagogische Fachkräfte müssen darauf achten, dass sie sich nicht nur an unser erwachsenes Leben anpassen, sondern dass wir Kinder gleichwürdig mitdenken und mitentscheiden lassen.

Wenn dich dein Kind nach der Kita »rumkommandiert« und »Befehle erteilt«, versucht es wahrscheinlich, sich selbst sein Bedürfnis nach Autonomie und Kontrolle zu erfüllen. Vielleicht spiegelt es aber auch Eltern und Fachkräfte wider, die ähnliche Ansagen machen und erwarten, dass Kinder diesen folgen. Atme den ersten Ärger, der in dir aufsteigt, weg und nimm es nicht persönlich. Du entscheidest, in einen Machtkampf einzusteigen. Selbstverständlich kannst du dich in einer ruhigen Minute entspannt neben dein Kind setzen und sagen: *»Weißt du, ich hol dir gern etwas zu trinken. Ich mag nur nicht angebrüllt werden. Du kannst mich fragen (ohne zu schreien), wenn du was brauchst.«* **Bleibe mit deinem Kind im beziehungsstarken Dialog.**

## Du zerreißt dich im Alltag zwischen Familie, Kita und Beruf

Wenn Eltern mit ihrem Kind die Eingewöhnung gemeistert haben und der neue Alltag mit Arbeiten und Kind(ern) in außerfamiliärer Betreuung jeden Tag aufs Neue rollt, fühlt es sich oft so an, als schieben sie mit aller Kraft einen immer größer werdenden Berg an Aufgaben den Berg hinauf und rutschen unter der Last auch immer wieder aufs Neue runter. Eltern sein ist genauso wenig ein Selbstläufer wie Eingewöhnung.

Klar gibt es Phasen, die sich leicht und fröhlich anfühlen. Du und deine Familie hüpft in der Sonne über bunte Blumenwiesen und alle lächeln, lachen, leben. Und es gibt Phasen, da ist wenig bis gar nix leicht und fröhlich, sondern ein Gefühlssturm jagt den nächsten Entwicklungsschub, auf einen schlechten Tag folgen mindestens drei miese Nächte, in der Kita gibt's Personalausfall und begrenzte Betreuungszeiten, Hauen, Schubsen, Beißen unter Kindern, es gibt unterschiedliche Erziehungsansichten mit den Fachkräften oder deiner Partnerperson, aus Meinungsverschiedenheiten werden Konflikte in Kita oder Familie, Arbeitsfrust zerrt an den Nerven für die Kinder, Medienzeit, Schlafenszeit, Autonomiephase bringen ihre Herausforderungen mit sich, und derweil versinkt die Wohnung im Wäsche- und Spielzeugchaos, 24 Mini-Muffins für den Kita-Geburtstag sollen auch gebacken werden … Aber die anderen Eltern auf Instagram oder aus der Nachbarschaft kriegen das ja auch alles gewuppt?! Am Ende wird aus Erschöpfung Schimpfen, Schreien und ein schlechtes Gewissen, das dich nachts nicht schlafen lässt.

Die Liste ließe sich ewig fortführen, und ich glaube, alle Eltern struggeln mal mehr und mal weniger mit den ultrahohen Anforderungen ihres Alltags. Weil ich Eltern auch nach der abgeschlossenen Eingewöhnung weiter auf ihrem Weg als Familie mit Kita-Kind begleite und selbst einige Kita-Jahre mit meinen Kindern meistern konnte, möchte ich dir zum Abschluss noch eine kleine Übung mitgeben, die du gern für dich selbst machen kannst:

**Nimm dir fünfzehn Minuten Zeit und vervollständige folgende Sätze, ohne lange nachzudenken, einfach losschreiben und erst den Stift wieder absetzen, wenn die Zeit um ist:**

- Ich bin gut als Mama/Papa, wenn ich ....
- Ich bin gut als Partner/Partnerin, wenn ich …
- Ich bin gut als Tochter/Sohn, wenn ich …
- Ich bin gut im Haushalt, wenn ich …
- Ich bin gut im Beruf, wenn ich …
- Ich bin gut als Elternteil in der Kita, wenn ich …
- Ich bin gut als Freund/Freundin, wenn ich …
- Ich bin gut zu mir, wenn ich …

Wenn du fertig bist, hast du ziemlich viele Erwartungen an dich selbst aufgeschrieben, und es kann sein, dass allein das schon zu einigen Aha-Momenten führt. Denn möglicherweise merkst du, dass du dir selbst ziemlich viel Druck machst, gut sein zu wollen. Doch du kannst nicht alle Erwartungen von innen und von außen erfüllen. Und du musst auch nicht.

**Setze den Rotstift an.** Streiche alle Erwartungen weg, die dich stressen oder belasten. Sei großzügig. Du musst nicht jeden Tag einen 3000er Berg besteigen. Es ist okay, wenn du tausend Meter hohe Berge hinaufwanderst oder einfach spazieren gehst.

**Wähle deine Top Fünf.** Aus den übrig gebliebenen Erwartungen an dich selbst kannst du bis zu fünf auswählen und dir als Ziel setzen. Diese fünf sind dir wirklich wichtig und dein Fokus, auf den du wert legst. Und auch wenn du diese fünf Erwartungen nicht jeden Tag erfüllen kannst, vielleicht weil sie noch zu groß gesteckt sind oder du mehr (professionelle) Unterstützung brauchst – bitte dann denke daran: **Du bist gut (genug).** Du übst dieses Elternsein jeden Tag, so gut du kannst. Und genauso wie in der Eingewöhnung setzt du einen Schritt nach dem anderen den Berg hinauf und kannst bald die Aussicht genießen.

Alles Gute auf deinem Weg mit deiner Familie und für das nächste große Abenteuer: der lustig bunte Familienalltag mit deinem Krippen-, Tagespflege-, Kindergarten- oder Kita-Kind!

Deine Stefanie

# DANKSAGUNG

Ich danke allen Eltern, die mir in den letzten Jahren vertraut, von ihren Eingewöhnungserfahrungen berichtet und dann meine Tipps umgesetzt haben. Durch diese Begleitung durfte ich so viel Tiefgreifendes über Eingewöhnung miterleben, das mein Herz berührte. Unzählige erfolgreiche Eingewöhnungen haben wir gemeinsam erreicht, und die unendliche Dankbarkeit dieser Familien zeigt mir, wofür es sich zu kämpfen lohnt und warum meine Arbeit so wichtig ist.

Ein ganz besonderer Dank geht an all die Eltern und Fachkräfte, deren Zitate ich für mein Buch verwenden durfte. Durch diese Beispiele wird es einleuchtender, ehrlicher und einfühlsamer.

Mein allergrößter Dank, den ich kaum in Worte fassen kann, geht an meinen Mann, der mir immer den Rücken freigehalten und mich bedingungslos in meinem beruflichen Abenteuer unterstützt hat. Und ich danke aus tiefstem Herzen meinen Kindern, die mich von der Pädagogin zur Mama gemacht und mir eine unerwartete Welt intensiver Gefühle offenbart haben. Ohne meine Familie würde es dieses Buch nicht geben.

Großer Dank geht an den Kösel Verlag, der von Anfang an, trotz Nischenthema Eingewöhnung, an mich und meine Expertise geglaubt hat! Ein Dankeschön geht auch an Charlotte Rock und Julia Sommerfeld, die mich bei meinem Debüt als Autorin so gut betreut und all meine Fragen geduldig beantwortet haben. Ich danke besonders Katharina Spangler für ihr erstklassiges Lektorat. Ihre große Erfahrung im Bereich Elternratgeber hat mir in der Feinschliff-Phase sehr geholfen, das Buch zu perfektionieren. So dass sich auch die Kritikerin in mir sicher fühlt, dass dieses Buch nun das Licht der Welt erblicken kann.

Ein extra Dankeschön gilt auch Yvonne Kraus, die mich im Buchcoaching mit hilfreichen Tipps bei der Konzeption und Zeitplanung unterstützt hat.

Ich danke Inke Hummel für die mutmachenden Anstupser, das Buchprojekt endlich zu realisieren, und Kiran Deuretzbacher fürs Mitnehmen zum AP-Kongress, bei dem ich den Mut fasste, die Verlage anzusprechen, nachdem mein Skript schon über ein Jahr in der Schublade schlummerte.

Ein dickes Dankeschön geht an Alexandra Keyling, Tabea Laue und Janine Beier-Seifert fürs immer wieder Zuhören und Zweifel ausräumen! Und Danke an Jane von Klee fürs Auflösen meiner Schreibblockade bei unserem Sommerfest-Gespräch im Garten. Durch ihre Webseiten-Text-Kurse durfte ich viel Schreiben lernen, was mir auch beim Buch geholfen hat.

Tausend Mal von Herzen Danke an alle Familien, pädagogischen Fachkräfte und Kolleg*innen, die meine Arbeit wertschätzen und mich immer wieder weiterempfehlen.

Und ein großes DANKE an dich, dass du dieses Buch gekauft und gelesen hast. Erzähle es gern weiter, damit mehr Eltern und Fachkräfte von einem sicheren und entspannten Weg ins Kita-Abenteuer erfahren, denn:

**Gemeinsam verändern wir die Kita-Welt!**

# LITERATUR


Ballmann, Anke Elisabeth: Seelenprügel. Was Kindern in Kitas wirklich passiert. Und was wir dagegen tun können, Penguin (2022).

Brisch, Karl Heinz: SAFE® – Sichere Ausbildung für Eltern: Sichere Bindung zwischen Eltern und Kind, Klett-Cotta (2010).

Imlau, Nora: In guten Händen. Kita, Schule, Großeltern – wie wir ein starkes Bindungsnetz für unsere Kinder knüpfen können, Ullstein (2022).

Kesselhut, Kaja: »Deine Mama kommt ja wieder.« Eine Ethnografie der »Eingewöhnung« in die Krippe, Beltz Juventa (2021).

Lenz, Karl: Soziologie der Zweierbeziehung – Eine Einführung, VS Verlag für Sozialwissenschaften (2006).

Liussi, Michèle: Kinderleicht ins Gespräch kommen. 44 spielerische Ideen für starke Eltern-Kind-Kommunikation. Bindung aufbauen, Gefühle begleiten, Konflikte lösen, Humboldt (2023).

Rösler, Annika und Höllrigl Tschaikner, Evelyn: Mythos Mutterinstinkt: Wie moderne Hirnforschung uns von alten Rollenbildern befreit und Elternschaft neu denken lässt, Kösel (2023).

Wedewardt, Lea: Ankommen dürfen statt loslassen müssen: Bedürfnisorientierte Eingewöhnung in Kita, Krippe und Kindertagespflege, Herder (2023).

# ANMERKUNGEN

1 Der Begriff geht auf Gleichstellungsreferentin Susanne Maier zurück

2 www.kompetenznetzwerk-deki.de/fileadmin/user_upload/Themen_Angebote_Arbeitsfelder/Paedagogische_Konzepte/Kita_als_weltoffenes_Dorf_Website.pdf, letzter Zugriff 29.8.23

3 Vgl. Imlau, Nora: In guten Händen. Kita, Schule, Großeltern – wie wir ein starkes Bindungsnetz für unsere Kinder knüpfen können, Ullstein (2022), S. 152.

4 Ebd., S. 153.

5 Vgl. Stimulation oder Stress? Wohlbefinden von Kindern im zweiten und dritten Lebensjahr in Kindertageseinrichtungen www.ash-berlin.eu/fileadmin/Daten/Forschung/5_Projekte/StimtS/ifaf_stimts_ergebnisse_web.pdf, letzter Zugriff 1.12.23

6 Vgl. Viernickel, Susanne: Stimulation oder Stress? Wohlbefinden von Kindern im zweiten und dritten Lebensjahr in elementaren Bildungseinrichtungen www.verwaltung.steiermark.at/cms/dokumente/11684106_74834997/7779d556/Viernickel.pdf, letzter Zugriff 1.12.23

7 »Eingewöhnung«, bereitgestellt durch das Digitale Wörterbuch der deutschen Sprache, www.dwds.de/wb/Eingew%C3%B6hnung, letzter Zugriff 30.10.23

8 »Eingewöhnung«, bereitgestellt durch das Digitale Wörterbuch der deutschen Sprache, <www.dwds.de/wb/Eingew%C3%B6hnung>

9 www.erzieherin.de/bindung-und-trennungsangst-im-uebergang-von-der-familie-in-die-kita.html, letzter Zugriff 31.10.23

10 »*Attachment is a deep and enduring emotional bond that connects one person to another across time and space.*« Zurückgehend auf John Bolwby und Mary Ainsworth (1973): The development of infant-mother attachment. In: Cardwell, Ricciuti (Eds.): Review of child development research (Vol. 3, pp. 1–94), Chicago University Press.

11 Samuel Cremer, Christian Schumacher: GfK Navigator für Bedürfnisse: Bedürfnisse finden und benennen – sich verstehen, verstanden werden, Empathie geben, Future Pace Media (2016).

12 www.destatis.de/DE/Themen/Gesellschaft-Umwelt/Soziales/Kindertagesbetreuung/Tabellen/betreuungsquote.html, letzter Zugriff 20.11.23

13 www.rnd.de/politik/fehlende-kitaplaetze-in-deutschland-welche-bundeslaender-besonders-betroffen-sind-6NFPYDTFGBD7VG5BX-W5USJNGKY.html, letzter Zugriff 20.11.23

14 www.destatis.de/DE/Themen/Gesellschaft-Umwelt/Soziales/Kindertagesbetreuung/Tabellen/betreuungsquote.html, letzter Zugriff 20.11.23

15 Vgl. https://margritstamm.ch/dokumente/dossiers/242-blickpunkt-kindergarten/file.html, letzter Zugriff 18.9.23

16 Recherche des Bayrischen Rundfunks Teil 1: www.br.de/mediathek/podcast/der-funkstreifzug/tatort-kita-1-2-wenn-kinder-nicht-geschuetzt-werden/1958269 und Teil 2: www.br.de/mediathek/podcast/der-funkstreifzug/tatort-kita-2-2-wenn-kleine-kinder-zeugen-sind/1958270, letzter Zugriff 30.11.23

17 https://plus.rtl.de/video-tv/shows/team-wallraff-reporter-undercover-242031/2023-9-984110/episode-2-undercover-in-kitas-was-passiert-mit-unseren-kindern-925643?utm_source=googlecpc&utm_medium=cpc&utm_campaign=sea&gad_source=1&gclid=EAIaIQobChMI0Zb5yYPTggMVHZ9oCR0InQPTEAAYASAAEgIpkPD_BwE, Fernsehbeitrag vom 28.9.23

18 www.bundestag.de/resource/blob/811318/85d864c3c5d2a9194a188ab4d5e5072b/WD-9-082-20-pdf-data.pdf, letzter Zugriff 31.8.23

19 »höchst höflich, hartnäckig« ist ein Ausdruck von Fea Finger

20 Wenn du mehr wissen willst: Anke E. Ballmann und Jörg Maiwald widmen sich in ihren Fach- bzw. Sachbüchern dem Thema Gewalt in der Kita umfassend, mit fokussiertem Blick und klaren Worten.

21 www.kita-fachtexte.de/fileadmin/Redaktion/Publikationen/KiTaFT_Braukhane_Knobeloch_2011.pdf, letzter Zugriff 20.11.23

22 www.bertelsmann-stiftung.de/de/themen/aktuelle-meldungen/2022/oktober/2023-fehlen-in-deutschland-rund-384000-kita-plaetze, letzter Zugriff 6.9.23

23 https://www.kitaplatzklage.de/wie-kann-ich-meinen-kitaplatz-einklagen/, letzter Zugriff 10.6.24

24 Die Autorinnen Annika Rösler und Evelyn Höllrigl-Tschaikner haben dazu neue Forschungsergebnisse in ihrem Buch »Mythos Mutterinstinkt« zusammengefasst. Rösler, Annika und Höllrigl Tschaikner, Evelyn: Mythos Mutterinstinkt: Wie moderne Hirnforschung uns von alten Rollenbildern befreit und Elternschaft neu denken lässt, Kösel (2023).

25 www.bib.bund.de/Publikation/2022/pdf/15-Jahre-Elterngeld-Erfolge-aber-

noch-Handlungsbedarf.pdf?__blob=publicationFile&v=2, letzter Zugriff 20.11.23

26 www.destatis.de/DE/Presse/Pressemitteilungen/2023/03/PD23_123_22922.html, letzter Zugriff 30.11.23

27 www.bib.bund.de/Publikation/2022/pdf/15-Jahre-Elterngeld-Erfolge-aber-noch-Handlungsbedarf.pdf?__blob=publicationFile&v=2, letzter Zugriff 30.11.23

28 Wedewardt, Lea: Ankommen dürfen statt loslassen müssen: Bedürfnisorientierte Eingewöhnung in Kita, Krippe und Kindertagespflege, S. 82.

29 Studie durchgeführt von Hans-Joachim Laewen (1989) begleitend zur Entwicklung des Berliner Eingewöhnungsmodells. Vgl. Wedewardt, Lea: Ankommen dürfen statt loslassen müssen: Bedürfnisorientierte Eingewöhnung in Kita, Krippe und Kindertagespflege, S. 13 f.

30 Vgl. Kesselhut, Kaja: »Deine Mama kommt ja wieder.« Eine Ethnografie der »Eingewöhnung« in die Krippe, S. 205–207, 219

31 www.familienhandbuch.de/kita/krippe/unter3/KinderschlafinEinrichtungen.php, letzter Zugriff 20.10.23

32 Ebd.

33 www.nifbe.de/component/themensammlung?view=item&id=822:partizipation-und-regeln-in-der-kita&catid=60, letzter Zugriff 23.10.23

34 Vgl. www.smart-mama.de/bestrafung-in-der-kita-was-ist-eigentlich-erlaubt/, letzter Zugriff 23.10.23

35 Ebd.

36 Vgl. www.eltern.de/kleinkind/entwicklung/schimpfwoerter, letzter Zugriff 23.10.23

37 https://www.bmfsfj.de/bmfsfj/aktuelles/presse/pressemitteilungen/von-kinderzuschlag-bis-kinderkrankentage-das-aendert-sich-im-neuen-jahr-235100, letzter Zugriff 3.6.24

38 https://www.tk.de/firmenkunden/service/fachthemen/versicherung-fachthema/kinderkrankengeld-2024-und-2025-2160374, letzter Zugriff 3.6.24